Die DDR erzählt

*Nine Stories from the
German Democratic Republic*

EDITED WITH INTRODUCTION, NOTES
AND VOCABULARY

by

Peter Hutchinson, M.A.

Lecturer in German, University of Stirling

WITHDRAWN

HARRAP LONDON

First published in Great Britain 1973
by GEORGE G. HARRAP & CO. LTD
182–4 High Holborn, London WC1V 7AX

This edition with English introduction and notes
© GEORGE G. HARRAP & CO. LTD 1973

ISBN 0 245 51093 1

Composed in Fournier type and printed by
William Clowes and Sons, Limited, London, Beccles and Colchester
Made in Great Britain

PREFACE

Die DDR erzählt attempts to introduce the English reader to a much neglected field of contemporary German literature. It must be emphasized from the outset, however, that the aim is not to present only the 'best' stories (from a conventional literary viewpoint) which have appeared in the German Democratic Republic over the last 25 years. Such a collection would rapidly dispel the widespread suspicion that all literature written in the Communist countries is concerned with heroic workers, but it would totally misrepresent the prevailing literary situation and provide little insight into the nature of life in Eastern Germany. In the belief that any genuine interest in a new literature is likely to extend beyond the most obviously successful part of its range, this anthology presents a representative cross-section of modern stories, and to a lesser extent also attempts to give some idea of literary developments since the foundation of the Republic. A few of the inclusions may consequently be considered of restricted literary value when judged by the standards of conventional Western criticism, but the general reader is likely to appreciate them for other reasons: for their documentary value, for example, for the obvious enthusiasm with which they are written, and, not least, for the introduction they offer to the concept of 'socialist realism'.

The preparation of this volume has been greatly assisted by very cordial relations with the publishers, who have in addition handled a number of problems concerning copyright with patience and skill. Thanks are also due to the editors of the *Modern Language Review* (for permission to reproduce material which first appeared in their journal), to my brother Alan, and to my colleagues at Stirling, who have answered a number of queries with the competence and kindness on which I have come to rely in such a happy department.

Peter Hutchinson   *Stirling, 1973*

ACKNOWLEDGMENTS

The publishers are indebted to the following for permission to reprint the stories in this volume: Anna Seghers for *Der Traktorist* (from *Friedensgeschichten*, 1950); Ursula Kähne for *Rekord an der Drahtstraße* by Günter Kähne, first published in *Arbeiter greifen zur Feder* (Verlag der Märkischen Volksstimme, 1960); Peter Hacks for *Die Affen und der Mensch* from *Tiere sind auch Menschen*, first published in *Neue Deutsche Literatur* IX, 9 (September 1961); Hinstorff Verlag, Rostock for *Böhmen am Meer* by Franz Fühmann (1962); Verlag Rütten & Loening, Berlin for *Das Kennwort* from *Ein bißchen Südsee* by Hermann Kant (1962); R. Piper & Co. Verlag, Munich for *Metamorphosen* from *Brücken und Gitter* by Rolf Schneider (1965); Günter Kunert for *Der Hai* and Christa Wolf for *Juninachmittag*, both first published in *Neue Texte 1967. Almanach für deutsche Literatur* (Aufbau-Verlag, 1967); and Mitteldeutscher Verlag, Halle for *Drei Tage unseres Lebens* from *Die anderen und ich* by Erik Neutsch (1970).

CONTENTS

INTRODUCTION

It is only in recent years that the literature of the German Democratic Republic (GDR) has received any serious attention in Western Europe. There are a number of reasons for this phenomenon, which are partly historical, partly literary, partly political. Only by considering the development of the Republic from 1945 is it possible to appreciate why this literature has so frequently been dismissed by critics in the West, and also why it differs so radically from that of the Federal Republic of Germany.

The historical framework

1945 saw the creation of four zones of military occupation in those territories which had formerly comprised the Third German Reich. The Eastern Zone was occupied by the Red Army, which immediately adopted a policy quite different from that of the Western allies. The chief Russian aim was to extract as much in reparations as possible and, only secondarily in the early years, politically to transform their zone into a state which would become another part of the Communist bloc. In both respects the Russians were successful: their reparations programme was carried out on a sufficiently vast scale to disrupt the Eastern economy for many years, while they also—with the assistance of a number of German Communists who had been exiles or prisoners under Hitler—succeeded in implementing a political system based on the ideology of Marxism-Leninism.

It should be emphasized that some of the first Communist measures were extremely popular: the expropriation of large landowners, for example, whose territory was divided among the peasants; the confiscation of all private banks and of National Socialist property; and the creation of a free educational system which favoured the children of the workers. Yet some Communist actions were not welcomed by the populace, nor, for that matter, by the Western allies. The merging of the Communist and Socialist parties, for example, was carried out under Soviet pressure but against the wishes of most members of the Socialist party (which was far larger than that of the Communists). The 'Sozialistische Einheitspartei Deutsch-lands' (SED), as the combined party was now called, was not recognized by the Western powers; nor was the government which it set up in 1949, nor the constitution it approved for the *Deutsche Demokratische Republik*.

Another measure which was deplored by the Western powers—whose zones were by this time unified in the *Bundesrepublik Deutschland*—was the famous treaty signed with Poland in 1950, in which the Oder-Neiße line between the two countries was recognized as the permanent Germano-Polish frontier. This new boundary was intended to compensate the Poles for lost territories by giving them German lands in the West and the North. This had been agreed at the Yalta Conference (Churchill, Stalin and Roose-velt in the Crimea, February 1945) and later at the victors' Potsdam Conference, but it had still to be ratified by all parties. Although the chances of this frontier being plotted differently were remote, Western official and unofficial protests against the GDR's unilateral ratification were forceful and continued well into the sixties. The folly, as well as the danger of these protests, is illustrated by Franz Fühmann in his *Böhmen am Meer*.

In its early years the Democratic Republic was to a considerable extent a puppet of Soviet power. Yet the Federal Republic too was far from free to pursue an independent policy—its progress depended upon co-operation with the USA, the only country which could supply aid on the scale necessary for rapid economic recovery. The two Germanies were thus obliged—from an extremely early date—to take up the sides of their respective masters in the Cold War, the actions and general policies of these masters causing them to drift even further apart as the years progressed. Relations between the two were reflected and exacerbated by the Eastern blockade of West Berlin in 1948, the creation of a three-mile no man's land along the frontier with the West in 1952, and the signing of the Warsaw Treaty on mutual military assistance between the Eastern bloc countries in 1955. For the rest of the non-Communist world, West German opposition to the Eastern regime was made to seem all the more justifiable in the light of the popular revolt of 17 June 1953 (which began in East Berlin and spread to several other cities), disturbing tales of Stalinist oppression, poor living standards, and, most important of all, 13 August 1961. It was on this day that the erection of the Berlin Wall marked a desperate attempt to restrict the flow of illegal currency which was undermining the economy, and to frustrate the increasing population movement to the greater prosperity of the West.

The Wall has, however, proved to be a watershed in the history of the

Republic. The weak economy, upon which lay the blame for the low standard of living, showed an astounding improvement after the general realization that the frontier was now sealed and that the best must be made of the prevailing situation. Even after a decade, both economy and, incidentally, literary standards, have risen so dramatically that it is no longer possible to disregard them in any survey of Europe. The fact that they were ignored for so many years is mainly attributable to the aggressive policy of successive West German governments, who claimed to speak for all Germans and who were tacitly supported in their anti-Eastern propaganda and political non-recognition by the rest of Western Europe. Fortunately, the election of Chancellor Willy Brandt in 1969 marked a new stage in inter-German relations. His conciliatory efforts, aided by the desire of the major Powers for a détente in Europe, have led to a substantial easing of the tension between the two Germanies.

This does not mean that both sides have ceased reviling each other through their mass media, however. Although reports on the 'other' Germany have become less hostile in both states (particularly the West), there is still a substantial amount of ill-will and mutual distrust which will take many years to subside. As for the dream of certain Western politicians for reunification, it seems certain that ideological incompatibility will prevent the two Germanies from ever being reunited.

Literature and Politics

The history of East German literature is in many respects a history of literary politics. Russian influence in their Zone naturally extended to literary activity, and with the help of those German Communist writers who had been in exile during the Third Reich, they established a Cultural Union which recognized the paramountcy of a Marxist-Leninist approach to art. Many of the returning exiles enthusiastically welcomed this step (notably Johannes R. Becher, the first President of the Union, Anna Seghers and Friedrich Wolf), but their zeal was essentially 'theoretical', for there was a grave lack of experience in writing what might be called 'positive' socialist literature. Writers long accustomed to advocating socialism only by means of their attacks on capitalism, or more commonly, fascism, were at a loss when expected to write in praise of a new society. The style of Anna Seghers' *Der Traktorist*, for example, one of her first pieces to extol East German socialism, is less compelling than her earlier attacks on the Nazi regime.

Anna Seghers did, however, attempt to write what was expected of her. A number of other writers, for whatever reason, did not. Perhaps surprisingly, their work was at first tolerated by the new regime (provided it was not fascist, of course!), as was that of foreign authors, but this period of liberalism was short-lived. After 1949, with increasing Stalinization in all fields, the dogmatic and powerful Party cultural critics (with their control of censorship) began to hold sway. Their insistence on adherence to the Marxist-Leninist theory of literature—with its rejection of all formal innovation and restriction to basic Communist themes—led to mounting dissatisfaction and frustration among authors, with the result that the years immediately preceding the 1953 uprising represent the nadir of East German writing.

Before further outlining the vicissitudes of literary politics, it is perhaps worth elaborating the principles of East German literary aesthetics which led to this unfortunate situation. For the socialist, the most important category of writing is 'socialist realism',[1] a concept which largely speaks for itself. It is 'realistic' in that it presents a truthful[2] image of the everyday world; and it is 'socialist' in that it adopts the point of view of the working class. A number of other qualities are commonly associated with the term: *Volksverbundenheit*, for example, which emphasizes that the duty of the writer is to depict the life and problems of ordinary, working people; and *Parteilichkeit*, which stresses the need to adopt the attitude of the (socialist) Party and to judge all actions from it. The writer should also present 'the typical', that is, individual cases which are representative of general tendencies. As might well be expected, he is also to portray the progress and triumph of socialism in whatever period or level of society he selects, and however many setbacks may be encountered in the course of a work, its conclusion should be clearly optimistic. Although never postulated, a natural result of such writing has been the creation of strongly idealized, socialist figures—'positive heroes', as they have been called. The lifelessness of these figures in the early years of the Republic (as in Russian writing of the thirties) is now generally admitted, and attempts are accordingly made to increase their credibility by revealing small, human weaknesses. These do not, however, detract too fully from their exemplary character.

Socialist literature is overtly and unashamedly political. Its keynote is praise for the Party, while any criticism of the socialist state—the value of

[1] For further details of the history and significance of this term, see Peter Demetz, *Marx, Engels, and the Poets. Origins of Marxist Literary Criticism* (Chicago, 1967).

[2] It should be pointed out that for the Communist 'truthful' does not mean 'objective' but rather 'consonant with the Party line'. *Objektivismus* (that is, considering something without regard to any ideology) is considered a serious failure in the Communist countries, where all actions and opinions should be *parteilich*.

which may occasionally be recognized only several years in retrospect—is usually severely castigated at the time of a book's appearance.

'Critical realism', a related concept, is literature by bourgeois writers who have exposed the weaknesses of capitalist society. Their work fails to illustrate that socialism could offer a humane alternative to the evils they depict, but its critical nature none the less allows it to be considered instructive for the socialist. Not so all other forms of writing, which are held to be irrelevant to the progress of socialism. They may, in fact, be seen as harmful, since they are likely to deflect attention from more important matters and thus delay the advance to a truly Communist society. Experimental writing in particular (and, indeed, any work which elevates form above content) is discouraged and often refused publication, a simple enough procedure when publishing is controlled by the state. Works by such 'formalists' as Kafka, Joyce and Nabokov are not available to the general public, while East Germans who display a similar penchant—such as Günter Kunert and Rolf Schneider—have been obliged to publish their more daring works in the West alone.

From around 1949 East German writers became increasingly restricted by the Party's demands for socialist literature, and although the uprising of 17 June 1953 resulted in temporary cultural liberalization, no significant works were produced. Indeed, it was not until 1956 and the brief thaw following the de-Stalinization programme begun by the XXth Soviet Party Conference, that more hopeful signs became evident. As John Flores has pointed out, 1956 "in many respects represents a turning point in East German cultural developments because it began a trend of political dissent which has proved irreversible".[3] Since that date dissent has been an increasingly important feature of the literary scene, and the majority of the writers represented in this anthology have been involved in conflict of some sort with the Party. The thaw itself was, however, short-lived, and was succeeded by a period of further restrictions, which, in the Eastern bloc, may include arrest and imprisonment of artists who have drastically overstepped the limits. Although such acts are rare in the GDR (in contrast to the Soviet Union), the existence of censorship is significant in that it discourages literary activity—particularly literary experiment. It is therefore hardly surprising that over the years a number of writers—alongside nearly three million others—should have left for the comparative freedom of the Federal Republic.

It is arguable that the most important date in Eastern literary politics was 1959, year of the famous Writers' Conference in Bitterfeld, at which Walter

[3] *Poetry in East Germany. Adjustments, Visions, and Provocations*, 1945–1970 (New Haven and London, 1971), p. 9.

Ulbricht himself delivered an important speech.[4] The aims of this Conference were twofold. First, writers were encouraged to become more involved in the industry of the Republic, for only in this way could they depict it accurately in their works. (The worker in his factory surroundings had, in fact, long been advocated as a theme by the cultural politicians.) As a result, many authors went to work in industry in order to collect material, but the effect this had upon their writing was often detrimental. The other aim of the Bitterfeld Conference was in some respects more fruitful, although it too was in many respects a failure. This was the exhortation to the workers that they themselves should become writers. The slogan, frequently mocked in the West, was: "Greif zur Feder, Kumpel. Die sozialistische National-kultur braucht dich!" Encouragement to the worker can be seen as part of a wider movement in the GDR to encourage all forms of literary ability. The many circles which exist to foster creative talents, as well as the *J. R. Becher Institut für Literatur*, an institute for the training of writers, are a good illustration of the seriousness with which the arts are considered in the GDR and, indeed, in all the Communist countries. The severity of repressive measures against individual writers is also explicable in terms of the high estimation in which the arts are held ideologically.

It is only since around 1965 that any sense of distinction has come to East German writing, but this is not directly attributable to cultural policy. Although a second conference at Bitterfeld in 1964 tried to assess the achievements and to revive interest in the *Bitterfelder Bewegung*, it was largely a failure. Since then the most talented writers have, in fact, occasion-ally defied Party policy by their choice of subjects not related to socialist life; some of their work can in no way be seen as socialist realist, and it may even go as far as criticism of their own regime. One should not, however, jump to the conclusion that such writers are active opponents of the GDR, who are attempting to undermine the state through their publications. Despite their occasional difficulties with the cultural leadership, the vast majority of East German writers—and certainly all those represented here —are convinced socialists who are well satisfied to be living in the East rather than the West. Nor are their disagreements with the Party as acri-monious as has been claimed by certain West German critics. Although the appearance of 'unsocialist' works of art is often followed by open censure of the writers concerned, the fact that the latter are tolerated and published (albeit on occasions in the West alone) reveals the slow but increasing trend towards liberalization in all spheres of GDR cultural life.

[4] Walter Ulbricht (1893–1973) was the most powerful figure and effectively the leader of the GDR from its inception in 1949 until his retirement in 1971. A life-long Communist, he was an undeviating follower of USSR policy.

The Stories

DER TRAKTORIST

The optimistic spirit of early East German socialist realism is exemplified in Anna Seghers' *Friedensgeschichten* (1950). These stories provide an excellent introduction to a number of typically socialist themes, and the inclusion of the most famous of them is particularly justified on literary historical grounds. But like the others, *Der Traktorist* is openly propagandist, and it is important to read it in this light. Although the story hints at the popularity which the new socialist regime initially obtained through its land reform policy, it nevertheless represents a literary propagandist's view of agricultural life in the immediate post-war period: criticism of factual and literary limitations should therefore be tempered by an awareness of political purpose. As a non-participant, it is easy for Anna Seghers to pass over the difficulties and disappointments experienced by the new farmers (owing to their inexperience and lack of materials), as well as the physical privations of that era. For her, the socialist life is seen only as highly rewarding—due, of course, to the providence of the Party.

If there is a dominant theme in this story, then it is the triumph of socialism over war—a point which is clearer when the work is read in the context of the other five pieces which constitute the *Friedensgeschichten*. All these are concerned with the way in which the remains of fascism have given way to a new state and, more important, a new attitude towards life. Related to this are a number of minor themes: here, for example, the sense of comradeship among the new farmers, the mutual assistance which is freely given, the limits to which the Party will go to help one of its members, the change of attitude towards socialism, even among the reactionaries. These were, and to a certain extent have remained, common subject-matter in GDR literature. There is another issue which is no less significant, even though it is here only briefly, but none the less forcefully, pointed out: the contrast between the two Germanies. The intended gravity of Hans's reference to Western remilitarization is evident from its being largely irrelevant to the rest of his conversation.

The keynote of *Der Traktorist* is simplicity. The main figures are introduced with a minimum of background information, and there is no attempt to achieve any depth of characterization, not even of Geschke, the 'positive hero'. The plot too is straightforward, with nothing that might obscure the message: the issue is never complicated in any way, and the events themselves are, if anything, presented in an undramatic manner. The style is clearly intended to complement these features. The sentences are generally short and to the point, while the description—with the exception of the slightly idyllic scene-setting, which serves as a contrast to the ensuing catastrophe—is minimal. Such deliberate simplification is a common feature of propagandist literature (which is intended for an extremely wide audience), but Anna Seghers fortunately does not succumb to the main temptation of this genre, that is, extremism. Although praise of socialism and attack on fascism are clearly evident, they are sufficiently restrained for the piece to function as a story as well as a vehicle for political persuasion.

Although the West European might well be tempted to regard *Der Traktorist* as something of a period piece, the socialist, on the other hand, is far more likely to be impressed by the story's continuing interest as literature. It does, after all, deal with ordinary, working-class people, those for whom the end of the war and the advent of Communism have marked the great turning point in their lives; for the first time the peasants themselves are cultivating the land on which they were formerly obliged to labour for others. Since the content of any work represents an important category in Communist aesthetics, the selection of a key moment of history is in itself deeply satisfying for the Communist reader. His approach to literature, based as it is upon ideological principles, will consequently lead him to value this story far higher than will the West European.

REKORD AN DER DRAHTSTRASSE

A rather different perspective of GDR life is offered by Günter Kähne's *Rekord*, which appeared in 1960 and in which the influence of the (1959) Bitterfeld Conference is easily recognizable. It is also obvious that this work falls into the second category of writing postulated at that Conference: composition by the worker himself, the *schreibende Arbeiter*.

Kähne's story contains a number of features often associated with the Bitterfeld movement. It deals with an industrial plant and with those workers who perform the most basic duties; it illustrates their demanding, often degrading work and the frustrations and anger incurred in some of their tasks. Yet it also contains an implication of the dignity of such labour, dignity acquired precisely through the hardships involved. Another aspect of Bitterfeld is the glorification of the humble worker not only for his manual efforts, but also for his mental ability: Walther, for example, develops a plan which will decrease wastage. Despite his lack of education, he is capable of original thought, and this theme too is connected with an important economic experiment of those years: encouragement to the worker to submit his own ideas on how production could be increased.

The theme of the story is perfectly socialist realist: a convinced socialist offers to win a colleague for the Party and is confident of his success by the conclusion, even if no formal conversion has yet taken place. Life in the factory is seen through the eyes of this optimistic 'positive hero', who tends to concentrate on the more encouraging features, although not to the exclusion of all negative aspects. Walther, the potential convert, also has the positive qualities which would make him a good socialist. Although he expresses disgust with working conditions, he nevertheless leaps into action whenever a mishap occurs; he is also eager that all other brigades should follow their record-breaking example.

The style of *Rekord* reflects its inspiration from the steelworks. The structure of sentences, paragraphs, and indeed plot, are very much what we might expect from the worker as writer: simplicity and directness combine to produce an effect rather like that of the vernacular novel and give the work a form of naive charm. Most sentences and paragraphs are short, yet the longer ones show a surprising balance and flow for the first published work of an uneducated worker for whom the natural tendency would be to write in short periods—as, for example, the blunt and abrupt opening statements, in which everything is so strictly to the point. Clichés, so popular with many *schreibende Arbeiter*, are completely avoided, and apart from technical terms, the language is fresh and direct. With the aim of presenting a fully realistic portrayal of factory life (and this is what workers were encouraged to do), there is no censorship of the common man's crudely phrased complaints or the expression of his true feelings towards his employment.

Like *Der Traktorist*, the significance of *Rekord* lies partly in its illustrating an important tendency in East German writing. It does, however, go beyond Anna Seghers' work in that it is not in the first instance propagandist. Kähne's aim is more literary, and so both plot and character here acquire far greater importance. There is also a much deeper sense of authenticity about this story: the atmosphere of the steelworks is admirably conveyed by the narrator's frank, spontaneous approach to the material, and although the description of the technical processes of wire-making may be occasionally abstruse, an exact understanding of them is by no means basic to an appreciation of the human issues at stake.

DIE AFFEN UND DER MENSCH

It is often stressed in the West that a considerable number of Eastern writers left the Democratic Republic to work in the other part of the German nation. What is less often realized is that a number of Western writers voluntarily chose to live in the East, the two most famous being

Wolf Biermann, cabaret artist and poet, and Peter Hacks, principally a dramatist and dramatic theorist. Hacks left Munich in 1955 and was greeted with considerable enthusiasm in East Berlin. This attitude was soon reversed, however, as the cultural politicians became acquainted with Hacks' frequently provocative stance and his unorthodox dramatic methods, which he did not modify to conform with East German practice.

To represent Hacks with a fable is a necessary compromise in a prose anthology, but this piece is intended to be representative of far more than the playwright alone. It may be seen as a typically non-conformist product of those years generally considered to have been characterized by a dogmatically socialist attitude towards art. The fact that this type of work could appear in 1961 reveals the curiously ambiguous policy of the East German authorities towards non-conformism. At times they oppose such an attitude with vigorous repressive measures; at others, however, an inexplicable tolerance is evident.

Die Affen und der Mensch was one of four fables published under the title of *Tiere sind auch Menschen*. All four reveal a similar, burlesque approach to both medium and subject-matter: what Hacks is attempting is a deliberate travesty of a traditional form. The fable is commonly held to provide a moral on human society by means of a story (often humorous) taken from the animal world. Although the author adopts this basic situation, it is only in order to indulge his ingenuity.

Hacks' approach is cynical, and his myopic, self-satisfied monkeys are debunked through as many means as possible. There is a consistently jocular tone, which is maintained by the grotesque, mock-heroic, crudity, sheer nonsense, frequent whimsy, and the general incongruity of form, style and subject-matter. Recognizable satire begins comparatively late as the fable develops into a tongue-in-cheek critique of man the questioner, the discoverer, the eternally dissatisfied, and finally, the exploiter. Even in the moral Hacks refuses to be serious. Although man's development is superficially vindicated, the strident use of colloquial expression with abstract concepts suggests a further ironic note.

The appeal of *Die Affen* lies in the lightness with which Hacks plays with his subject and in the way he makes of the capricious nonsense and satire the ironic kind of anti-fable which we would expect from a modern writer. The aim of the classical fable was to remind man gently of fundamental truths, but this kind of work is obviously too direct, too undemanding a genre for the majority of post-Kafkan readers—and writers. Hacks, like others, has responded to modern expectations with an oblique approach and such occasional gratuitous nonsense that throws into question his precise aims. He leaves specific interpretation of this fable to the individual reader, who is free to see behind the final situation of exploiter and exploited any system he wishes, capitalist or otherwise. At its more general, non-political level, however, the story represents a wry comment on humanity and on the 'progress' of Faustian man.

BÖHMEN AM MEER

It is with Franz Fühmann's *Böhmen am Meer* (1962) that a fresh quality enters East German socialist realism, for this is a political *Erzählung* composed with skill and also without excessive partisanship. Although the moral of the story is only too clear—a point which may explain its omission from the first Western edition of the *Gesammelte Erzählungen*[5]—the author has nevertheless managed to combine ideological purpose with literary distinction, a comparatively rare phenomenon in Eastern writing of the early sixties.

An appreciation of *Böhmen am Meer* demands some knowledge of the historical background, although this must be here restricted to the bare outlines.[6] The main points of the story concern the Sudetenland, part of the original Bohemia and one of the crucial issues before the Second World War. Hitler's machinations for this territory, which was then part of Czechoslovakia, led to the famous Munich Conference of 1938 and to acceptance of the *Führer's* demand that the Sudetenland become part of the German *Reich*. As a result, the Czech army was obliged to withdraw completely from this area, and all regions in which the Germans constituted more than 50 per cent of the population had to be evacuated by other inhabitants. *Böhmen am Meer* gives a slight indication of the treatment some of the remainder received from the Germans; *Die Berge herunter*, one of the stories in Fühmann's *Das Judenauto*, treats the subject in more depth.

1945 brought an ironic reversal of fortune for the Sudetens. At their Potsdam Conference, the victors agreed upon territorial accessions from Germany to Poland and Russia (in order to compensate for previous losses); most important, they also agreed that "the transfer to Germany of German populations, or elements thereof, remaining in Poland, Czechoslovakia and Hungary, will have to be undertaken".[7] This decision resulted in a sudden influx of expelled refugees into the militarily occupied zones of Germany and Austria; many of these had been forced to leave their homes at short notice, and nearly all had forfeited their property.

[5] *Die Elite* (Zurich, 1970).
[6] Further details are available in most histories of modern Germany, one of the most concise and accessible being that by David Childs, *Germany since 1918* (London, 1971).
[7] Quoted by Childs, op. cit., p. 111.

The sheer number of the expellees (over $7\frac{1}{2}$ million had entered the Western zones alone by 1949) posed considerable problems for an administration which already faced countless other difficulties. Further, the expellees were not slow to assert demands for preferential treatment and for political action in order that they might return to their homeland. For several years they had their own political party, the *Bund der Heimatvertriebenen und Entrechteten*, while their regional associations, or *Landsmannschaften*, organized regular gatherings at which those from specific areas (e.g. the Sudetenland) could meet for both political and social reasons.

Many of the expellees soon settled down in the Federal Republic—the economic miracle of the fifties greatly assisting this process—and only attended such meetings to indulge in nostalgic memories of their homeland. Inevitably, however, there were a number of extremists whose attendance and other activities were motivated by different considerations. These refused to accept that their country was forever lost and continued to press the West German government for firm political action to bring about a return to their *Heimat*. Successive Christian Democratic governments (and particularly individual ministers) lent a sympathetic ear and financial support to these pressure groups, the reason for this being in the main a practical one. Since the expellees constituted a significant percentage of the population, they consequently represented a decisive electoral factor which neither of the major parties could afford to ignore.

The activities of the expellees are now minimal owing to a number of factors, in particular the successful manner in which they have made a new home in the Federal Republic, and the realistic line which the Social Democrats adopted towards the East when they gained power. But in 1955, the year in which the action of *Böhmen am Meer* takes place, as well as 1962, the year of the story's publication, the expellees were still a large and vociferous group, which commanded a good deal of popular sympathy. The East German reader is certain to be fully aware of these facts, and Fühmann is obviously relying on his acquaintance with them. The activities of the Western *Landsmannschaften* used to be regularly reported in the East German press; the danger they represented to the peace of Europe, the support they received from the West German government, and, above all, their neo-Nazi inspiration, were always made abundantly clear.[8]

The above comments refer, of course, to Western expellees alone. The situation is totally different with regard to those who were sent to the Soviet Zone, and who were settled, among other places, on the north coast. Since

[8] For an objective and revealing account of their efforts in one particular sphere, see R. F. Leslie, 'Germano-Polish Relations in the Light of Current Propaganda in the English Language', *German Life & Letters* NS 15 (1961–62), 129–139.

the new Eastern government officially recognized all those states which Germans had been forced to leave, these expellees could not rely on governmental support for any campaigns they might organize. Indeed, such activity would have been rapidly suppressed.

The main theme of *Böhmen am Meer* may be seen as *Vergangenheitsbewältigung*, coming to terms with the past in both the Federal and Democratic Republic. The criterion by which the two states are measured is their success or failure in assimilating their heritage, and Fühmann dramatically illustrates that whereas the East has successfully faced the historical situation, the West has clearly failed to do so. This failure is forcefully demonstrated in a single episode—that of the 'Sudetendeutsches Heimattreffen'—but most of the story is devoted to illustrating the contrasting humanitarianism which prevails in the East. Fühmann achieves this mainly by establishing his narrator as a representative of his generation and the new society, and thus allows his observations on past and present to suggest the anti-fascist attitude which characterizes the Democratic Republic.

Fühmann has taken particular care to emphasize the degree to which the Third Reich has been revived by contemporary West German society. His aim is not merely to illustrate that isolated elements of the former epoch are present, but that the periods are in practically all respects identical. The accusations are on several levels. On the emotional plane, for example, as in the horrified reaction to the incredible situation of the 'Heimattreffen':"es war, als wäre die Zeit stehengeblieben"; "und die Vergangenheit war aufgestanden"; "es war das Jahr 1938 und war es doch nicht". Other details reveal a more specific link between the two periods, as the sartorial symbolism of the following: a youth in the 1955 ceremony is described as "ein Fünfzehnjähriger *in schwarzer Hose und weißem Hemd* mit Binde und Rune trat nach vorn". Only three lines later the narrator describes in a flashback how: "ein junger Mann . . . *in schwarzen Stiefelhosen und weißem Hemd*, führt lachend einen alten Rabbiner am Bart durch die Straßen" [my italics in both quotations]. This flashback gives a context to the present moment, as do a number of others. The narrator, stimulated by the similarity of present events with those of 1938, relives the past with a retrospectively critical awareness. The temporal shifts are particularly effective in those passages in which the reader cannot tell whether past or present is uppermost in the narrator's mind, for Fühmann alternates between the two without indicating which is being experienced. This ambiguity points to the very fact he is aiming to stress: the disturbing similarity of the two epochs. By the sustained use of seascape imagery Fühmann gives these sections a strong sense of unity, so that the two periods are bound to one another and the consequences of the past seen as potential consequences of the present. The strength of his best flashbacks lies in this ability to put into perspective through historical analogy; by demonstrating that the Third Reich has a modern parallel, Fühmann suggests the continuity of the National Socialist tradition in the West. This was—and still is—a prominent feature of the Democratic Republic's anti-Western propaganda.

Although much of *Böhmen am Meer* concerns the private life of its narrator, the increasing concentration first on another person (Frau Traugott), and then on the political situation, is suggestive of a growing awareness of duty: the socialist writer's concern is not with the personal pleasures related in the first pages, but with larger and more important political and moral questions. So although the narrative begins with an account of private bliss, its climax appropriately falls in a scene in which the two German states are contrasted. The sense of contrast lies not only in the superficial juxtaposition of East and West as fascist and humanitarian, however; the narrator's alarming demonstration of those factors which unify Nazi past and Western present is strengthened by the Eastern reader's own awareness of Western neo-Nazism and the opposing moral standpoint which his own state so frequently proclaims. In this respect Fühmann's conclusions are identical with the accusations of Eastern propaganda, but he is able to give them a fresh quality by drawing his plot from such a convincing private world. The main issue is never cast in exclusively political terms or in the extreme assertions of propaganda, but within the framework of a sensitive individual's holiday adventure.

Like the majority of Fühmann's stories, *Böhmen am Meer* is concerned with the (Nazi) past and is also based on personal experience.[9] It is a work which possesses many qualities (some of which I have dealt with in greater detail elsewhere), and has on four occasions been referred to as one of the best stories to emerge from the Democratic Republic.[10] Of particular

[9] The extent to which it relies on autobiography is disclosed in Fühmann's discussion with J.-H. Sauter, from which the following extract is taken:

Das Thema in konkreter Form lief mir eigentlich über den Weg. Die Heldin dieser Geschichte, Frau Traugott, existiert, es gibt sie wirklich. Ich könnte Ihnen Namen, Ort und Hausnummer sagen. Ich traf diese Frau genauso, wie ich sie geschildert habe, verstört und an ihrer Umgebung, ich meine der Landschaft, in der sie nun lebte, leidend. Ich habe mich mit ihr unterhalten, auch mit ihrem Sohn . . . Das andere ist dann frei erfunden.

The description of the 'Heimattreffen' is also based on personal experience, and another extract is given in the *Notes* to the story itself. For full details of the discussion, see J.-H. Sauter, 'Interview mit Franz Fühmann', *Weimarer Beiträge* 17, 1 (January, 1971), 33–53.

[10] For references, and also for a general study of the work, see my 'Franz Fühmann's *Böhmen am Meer*: A Socialist Version of *The Winter's Tale*', *Modern Language Review* 67 (1972), 579–589.

interest is the structure of the *Erzählung*, which is in part determined by a Shakespearean model, *The Winter's Tale*—by employing extended parallels between the plot and characters of the two works, the author is able to play with his reader's expectations on the possible outcome. Other striking features include the use of rhythmic prose, of language for sound effects (note the predominance of *w* and *s*), the skilful control of climax, and an imagery which is markedly 'poetic' in its inspiration.

DAS KENNWORT

Hermann Kant's story, published in the same year as *Böhmen am Meer*, seems at first glance to have nothing in common with its companion. There is, however, the backcloth of the Third Reich which they share, a significant phenomenon in that so many Eastern writers have turned to this period for their themes. 1933–45 tended to figure in much of the literature written up to the mid-sixties, the main reason for this having been suggested previously: most writers found difficulty in praising the socialist society but found attack on a hated regime a far easier task. The same holds true of numerous present-day authors, who take as their target not only the earlier historical period, but also the Federal Republic—this is seen as the natural successor to Hitler's Germany, and is even occasionally referred to as "das vierte Reich".

If *Das Kennwort* does not strike one in the first place as socialist realist, it nevertheless reveals a socialist perspective. Since the story of a dog trained to kill is far from being original (and the reader is also given a number of clues as to the outcome), the main interest lies in the political setting and in the nature of the characters involved. Both are depicted from a socialist point of view, although this may not be immediately obvious owing to the narrator's peculiar attitude towards events. As in much of Kant's work, this attitude is one of heavy irony.

The initial description of Louis Fischer reveals a tongue-in-cheek approach. Although Fischer is celebrated as a "großer Kerl", the amusing qualities with which he is *not* to be associated ("nicht dumm"; "keineswegs ein Kriecher"; "er brachte nicht ... frisierten Pudeln die rechte Zeit und den rechten Ort zum Wasserlassen [bei]") suggest an ambiguity in the narrator's attitude; this is reinforced by the mock-heroic build-up which follows. It is not until later that the intentional ambiguity of *all* the narrator's remarks becomes perfectly clear. Two methods of insinuating the true nature of the dog trainer's character become increasingly obvious. First, the repetition of "Ordnung, Recht und Eigentum" (7x), which sounds like a right-wing party slogan and which rapidly reveals itself as bourgeois self-interest. And second, the recurrent deflation-cum-warning: Louis Fischer is dead. There is never a word of *direct* censure, however, for Kant is relying on the moral sensitivity of his reader. The more sensitive that reader, the more rapidly he will understand the function of the narrator and the nature of his irony.

For the East German, perhaps the most important aspect of this story is the critique of the Social Democrats, which is combined with the reasons for the failure of Communism in the Germany of 1933. The defeat of the Communists, in itself a serious subject, is none the less presented with a fair degree of humour. Even the killing of the two Party members is mitigated by the accompanying satire of Louis Fischer—first of his mechanical reaction to the motto on his wall (after he has been disturbed by humanitarian thoughts), and then by the speed with which he is able to regain his heartless composure. It is difficult to decide whether the brunt of the criticism falls on Fischer, the hypocritical *Beamte* whose interest in politics is selfishly motivated, or on the Social Democratic *Polizeipräsident*, who, like the rest of his party, wilfully blinds himself to the real enemy. It is through the latter figure that the critique of the Social Democrats' attitude to Communism in the Weimar Republic is made repugnantly clear.

As suggested above, the main interest of *Das Kennwort* hardly lies in the final event. The dog conditioned to kill was used by Guy de Maupassant as early as 1878,[11] while Pavlov's experiments on conditioning are known to an even wider circle—and especially to citizens of the GDR.[12] The narrator's comments allow the outcome to be as predictable as it could be without his actually divulging it; the constant references to Fischer's premature death and the pointed remarks about the irony of his training the dog in this particular trick make the conclusion nothing of a surprise. The reader's attention consequently lies elsewhere, in *how* things happen rather than in *what* actually occurs. There is a tension, too, between these elements. We are left in suspense to the extent that we are ignorant of the actual manner in which the critical event will take place: although the catastrophe remains certain, what will immediately precede it remains a mystery. The danger of all such stories lies in the possibility of anticlimax, but Kant avoids this through the slickness with which he draws his tale to a close. The final scene moves swiftly, with only a slight, deliberately retarding item between the ironical boast and the fateful command. This minimal break reveals, I

---

[11] *Une Vendetta*, in *Boule de Suif*, *Oeuvres Complètes* vol. 13 (Paris, n.d.), pp. 189–195.

[12] For further details, also on the literary application of Pavlovian discoveries, see my '"Conditioned against us …"'. The East German View of the Federal Republic', *Forum for Modern Language Studies* 8 (1972), 40–51.

feel, Kant's mastery of the story-teller's art; it also resembles the pause in a Bruckner symphony before the shattering—but expected—climax.

METAMORPHOSEN

There are two sides to the writing of Rolf Schneider. First, that of the conforming socialist who has repeatedly attacked West German neo-Nazism in such fiercely accusatory works as *Der Mann aus England*[13] and *Die Unbewältigten*.[14] And second, that of the experimenting non-conformist whose satire and parody contain nothing that could be termed socialist realist. One might have expected such duality to have been condemned in the East (and the author encouraged to write in the former mode alone), but for some reason Schneider seems to have enjoyed relative favour from the critics. This may be due partly to his undisputed talent, and partly to his never having criticized either the Party or its members (unlike several of the other young writers here represented).

The title *Metamorphosen* (1965) arouses certain literary expectations which are not disappointed: Kafka's *Die Verwandlung* not only serves as an initial basis, but it is also mentioned in the middle of the story. The first lines raise clear parallels with the earlier work; the actual word "Verwandlung" is used, while the "unguter Traum" obviously corresponds to Gregor Samsa's "unruhige Träume". Yet these allusions are really literary red herrings; the parody (or at least close parody) is not continued. Kafka's story may have served as a point of departure, but Schneider prefers to investigate the possibilities of the situation in his own way. He is far more of a humorist than his predecessor, and his interest lies less in the mind of the central character than in plot and style as a means of achieving comic effect.

The stylistic difference between *Das Kennwort* and *Metamorphosen* is immediately evident. In contrast to the relative simplicity of Kant's vocabulary and sentence structure, those of Schneider are refined and occasionally complex. The narrator is concerned to describe his actions and sensations with precision, often verging on a clinical detachment. Yet this sense of distance from the events creates a peculiar tension in the story: between the sensational nature of the plot and the formality of the style in which it is conveyed. The alarm and desperation of the hero, the drama of his situation, are not related with the animation that might have been expected from an actual participant. Instead there is a deliberate

[13] Collected in Rolf Schneider, *Stücke* (East Berlin, 1970), pp. 7–46.
[14] Collected in Karl Heinz Brokerhoff's anthology ,,*Wie sie uns sehen.*" *Schriftsteller der DDR über die Bundesrepublik* (Bonn-Bad Godesberg, 1970), pp. 120–149.

understatement of these, occasional (retarding) periphrasis, and an almost documentary approach, which is reflected in the balance and restraint of the sentences. True, the tempo does increase—or is slightly retarded—at certain points as rhythm is modified to reflect action or thought, but on the whole the prose is basically incommensurate with the action and emotions described. This involves the reader in a more complex relationship with the text, while also increasing (through a sense of frustration) the element of suspense.

The tension between content and form is clearly ironic, but this is a marginal source of humour among so many others. The initial source is, of course, the situation of metamorphosis, the consequences of which Schneider fully explores. There is a grotesque humour, for example, in the idea of the tail itself, and in the exact description of its structure. The functions that this phenomenon can perform are exploited for a similar effect: the swatting of the fly, the twitching to express the anger and frustration of its owner as when he vainly tries to stuff it into his trousers, or when he involuntarily expresses his mood at Caeglevich's outpourings. Further humour is derived from the tail in a variety of ways: in the nomenclature for the artificial models, for example, and in the mockery of scientific and literary reactions, the allusions to Hans Mayer and Samuel Beckett extending to the full limits of the absurd.

A more refined form of humour is to be found in the structure of the story—the way in which the final scene represents a direct parallel to the former encounter between Caeglevich and the narrator. Identical roles are played, but with the characters themselves reversed: the speeches and actions of each are in all respects identical with those previously expressed by the other, and mechanical comedy becomes evident as soon as the reader has recognized the essence of the situation—and also, of course, that history is about to repeat itself, with the wheel of fortune turning once again to the benefit of its former victim.

For the East German reader the most amusing aspect of Schneider's story might well have been his satire of capitalist society; but this must remain speculation, for *Brücken und Gitter* (the collection from which this piece is taken) was quickly withdrawn from general circulation in the East. To judge by the author's other works, however, there is little doubt that the satire is aimed against capitalism, against both modern advertising methods and the gullibility of the public that is controlled by them. Another 'socialist' moral is that of money's pernicious influence: the vet, at first a sympathetic figure, rapidly degenerates into a heartless and money-seeking tycoon. The thoughts of opening his own practice, which prompt him to allow the first photo to be taken, vanish completely in the desire to increase his personal fortune. His humanitarianism, seemingly evident in his reluctance to inflict pain upon the animals he is obliged to treat, also disappears in his final interview with Caeglevich. The fact that the latter represents the vet as he himself was only a comparatively short time ago, underlines the insensitivity which wealth has brought with it.

These more disturbing aspects of the satire reveal the moralizing aspect of Schneider's writing, which is far stronger in a number of other works which are directed against the West and where the approach as a whole is more in line with Party expectations. *Metamorphosen*, however, displays the experimental side of the author, as well as the lively mind and balancing formal restraint of a talented satirist.

DER HAI

Gifted satirists are usually an embarrassment to their political leaders, and Günter Kunert has proved no exception. His non-conformism to the Party line both in politics and in literature has led him into frequent difficulties and open censure. Like Schneider, however, he has been tolerated to the extent that much of his work has appeared in the East and that he has not been refused permission to publish abroad. To what extent his socialist principles have played a part in this it is difficult to discover; the regime must be well satisfied with the anti-Western sentiments of such as Kunert, Biermann and Hacks, yet it cannot but be gravely disturbed by their critique of the East German government, a critique which is, ironically, expressed from a sincerely socialist point of view.

Kunert is a prolific writer whose work has shown a marked improvement from the highly uneven verse with which he began his career. His poetic development away from heavy reliance on Brecht to a cynical position which seems to owe much to Kafka, has been well traced by John Flores in his excellent book on East German poetry.[15] Although Flores sees the turn to Kafka as detrimental, there is no doubt that on the technical level, at least, Kunert now displays far more subtlety, control and restraint than in his beginnings. The shallowness of his prose has also given way to a more natural, lively and original writing, together with a more sophisticated sense of humour. Ostentatious ingenuity is far less obtrusive in his recent work; so too is didacticism.

The theme of *Der Hai* might well have come from Brecht: humane actions are neither credible nor desirable in a capitalist world, where deviation from the "fröhlich fressende Norm" proves disastrous for the

[15] *Poetry in East Germany, pp.* 280–92.

individual. Mitch is trapped between two opposing sections of the community, both of which are so much a product of their different environments that they cannot believe in his innocence. There are those who deplore his supposed deed yet whose actions to banish him have a strong element of shark-like brutality, a point which is underlined by the imagery. And there are those who openly confess admiration of Mitch's actions as fully appropriate to the demands of modern existence. An alternative to this society is advocated only tacitly, and in this too Kunert resembles Brecht; it is left to the reader to recognize that socialism alone can remove the evils of the capitalist system.

If there is no open praise of socialism, then there is none the less a forceful critique of American capitalism. This lies not only in the actions of the citizens, but also in the way that life is seen to be controlled by financial interests. The *Golden Arrow*, for example, is forced to continue its journey, despite age and dubious seaworthiness, in order to bring grain to the East, while the *Honeybee* has to discontinue the search for survivors after urgent instructions from its owners. It too must put profit before life. But the major attack on capitalism comes in the mayor's funeral speech; Kunert's didactic intention becomes strikingly clear through the sudden jump from death to finance and the celebration of the two victims as heroes of the commercial world.

Der Hai makes compelling reading; Kunert is constantly putting his reader into a state of suspense and carrying him from one climax to the next. The laconic warnings of the opening sentences and the oblique method of scene-setting create the atmosphere of a thriller, while the ominous description of the deep is suggestive of what is to follow. The sensational nature of the plot is in itself sufficient to hold attention, but this is increased by the constant switching of scene, of point of view, and of style. Kunert also arouses suspense by playing with his reader: his resorting to pronouns without antecedent, for example, in section 3 ("es" = "das Schlauchboot") and section 6 ("er" = "der Hai"), where the nouns themselves are withheld as long as possible. The same applies to the mysterious circumstances which precipitate the events of section 16, while the most striking instance of information withheld is, of course, Mitch's account of what really happened on the raft, which is divulged only on the final page.

Kunert's approach to his gruesome tale is essentially jocular, and one of the most striking forms of humour is consequently the grotesque. The cannibalistic basis is obviously ideal for a writer with a penchant for this form, and an acquaintance with Kunert's other work leads one to expect capriciousness in his use of it. This there certainly is: the point of view from which sunken ships (and, more especially, sunken bodies) are described is that of a carnivore, while only a ray knows the fate of the *Golden Arrow* crew, one which is, moreover, described as "plump". The most macabre parts are those concerning the human fish, Mitch, whom Grace sees as a "mobile Gruft" and "wandelnder Sarg"; her most hair-raising thought is that her name may have been the last to pass her former fiancé's lips— vicariously, however, through those of Mitch! "Zweiter Steuermann, hast du ihn zuletzt, ach, noch einmal geschrien, bevor—vielleicht schon aus dem anderen heraus? Doppelmündliche Nennung, in Seufzer und Rülpser vereint?" It is the "Rülpser" which clinches the comic dimension here; even at horrific moments Kunert maintains a note of cynical levity. Nothing, in fact, escapes his sarcasm. There is consistent debunking, even of such potentially moving scenes as the encounter of the two women mourners, the reunion of Mitch and his mother, the love scene culminating in inter-course, and the mother's fervent prayers to an omnipotent but temporarily absent God. Tragedy is avoided or mitigated by circumlocution, word-play, whimsy, understatement, satire, wit, or as so often in Kunert's work, by the peculiar nature of the approach to all events. The basis of this humour is, of course, decidedly intellectual, and the author occasionally succumbs to its natural temptation of gratuitous over-cleverness. Kunert is a versatile and original writer and the novelties of his work are appealing; at times, however, his ingenuity seems to have taken precedence over literary consistency.

Part of Kunert's versatility lies in his ability to modify his style to suit the content, and this may cause occasional difficulties for students. The abstruse vocabulary is clearly the first hazard, for Kunert plays not only with neologisms and slightly archaic language, but also with rather unusual compounds and periphrasis. The construction of sentences may also present difficulty: dramatic effect is often achieved by the breathless advance of certain periods, with the absence of conjunctions, parenthesis and compression of information. The pace is never even and sentence length varies considerably to reflect the situation. The opening sections in particular are at times highly rhythmical,[16] while other sections of third-person narration are often jerky, often terse, often deliberately casual. These contrast sharply (as indeed they are meant to) with the pseudo-biblical cadences of the mayor's dignified and archaic constructions as he revels in his imagined dignity; with the plain, factual reporting of the newspaper article; and with the hallucinatory outpourings of the two

---

[16] It is fortunately possible to quote Kunert's own view on this matter. In a letter to the publishers he expressed satisfaction at the choice of *Der Hai* for inclusion in this anthology and continued: "die Geschichte hat einen ganz besonderen Sprachrhythmus und ist stärker von meiner Lyrik beeinflußt als andere meiner Geschichten".

shipwreck ed sailors. Kunert can effortlessly adapt himself to many purposes, and herein lies a major part of his appeal.

JUNINACHMITTAG

Christa Wolf is one of the best known writers of the GDR. Her novels have found acclaim in both East and West, and her latest, *Nachdenken über Christa T.* (1968–69), has been translated into English by Christopher Middleton.[17] *Juninachmittag*, first published in 1967, must have been written concurrently with parts of *Nachdenken*, and like the latter, it had a rather stormy reception from Eastern literary critics. Neither work is committed in the way that, say, her earlier *Der geteilte Himmel* (1963) is, or, for example, such pieces in this anthology as Kähne's *Rekord* or Anna Seghers' *Der Traktorist*. The authoress could hardly claim that the theme of the story (if indeed a clear one can be detected) is the most important of our time, for she herself has suggested what this should be in her *Einiges über meine Arbeit als Schriftstellerin*: "Das große Thema unserer Zeit ist: Wie aus der alten eine neue Welt aufsteigt. Das kann kaum irgendwo deutlicher, erstaunlicher, schärfer und konfliktreicher vor sich gehen als in unserem Land".[18] The formulation is bold, ideologically sound, but definitely not applicable to the meditations of *Juninachmittag*. The first sentence of this story could in fact be taken as an attack on utilitarian art, which is satirized through reduction to a culinary level.

It would, however, be wrong to dismiss *Juninachmittag* as totally unpolitical; the East German, at any rate, will detect a number of significant political intrusions. What is more, these could only have been written by a convinced socialist. The engineer, for example, is treated with particular scorn; he is reduced to embarrassed silence whenever politics are mentioned and comes out with an ill-disguised attempt to suggest a political frame of mind in the word game. This satire is fairly obvious and easily within the appreciation of the West European with only a superficial knowledge of the GDR. It must, however, be stressed that in the context of a politically sensitive reading public there will be superior awareness of elements which are likely to pass unnoticed by the West European. The reference to West German helicopters, for example, cryptically satirizes the hostile propaganda to which the East Germans consider the West has been exposed as far as life in the East is concerned ("was sie immer über dem Drahtzaun zu erblicken hoffen oder fürchten mögen"). The

---

[17] *The Quest for Christa T.* (New York, 1971).
[18] *Junge Schriftsteller der Deutschen Demokratischen Republik in Selbstdarstellungen*, edited by Wolfgang Paulick (Leipzig, 1965), p. 16.

reference to the aeroplanes is also significant; the phrase "in hartem Konkurrenzkampf" makes it clear that the planes in question are from the capitalist countries (the GDR has only one airline, *Interflug*) and will also remind Eastern readers of the evils of capitalism and the perils of competitive society—both of which are important elements of Eastern propaganda and school education.

The reference to secretaries of state, bankers, industrialists and princesses also contains political overtones—for those who can detect them. These figures are common targets of East German anti-Western propaganda, and merely by mentioning them any author can rely on the arousal of his reader's distaste. But there is another dimension to this allusion: the figures in question have been visiting Berlin and, it seems, giving people the impression that they are alert to all dangers ("auf Vorposten"—note the military image). Since the West German government uses West Berlin as a form of show-window to the world (a fact which the East has frequently emphasized and deplored), the visit of these illustrious persons has clearly been politically motivated and has probably served to strengthen the city's image and morale. The fact that this image is usually boosted in order that it may overshadow the achievements of East Berlin makes the participants' disinterest in the GDR all the more reprehensible ("Man interessiert sich beim Aufsteigen flüchtig für dieses Land da..."). They appear as willing tools of the West German government.

Such understatement relies for its effect upon a politically informed reader, and the degree to which the East German is trained to think along political lines is clear from the use of "ausnahmsweise" in the same section: "Es flog für jedermann sichtbar von Osten nach Westen, wenn man mit diesen Bezeichnungen ausnahmsweise nichts als die Himmelsrichtungen meint". The West European does not instinctively think of 'East' and 'West' in political terms alone, but this certainly suggests that GDR citizens do!

Much of this story's appeal lies in its humour—and in the understatement of humorous elements. Even the satire is for the most part restrained; too harsh an effect would be out of place in something which relies on such an intimate family situation, on the ups-and-downs of everyday life, its frustrations, hopes and fears. Further, Christa Wolf's humour is that of any closely observed family unit, and its success consequently depends upon the reader's recognition of a stock type of character or situation. Of the child, for example, who displays intense interest in newspaper horror stories, and who is admonished for such 'unnatural' behaviour by her mother; the immature, impressionable teenage daughter with her romantic yearnings; the apolitical technologist; the miserly widow who revels in tales of disaster;

or the grossly overweight and inquisitive omniscient who is full of pronouncements on all subjects.

Christa Wolf avoids caricature in these figures; she suggests their characterizing qualities and leaves it to the reader to recognize their typicality. Once this has been perceived, however, then their every action becomes relatively predictable and produces a form of mechanical comedy. The stock quality of these characters is further suggested through their stylization: the generic use of the definite article—as in "der Ingenieur", "der Gartennachbar", and even "der Vater", "die Tochter", "das Kind" —stresses the human situation *in toto* for which these figures stand.[19] The title too reveals the desire to generalize: the omission of an article suggests that the day is not to be seen as fixed either in time or in the personal history of the writer.

Much of the humour, then, rests upon type recognition, not only of people, but also the situations in which such characters naturally find themselves. The most striking of these is clearly that of the writer-mother herself, who is attempting to enjoy a sunny afternoon reading a book by which she has just been captivated. The constant interruptions, first by one, then another of the children, to whose demands she eventually capitulates, as well as the aircraft, neighbours, and the activity of her own mind, are all frustrations which are commonly associated with the thwarted attempt to retreat into literature. Other traditional situations are to be found throughout; the author's close observations of family life give her story universal relevance.

In works which are as true to life as this one, the art lies (to adapt Horace) in the concealment of art. The structure is determined by a perfectly natural succession of events, the direction of the narrative being changed either through word association or through simple, traditional surprises, whether a child scaring its parent, a jet roaring overhead, or the arrival of an unwelcome neighbour. But although there may be surprises, there is a minimum of drama; the tempo remains leisurely throughout, thus reflecting the mood and allowing the frequent ironies to be appreciated. The variety of forms used lends a freshness in presentation. The author ranges from the seriousness of the reflective, autobiographical monologues, to short interjections, admonishments, imprecations, clichés, reported and direct speech, as well as direct address to the reader in order to elucidate

[19] There is only one name given, "unsere Nachbarin, die Witwe Horn", but the reason for this seems straightforward. The repetition of "unsere Nachbarin", who has so much to say during her appearance, would have proved stylistically tiresome. Even so, the generic is featured in her appellation too: she is never *Frau*, but always *die Witwe* Horn.

private allusions. By avoiding a straightforward third-person narrative and alternating instead between so many points of view, Christa Wolf is in a better position to capture the essence of individual scenes. The atmosphere of that afternoon is perfectly recreated, while the reader's enjoyment of it is heightened by the gentle humour on life and, not least, the appreciable amount of self-irony which any work of this sort must contain.

DREI TAGE UNSERES LEBENS

The very title of Neutsch's story is indicative of its author's political stance: the use of "unser" (which recalls Eduard Claudius's famous *Menschen an unserer Seite*[20]) suggests a firm identification with the GDR. In all his writing Neutsch adopts a comparable point of view; further, most of his stories are not merely concerned with the advance of socialism in East Germany, but with the way in which progress has been realized at grass roots level. In this respect Neutsch represents a clear counterpart to Kähne, the *schreibende Arbeiter*. Whereas the latter was a worker who attempted a literary portrayal of an episode in factory life, Neutsch is principally a writer who has immersed himself in the world of the worker in order to complete such stories as the *Bitterfelder Geschichten*[21] and his story of the construction site, *Spur der Steine*.[22] In the case of *Drei Tage* too, the author has undoubtedly made a careful study of the administration and the city in which the events take place. As a member of the *Bezirksleitung* of Halle, he must have been in frequent contact with the kind of administrator whose role is here depicted.

Drei Tage is a fine example of contemporary socialist realism. It has the obligatory positive heroes (who have appropriate minor weaknesses), it adopts the point of view of the working class, wholeheartedly endorses GDR socialism, and, it could be argued, the plot deals with a situation and characters who are typical of the present era of socialist development. The latter point may not be immediately evident to the English reader, but the figures of Brüdering, Konz and Koblenz all fit into existing categories within the East German literary tradition. Brüdering, for example, is the humane socialist who has devoted his life to service of the Party but who now doubts his ability to deal with increasingly complex problems; Konz the supreme planner whose dedication to his "Pflicht zu siegen" allows him to appear lacking in humanity and to resemble (superficially!) the Party dogmatist; and Koblenz, the dissenting intellectual with decidedly 'Western'

[20] Halle (Saale), 1951.
[21] Halle (Saale), 1961.
[22] Halle (Saale), 1964.

tendencies. Yet although these characters fit into a tradition, they are very far from being stock figures. Neutsch's extreme care in character delineation has produced fully rounded individuals who clearly transcend the categories into which they fall.

Another respect in which the story reveals itself typically socialist realist is the style. Neutsch has no desire to use language for any specific effects; nor is he interested in creating a mood, in using symbols, or in adopting unusual or avant-garde techniques. He is very much a down-to-earth writer who has a clearly defined aim: to tell a story, a story about life in the GDR, about the problems involved in socialist progress, and the socialists who have made that progress possible. This aim, then, is as much political as it is literary; the author is determined upon the improvement of his society.

Neutsch's main literary concern is probably with character, and one of his major achievements is the depiction of Konz. Through Brüdering's reminiscences we gain an intimate acquaintance with all the other figures, but Konz remains something of a mystery, a man who compels respect yet also unease through his supreme ability and his determination, qualities which seem to exist at the expense of his humanity. Throughout the story Brüdering torments himself with the motivation of his new colleague, and constantly surprises himself by discovering traces of a normal personality beneath the superhuman exterior. Yet it is not until the last possible moment that the personality problem posed by this figure is resolved. Although the two other questions which the story has raised (Will the great reconstruction plan be accepted? What has happened to Sigrid Seidensticker?) are both answered by the final page, the revelation concerning Konz's wife is left until the very last lines. This certainly stresses the importance which Neutsch attaches to Konz.

Hella Dietz has criticized Konz's disclosure as an unnecessary "tragische Zuspitzung" to the story,[23] but this is a view I find difficult to share. Such a critical item of information leads us to a greater understanding of Konz as a man and is in one respect actually optimistic: it suggests, if not explains, that Konz's zeal for progress is not demonic in the way that Brüdering (and the reader) have been tempted to imagine, but rather that the desire to forget painful memories has led him to devote his entire energy to political activity since the death of his wife. The initial impression of Konz as the traditionally heartless bureaucrat (whose dogmatism has been frequently castigated in GDR literature) is thus rectified by the final scenes and in particular the final line. Konz is in reality an administrator of the kind which

[23] 'Die Rede geht von uns', *Neue Deutsche Literatur* 19, 2 (February, 1971), 180

has been set up as a model by the Party: highly efficient, devoted to the cause, but by no means lacking in human qualities.

The plot of *Drei Tage* is multi-strand. What at first appear to be sub-plots—that of the Seidensticker family and that of Koblenz—acquire almost equal status with the main thread as the story progresses and each strand becomes increasingly interwoven with the others. Although three different stories are actually related, they are presented through their unifying element, the narrator Brüdering, whose flashbacks and interior monologues provide the historical perspective necessary for an understanding of present events. Each story is slowly built up through Brüdering's reminiscences, while the naturalness of his speech, and the skilful manner in which these reminiscences are dovetailed into the framework, ensure that the reader remains unaware of the rather too fortunately coincidental elements of plot. Despite the variety of presentation forms, the point of view remains that of the socialist narrator-participant. The humane approach to all events arouses the reader's sympathetic interest in the mind and personal history of this figure: in the mind of a socialist who is fully aware of his responsibilities, and in that of an anxious human being.

It is fitting that the final work for inclusion has been one by Erik Neutsch. Most of the stories currently published in the GDR can be classified as socialist realist, and Neutsch's work is far more representative of this than is that of the other younger writers here included. It should, however, be emphasized that *Drei Tage* is untypical in that its merits allow it to stand out from mainstream writing; for this reason it has won much praise in the GDR, as well as translation into several other languages.

*   *   *

The most obvious conclusion to be drawn from a study of the above works is that East German writing apparently falls into two distinct categories: conformist and non-conformist. There seems a pronounced gap between the optimism, directness and general socialist attitudes of works by Anna Seghers, Kähne, Fühmann and Neutsch on the one hand, and the stylistic experimentation ('experimentation' only by Eastern standards!) and general avoidance of socialist realist methods of Hacks, Kunert, Schneider and Christa Wolf on the other.[24] Such categories are by no means rigid, however: cautious formal experiment within the framework of an otherwise socialist realist approach can be detected in Fühmann's *Böhmen am Meer*, while socialist implications are particularly clear in the

[24] Despite the Third Reich setting, Kant's story must also be reckoned conformist on account of its strict adherence to a socialist point of view.

stories by Kant and Christa Wolf. Many other writers adopt a similar approach, and it is for this reason that evaluation of such categories is best attempted only after wider reading in East German literature. Although this anthology is intended to represent major authors and significant trends, it would be inadvisable to draw from it too many general conclusions.

Since so little information is available on GDR literature, the following bibliography may be of value to those who would like to investigate more thoroughly this increasingly acknowledged field.

SELECT BIBLIOGRAPHY

Primary Literature

OTHER ANTHOLOGIES

Two West German paperback anthologies have recently appeared. Both contain a good selection of modern stories:

19 *Erzähler der DDR*, edited by Hans-Jürgen Schmitt (Frankfurt am Main, 1971, Fischer Taschenbuch 1210).
Fahrt mit der S-Bahn. Erzähler der DDR, edited by Lutz-W. Wolff (Munich, 1971, Deutscher Taschenbuch Verlag 778).

Of many East German anthologies, the best is:

Erfahrungen. Erzähler der DDR, edited by H. Korall and W. Liersch (Halle, 1969).

There are numerous collections of stories by *schreibende Arbeiter*, many of which are of low quality. One of the more successful is:

Verflixte Gedanken. Prosa schreibender Arbeiter, edited by Hans Schmidt and others (East Berlin, 1970).

TRANSLATIONS

Two of the stories in this collection have appeared in English translation. *Metamorphosen* is in Michael Bullock's translation *Bridges and Bars* (London, 1967; also as a Panther paperback, 1969). *Juninachmittag* appears in an anthology of East German short stories edited by the GDR PEN Centre, *Cross-Section* (Leipzig, 1970). The latter is not particularly recommended.

Secondary Literature

For an introduction to Marxist aesthetics, see Peter Demetz, *Marx, Engels, and the Poets. Origins of Marxist Literary Criticism* (Chicago, 1967). Tilman Krömer offers a shorter introduction in 'Wertung in marxistischer deutscher Literaturbetrachtung', *Der Deutschunterricht* 19, 5 (September, 1967), 75–89.

There are no general introductions to East German literature which can be wholeheartedly recommended. The best short survey is that by Jörg B. Bilke, 'Auf den Spuren der Wirklichkeit. DDR-Literatur: Traditionen, Tendenzen, Möglichkeiten', *Der Deutschunterricht* 21, 5 (September, 1969), 24–60.

The following four volumes are more detailed, but somewhat uneven in quality:

W. Brettschneider, *Zwischen literarischer Autonomie und Staatsdienst. Die Literatur in der DDR* (West Berlin, 1972).
Konrad Franke, *Die Literatur der Deutschen Demokratischen Republik* (Munich, 1971).
Fritz J. Raddatz, *Traditionen und Tendenzen. Materialien zur Literatur der DDR* (Frankfurt am Main, 1971).
H.-D. Sander, *Geschichte der Schönen Literatur in der DDR* (Freiburg, 1972).

The most useful East German survey is that edited by Hans Jürgen Geerdts, *Literatur der DDR in Einzeldarstellungen* (Stuttgart, 1972). The essays in this volume are all written from a Marxist point of view, but good bibliographies are appended.

For further biographical details of the authors, see:

56 Autoren Photos Karikaturen Faksimiles. Biographie. Bibliographie, edited by the "Lektorat Zeitgenössische Deutschsprachige Literatur", second edition (Berlin and Weimar, 1965).
Lexikon deutschsprachiger Schriftsteller von den Anfängen bis zur Gegenwart, edited by G. Albrecht and others, 2 vols (Leipzig, 1967–68). (New edition in progress).

The best history of GDR social and political development is that by David Childs, *East Germany* (London, 1969).

NOTE

An asterisk indicates that a word or phrase is commented on in the Notes *at the end of this volume.*

Anna Seghers

DER TRAKTORIST

ES begab sich in diesem Sommer in Brandenburg, daß Hermann Geschke, ein junger und äußerst zuverlässiger Traktorist, der in seiner MAS* genauso beliebt war wie bei den Bauern, zum letztenmal auf dem letzten Acker wenden mußte, der ihm nach Kontrakt und Planung zum Pflügen anvertraut war. Er war ganz erfüllt von Jugend und Daseinsfreude, und diese Freude galt nicht nur dem eigenen Dasein, nicht nur dem Stück Erde, das er pflügte, sondern der Erde schlechthin. Sie reichte im Morgendunst, so weit sein Blick reichte. Das dünkte ihm grenzenlos; denn wenn sein Traktor vorstieß, stieß auch der Horizont vor, statt ihn zur Wendung zu zwingen wie jetzt der lästige Rain.

Als ihm diese Wendung so knapp und glatt wie jede gelang, schnalzte er freudig, als sei sein Traktor ein Pferd. Geschke hatte ihn auch gebändigt, so kam es ihm vor, hatte ihm alle Mucken abgewöhnt, über die seine Freunde noch häufig klagten. Er hatte auch kein Ersatzteil gebraucht, was immer noch schwer zu beschaffen war. Die ihm zugewiesene Arbeit würde heute zu Mittag beendet sein.

Da stieß er auf eine Granate. Das Pferdchen des Nachbarbauern Franz Donnarth scheute. Aus dem Dorf liefen welche heran, was der Knall zu bedeuten hätte.* Die Frau des Nachbarbauern allen voran. Ihr Haus, das beste im Dorf, stand auch am nächsten. Sie hatten keinen Kontrakt mit der MAS, sie hatten eigene Maschinen und Pferde. Wenn etwas mit den Traktoren schiefging, die man den armen Bauern und Umsiedlern lieh, ließ es der Donnarth an Spott zum Schaden nicht fehlen. Jetzt aber, als auf dem Acker des Nachbarn das böse Saatkorn geplatzt war, wurde es Donnarth klar, daß zwischen dem Tod und dem Feldrain der Abstand derselbe war, hüben wie drüben.* Und schon längst, schon seit Jahren. Weder Köppen, der arme Umsiedler, noch er selbst hatten etwas davon geahnt. Seine Frau sprach es schnaufend aus, mit stieren Augen: „Das hätte dir auch geschehen können." Und sie sagte dem Köppen, der ganz verstört ankam: „Das hat der Geschke nur durch die Arbeit für euch." Als ob sie plötzlich die Worte begreife: Arbeit für euch.

Sie schleppten Geschke, den Traktoristen, naß von Blut, in Donnarths Haus. Die* sparten weder an Bettwäsche noch an Verbandszeug, als sei ihr im Krieg gefallener Sohn schwer verwundet angebracht worden.

Geschke hatte ein Bein verloren. Er lag wochenlang stumm und bedrückt im Spital. Er fand sich nicht in das Dasein zurück, das ihm vor kurzem noch reich und unermeßlich erschienen war. Um sein Bett herum saßen viele Freunde, und sie versuchten ihn aufzurütteln. Doch Geschke blieb stumm und finster, ob sie ihm nun zufrieden vom Abschluß der Ernte erzählten oder ihm immer wieder beteuerten, er sei ihr bester Mann gewesen und er fehle ihnen in allen Stücken. Als ihr Gespräch auf die Vorbereitung zur Wahl kam, wurde er noch etwas bleicher. Sein Gesicht wurde rot, und er nickte, als sein bester Freund Hans sagte: „Gute Ernte heißt eine gute Vorbereitung." Hans fügte hinzu: „Und du warst fertig mit deiner Arbeit bis auf den letzten Streifen. Wer, glaubst du, hat dem Köppen sein Gespann für den letzten Streifen geliehen? Donnarth, der sonst bloß gekläfft hat. Der auf alles, was MAS hieß, spinnefeind war.*" Er fuhr fort, da Geschke die Augen schloß, weil die Stimme des Freundes, die er liebte und die ihm vertraut war, ihn noch mehr als der Anblick beruhigte. „Dir hat der Krieg noch dein Bein geschnappt. Auf dem Traktor macht er dich noch kaputt. Meine Schwester schreibt aus dem Westen, sie hätte die Woche kein Aug' zugetan. Denn Tag und Nacht kämen Tanks durch die Stadt. Die meisten Leute seien schon wieder gewöhnt an den Krach." Wie Geschke noch immer nichts sagte, fuhr er fort: „Ich habe gehört, in Weilsbach der beste Traktorist, der hat auch bloß ein Bein. Der hat seins im Krieg verloren. Man hat ihm eine besondere Prothese gemacht, sie sagen, so schön, wie sein Bein war. Extra dafür hat man ihm einen Traktor ummontiert, und er ist jetzt ihr bester Traktorist."

Geschke hatte die Augen geöffnet. Er sah in die Luft. Hans merkte, wie ihn ein Schuß von Leben durchfuhr. Er wartete. Dann sagte Geschke: „Du meinst, das täten sie auch für mich?"

Von jetzt ab redete Geschke viel mit seinen Besuchern. Er hatte nur noch einen Gedanken: wie lange es mit der Prothese dauern könnte und mit dem Traktor, der ihm angepaßt wurde.

Auf einmal hatte er gern viel Besuch, damit die Zeit rasch verging. Sie kamen nicht nur aus der Maschinenstation ins Krankenzimmer, aus Bauernschulen, aus Kreisämtern und aus Parteilokalen.* Auch unerwartete Gäste aus den Dörfern setzten sich an sein Bett. Auch Donnarth kam an, das Bäuerlein von dem Nachbarfeld. Der sah zum erstenmal all die Menschen, die er gewöhnlich gemieden hatte, nicht vor sich an einem Versammlungstisch oder auf der Tribüne, sondern neben sich um das Krankenbett. Er hörte sich aufmerksam und verwundert an, was Geschke von seinen Zukunftsplänen erzählte.

Es ging nicht so schnell, wie Geschke es wünschte. Schon wieder zur Herbstbestellung auf Arbeit zu ziehen—das mußte sich Geschke aus dem Kopf schlagen. Im nächsten Frühjahr würde er aber bereits mit dem einbeinigen Traktoristen aus Weilsbach wetteifern können.

Donnarth konnte sich vorstellen, daß einer zur Ernte auf seinem eigenen Feld gesund sein wollte. Doch zu der Ernte des Landes? Das konnte Donnarth nicht verstehen und vieles andere auch noch nicht. Er fing aber an, nachzudenken.

(aus: *Der Bienenstock*,
Aufbau-Verlag, Berlin, 1953)

Günter Kähne

REKORD AN DER DRAHTSTRASSE

ICH arbeite auf der Drahtstraße, drüben im Walzwerk. Seit drei Jahren bin ich dort, und genauso lange schon arbeitet dort, an der Bundübergabe,* Walter Muschak.

Die Arbeit an der Bundübergabe ist schwer. Pausenlos kommen hier, eng beieinander, die dicken glühenden Drahtbunde auf einem Plattenband angerutscht. Vor dem Ende des Plattenbandes werden sie dann durch einen Preßluftschieber auf einen Kipper gedrückt, der wie eine einklappende Hand die Bunde auf Haken wirft, die, an einer endlosen Kette hängend, dort vorbeigleiten. Das ist alles. Und doch steckt in dieser einfachen Arbeit, in der Überwachung des mechanisierten Vorganges, viel Schweiß and Mühe.

Mit Walter hatte ich es schwer. Ich wollte ihn für die Partei gewinnen. Er ist ein guter, zuverlässiger Arbeiter, ausdauernd und zäh und in seinem Innern längst mit uns verbunden. Die anderen Genossen unserer Parteigruppe sind damit einverstanden. „Gut", sagten sie, „du hast unseren Auftrag. Sprich mit ihm und gewinne ihn für uns."

Ich freue mich und denke, daß meine Freude und das Vertrauen, das ihm auch die anderen Genossen entgegenbringen, ein starkes Argument sind.

Als ich dann zu ihm ging, stand er gerade hinter dem Kipper und regelte mit einem eisernen Haken den Aufprall der Bunde. Das verlangt Geschicklichkeit und durch die Hitze an diesem Platz viel Ausdauer. Alle halbe Stunde lösen sich die drei Kollegen der Kipperbesatzung zu dieser Arbeit ab. Jetzt stand er hinter dem Kipper, und sein Gesicht war gezeichnet von der Hitze, vom Staub und Zunder der Schicht. Unter der kurzschirmigen Mütze leuchteten die Augäpfel im Schein der rotglühenden Bunde.

Ein richtiger Arbeiter, ein Held und bald auch ein Genosse! Solche Gedanken hatte ich, sah ihn beinahe verliebt an. Was er dachte, welche Gedanken ihn erfüllten, sollte ich jedoch bald merken. Als er kam, feuerte er seinen Haken in die Ecke und knurrte mich an:

„Verdammte Schinderei! Zeitalter der Atomenergie, und wir wühlen herum wie die ersten Menschen. Mistdreck!"

Na, ich war erschlagen.—Bevor ich jedoch ein Wort herausbringen konnte, stieß er mich beiseite, ergriff den Haken und sprang auf das Plattenband zu. Ein Bund hatte sich verklemmt, und die nachgeschobenen Bunde drückten sich zu einem Haufen zusammen, der über beide Seiten des Plattenbandes quoll. Wie zwei Spitzentänzer sprangen Walter und Rolf, der zweite Kollege der Kipperbesatzung, zwischen den glühenden Bunden hin und her. Der Schweiß dampfte aus den Hosenbeinen, aber dann war es geschafft. Die Bunde waren teils abgezogen, teils neu eingeordnet, ohne daß das Walzen unterbrochen werden mußte. Das hätte Stillstand und Produktionsausfall bedeutet.

Mit steifen Beinen, um beim Gehen die nackte Haut vor der Berührung mit dem heißen, ausgekochten Stoff der Hosenbeine zu bewahren, stakte Walter heran.

Da stand ich nun mit meiner Begeisterung, die ich auf ihn übertragen wollte, um ihn durch die Freude über die Anerkennung der anderen Genossen zu gewinnen. Und er stand mir gegenüber, flog am Körper vor Anstrengung und überstandener Hitze und schaffte sich schimpfend Luft:

„So, was ist das? Wie nennst du das, he? Arbeit, Heldenmut? Mist ist das! Eine ganz große Sauerei und nichts anderes. Wir fliegen zum Mond, wir konstruieren die tollsten Maschinen, und hier sind wir nicht in der Lage, vernünftige Arbeitsbedingungen zu schaffen. Oder? Mensch, hau bloß ab. Zerruppen* könnt' ich alles!" Es schäumte aus ihm heraus wie aus einem geöffneten Ventil. Seine Hände durchsuchten die Hosentasche. „Hast du 'ne Zigarette?"

Ich gab ihm die gewünschte Zigarette und auch Feuer. Wir rauchten, während er unablässig den Lauf der Bunde verfolgte, schon wieder einsatzbereit.

Zu Walters Ausbruch habe ich geschwiegen. Ich kenne diese jähen Entladungen. Was glaubt ihr wohl, wieviel Wille notwendig ist, um den Widerstand des Körpers zu überwinden, der sich gegen diese Hitze stemmt, die oft alles Maß überschreitet.

Ich habe begriffen, daß die Arbeit den Menschen formt, auch seine Ausdrucksweise, und so ein Walzwerk ist kein Kabinett, in dem man an Wörtchen herumfeilt und stilistisch ausgewogene Reden führt. So ein Walzwerk, das ist der Lärm dröhnender Kräne, das Summen und Pfeifen starker Motore und Getriebe, das ist das Knallen abplatzenden Zunders und das ist die Hitze von Tausenden Tonnen Stahl, der sich unter dem Druck der Walzen windet und reckt. Und die Menschen, die diesen Stahl beherrschen, ihm ihren Willen aufzwingen, die ihn durch die abschreckende Mauer der Hitze angehen, um in der kochenden Luft bis zum letzten möglichen Augenblick die notwendige Arbeit zu verrichten, haben ihre eigene Art.

Später, als die Wut abgeklungen war, habe ich mit ihm weitergesprochen. Er hat ja nicht unrecht! Und außerdem gehört er zu den Hitzköpfen, denen nichts schnell genug geht. Ein Kerl, der nichts als gegeben hinnimmt und felsenfest überzeugt ist, daß alles verändert werden kann und muß, und zwar sofort.

Durch eine großartige Umstellung der Straße hatten wir den Ausstoß fast um das Doppelte erhöhen können, und das pro Schicht! Walter wußte, daß die damit verbundenen Änderungen noch nicht seinen Arbeitsplatz erreicht hatten und daß deshalb seine Arbeit besonders schwer war. Dazu kam, daß die nun unzulängliche Bundübergabe viel Schrott verursachte, und beides zusammen trieb ihn auf die „Barrikaden".* Er empfand die Unbeholfenheit der für die Umstellung verantwortlichen Leute wie ein junges Pferd die Kandare und schlug aus. Stets war er im Angriff, und auch mich überfiel er, bösartig loshackend mit allem, was ihm nicht paßte. Ich sagte zu ihm: „Menschenskind, Walter—verrenn dich doch nicht. Du hast recht, ich gebe es zu. Und trotzdem muß alles schön in der Reihe bleiben. Stell dir doch mal den Hexentanz vor, wenn wir alles zugleich machen wollten! Das ist doch gar nicht drin. Klar ist es schwer hier hinten, aber trotzdem: Eines nach dem anderen!" Er nahm den Zigarettenstummel aus dem Mundwinkel und warf ihn zu Boden. Dann zog er mit den Fingern seiner rechten Hand an der weißblonden Augenbraue und blinzelte mich an.

„So, eins nach dem andern", höhnte er. „Immer schön der Reihe nach. So wie in der Poliklinik: Der nächste, bitte! Einverstanden ... !"

Er bückte sich, nahm den Haken hoch und drückte ihn mir in die Hand. „Bitte schön, bitte, der nächste." Und dann in kaum verhaltener Wut: „Nimm ihn und stell dich hin. Aber die ganze Runde! Und dann noch mal und noch mal, bis dir der Schweiß über die Arschbacken rinnt. Und dann kannst du den Haken weitergeben. Weitergeben an alle, die hier vorbeikommen, den Kopf schütteln und wieder verschwinden. Alle sollen mal ihren Hintern auskochen. Sollst mal sehen, wie schnell es dann geht. Glaubst du?" Seine Rechte fuhr aus dem Hemdsärmel hoch in die Luft und beschrieb einen großen Bogen.

„Muß man erst solchen Wind machen?* Muß man mit allem gleich zum Parteisekretär* rennen? Ho, springen würdet ihr dann, überschlagen würdet ihr euch, wenn der erst seine Nase reinsteckt!"

Er nahm mir den Haken aus der Hand, klemmte ihn sich unter den Arm und suchte nun ungeschickt in seiner Hosentasche herum.

„Gib schon her, ich halte ihn so lange", sagte ich.

Er sah mich verdutzt an, grinste und stellte den Haken an die Wand.

Dann hatten seine Finger in der unergründlichen Tiefe der Tasche das Gesuchte gefunden. Ein Stück Papier kam zum Vorschein, aus dem beim Entfalten Tabakskrümel herausfielen.

Zwischen Fingerabdrücken vereinigten sich, unbeholfen und klobig, Bleistiftstriche zu einem geometrischen Labyrinth. Unter seinem erläuternden Zeigefinger traten schließlich die Funktionen der Bundübergabe hervor—und seine Gedanken.

„Hier", sagte er, „hier an dieser Stelle machen sich die Bunde fest. Siehst du, hier und hier. Jetzt habe ich gedacht, wenn man hier einen Abstreifer anbringen würde, so, so und so, dann würde eine Menge Schrott wegfallen, und wir hätten es leichter."

Bei diesen Worten faltete er schon seinen Zettel zusammen, das Papier verschwand wieder in dem unergründlichen Hosenschacht. Na, was sagst du nun, blinzelten seine Augen, und sein Gesicht zerfältelte sich vor Selbstgefälligkeit, und der ganze Kerl war ein lebendiges Ausrufungszeichen zu der Tatsache, daß er ja auch nicht von vorgestern* sei. Jetzt wurde ich aber—bei aller Freundschaft—sauer.

„Was soll ich denn sagen? Du fummelst mir mit deinem Stück Papier vor den Augen herum, und bevor ich überhaupt unterscheiden kann, ob es ein Kreuzworträtsel oder eine Geburtsurkunde ist, läßt du es wieder verschwinden. Gib schon her!"

„Warum", maulte er und wußte doch genau, weshalb und wozu ich seinen Vorschlag haben wollte.

„Gib schon her", wiederholte ich, „gib her! Ich komme sonst in Versuchung, dir den Haken über das Kreuz zu hauen, wenn ich nur daran denke, daß du mit dem Vorschlag in der Tasche am Kipper hin und her tanzt, Zeter und Mordio schreist und dabei schon weißt, wie es besser gehen kann. Gib schon her. Du . . ."

Nun kamen böse Tage für mich. Der Gedanke seines Vorschlages war gut und richtig. Aber er kam zu spät! Von der Instandhaltung hatten Kollegen das gleiche Problem aufgegriffen* und waren von der anderen Seite her zum Ziel gelangt. Damit war sein Vorschlag überholt. Mit der Verwirklichung seines Vorschlages kam ich nicht mehr weiter. Daß er mit seiner Hosentaschenpolitik selbst daran Schuld hatte, machte mich besonders ärgerlich. Daß ich nun aber auch Übermittler des abschlägigen Bescheides sein mußte, paßte mir gar nicht ins Konzept.*

Hundert zu eins wußte ich, daß er wieder seine Augenbraue strapazieren würde.* Jeden Tag sah er mich erwartungsvoll an. Ich schwieg, vermied das verfängliche Thema und suchte nach einem Ausweg. Schon sah ich sein fragendes Gesicht voller höhnischer Fältchen. In diesen Tagen begann ich an ihm zu zweifeln, ihn in die Gruppe der unverbesserlichen Querulanten einzuordnen, die ohne Verständnis für die Schwierigkeiten in unserer Entwicklung stets querschießen.

Wie sehr ich mich getäuscht hatte, wie sehr diese Zweifel Folgen meiner eigenen Verbohrtheit, meiner Feigheit waren, offen mit ihm zu sprechen, sollte ich jedoch bald erfahren.

Am 23. Oktober hatten wir Spätschicht. Es war gegen Schichtende und die Schicht IV, unsere Ablösung, tanzte an. In ganz großer Besetzung. Da waren die Genossen der „Roten Brigade",* die ganze Abteilungsleitung und auch Schlosser aus anderen Schichten. Jedem von uns war es schlagartig klar, daß in dieser Nacht ein Ding gestartet werden sollte. Dann übernahmen die Kollegen die Straße, und wir gingen ab.

Am nächsten Tag—als wir kamen—war die bisherige Höchstleistung, der von uns geleistete Rekord, überboten. 214 Tonnen Draht hatten die Kollegen gewalzt! Das waren glatte 10 Tonnen über unserem Rekord. Die Kollegen, die wir ablösten, zeigten uns befriedigt das Ergebnis, das dick mit Kreide, sichtbar für uns bestimmt, an der Störungstafel prunkte: 214 Tonnen!

Ständig stand einer von ihnen an der Tafel, und immer, wenn ein Kollege unserer Brigade vorbeikam, klopfte der andere grinsend an die Tafel. „214 Tonnen!" Man konnte seinem Gesicht buchstäblich ablesen: Na, was sagt ihr nun? Andere können ja schließlich auch noch walzen, nicht wahr?

So hatten wir, die anerkannten Rekordhalter, unsere Spritze weg.*

„Kunststück,* bei solcher Besetzung!"

„Mensch, die ganze Prominenz ... !"

„Zufall! Wenn die Karre läuft, dann läuft sie alleene ...'"*

„Haut bloß ab! Nachmachen!" Damit zerfetzten die Kollegen unsere Argumente. Sie hatten ja auch recht. Es war eine prima Leistung der Schicht IV! Der Schock, geschlagen zu sein, war uns mächtig in die Knochen gefahren. Der richtige Rippenstoß gegen unsere Selbstgefälligkeit!

Dann saßen wir oben und hielten die üblichen Kampfbesprechungen vor Schichtbeginn ab. Der Meister schätzte den Stand der Straße ein und sagte: „Es ist noch alles drin. Die Karre läuft wie geschmiert. Ich denke, wir reden ein Wörtchen mit! Also: Obacht geben!"

So beginnt unsere Schicht, und die Karre läuft tatsächlich!

Stab auf Stab fällt in die Haspel und wird zu dicken Bunden gespult, die dicht aufeinandergerückt auf dem Plattenband anmarschiert kommen. Stunde um Stunde vergeht. Draußen beginnt es zu dunkeln. Die Nacht ist jäh in die Halle eingefallen und hat das dämmrige Grau von den verglasten Wänden gewischt. An der Hallendecke flammen die Tiefstrahler auf. In ihrem kalten, fallenden Licht verblaßt die glutrote Wärme, die der glühende

Stahl auf dem Weg seiner Verformung an die Wände wirft. Die neunzehn Gerüste, deren Walzen die armdicken Stahlknüppel zu bleistiftstarkem Draht abwalzen, treten wieder in harten und klaren Umrissen aus ihren verschwommenen Schatten, in denen sie in diesen Minuten zwischen Tag und Nacht untergetaucht waren.

Nur das glühende Auge des Stoßofens, in den der Ausstoßer rasselnd hineintaucht, schreit unvermindert mit seiner von Hitze umflimmerten Pupille durch die Halle. Wenn dieses Auge erlischt, wenn die mit Schamotte ausgemauerte Tür herunterfällt, um die Temperatur im Ofen zu halten, dann steht die Straße. Dann hat ein glühender Stab seinen Weg verfehlt und sich durch den Druck der nachschiebenden Walzen zwischen diesen und den Ausführungsarmaturen zu einem kuhfladengroßen Klumpen verschweißt. Oder etwas anderes ist schiefgegangen und die Straße steht. Kostbare Minuten vergehen. Minuten, die sich unaufhaltsam mehren und mit ihnen die Zahl der Knüppel, die man hätte verwalzen können.

Das darf nicht passieren. Heute schon gar nicht, wo es um den guten Ruf unserer Brigade geht. Zwei Stunden haben wir noch Zeit, und 170 Tonnen sind verwalzt. Noch 45 Tonnen, kaum zu glauben, wir haben sie und einen neuen Rekord!

In diesem Augenblick bricht der Tanz los. Eine wilde Begeisterung erfaßt alle. Das wird eine Sache! Innerhalb von vierundzwanzig Stunden eine neue Straßenhöchstleistung! Ein neuer Rekord—unser Rekord.

In diesen letzten Stunden sind alle ganz bei der Sache. Keiner, den es nicht gepackt hat. In diesen Stunden gibt es keine Meinungsverschiedenheit, alles ist zurückgetreten. Eine herrliche Gemeinsamkeit erfüllt alle in diesem Kampf um die höchste Leistung, um die Ehre der Brigade!

An der Bundübergabe kocht die Luft, eine einzige flimmernde Wolke hochaufstiebenden Zunders, der beim Aufprall der Bunde auf die Haken abplatzt. Und Walter? Walter springt hin und her, reißt mit seinem Haken die Bunde auf dem Plattenband vorwärts, um ihren Abstand vor dem Kipper zu vergrößern, um jede Störung an der immer noch nicht geänderten Anlage zu vermeiden.

Der Schweiß läuft aus allen Poren. In den Gesichtern, von Hitze und Staub bemalt, hat er helle Furchen gezogen, die von Zeit zu Zeit durch den darüber fahrenden Hemdsärmel verwischt werden. Alle verfügbaren Walzer sind nach hinten gekommen, um uns zu helfen. An der Straße ist es fast leer. An der offenen Mittelstraße* stehen zwei, die die glühenden Stäbe, die aus den Umführungen springen, sorgsam zu sauberen Schlingen übereinanderlegen, und an der Fertigstraße* verfolgt ein Walzer die sausenden Stäbe, registriert jedes Geräusch der Getriebe und das harte Anbeißen der Stäbe, wenn deren Spitzen von den Walzen gepackt werden.

Irgendwie kommen die Zahlen der eingesetzten Knüppel vom Ofen zu uns nach hinten: 2000 ... 2050 ... 2070 ...

Da schreit die Sirene an der Straße nach dem Kran! Kurz darauf fallen nur noch vereinzelte Stäbe in die Haspeln. Was ist los? Die Walzer rennen nach vorn. An der Vorstraße* hat sich zwischen zwei Gerüsten träge ein weißglühender Knüppel hochgewunden. Zwei Adern sind blockiert.

2075 ... 2080 ... verflucht langsam! Die Zeit rinnt unaufhörlich. Und zu allem Überfluß* tritt aus dem letzten Gerüst der Fertigstraße ein Stab aus den Führungen, springt hoch in die Halle und wirft sich, eine glühende meterlange Schlange, über die Hakenbahn. Die Haspeln sind leer und dunkel. Das sind bange Minuten, so kurz vor Toresschluß!

„Was ist los?" will Walter wissen.

„Störung zwischen vier und fünf", sage ich. In diesem Augenblick dröhnt auch der Kran schon wieder heran. Die Walzer kommen, und die ersten Stäbe fallen wieder in die Haspeln.

„Diese Pfuscher verdammten",* schreit Walter. „Beinahe hätten sie uns alles vermurkst, diese Brüder!"

Und dann zählen wir jedes Bund, jeden Stab, und wir zählen: 2099 ... 2100 ... 2120 ... Da sehen wir am Stoßofen Hüte und Mützen in die Luft fliegen. Wir haben sie!

Die Ablösung, unsere bereits wieder geschlagenen, ach so kurzfristigen Rekordhalter, nehmen uns behutsam, als wären wir Halbirre, die Haken aus den Händen ...

222 Tonnen! Junge, Junge, das ist eine Sache!

„Schnapsrunde", sagt Walter zu mir und zupfte unvermeidlich an seiner Augenbraue. „Wie sieht's aus? Spülen wir den Zunder weg?" Eine Stunde später sitzen wir im Klubhaus. Das erste Bier hat nur gezischt, das zweite war angetrunken.* Walter wischt sich mit dem Handrücken die Schaumreste vom Mund. Er gluckst vor sich hin* und schüttelt immer wieder, wie ungläubig, den Kopf. Sein Gesicht ist noch mehr zerknittert als sonst und rot von der Stimmung und der heißen Dusche. In den Augenfalten sitzen feine Striche; eine letzte Spur Zunder.

„Die Gesichter, was? Das hätten sie nicht erwartet. Und die Walzwerkleitung ... rufen wir alle Brigaden auf, diesem Beispiel zu folgen ... ! Ungültig! Überholt. Überholt in vierundzwanzig Stunden! Menschenskind!"

Wir haben an diesem Abend noch viel gesprochen. So aufgeschlossen war sein Herz, und ich wußte: Du wirst mein Genosse, du bist es!

(aus: *Arbeiter greifen zur Feder*, Verlag der Märkischen Volksstimme, 1960)

Peter Hacks

DIE AFFEN UND DER MENSCH

Die Affen sitzen im Salon. Der Affe, krummbeinig, breitschulterig, großohrig und mit platter Nase, ein edler Patriarch, steht am obern Ende der Tafel. Vor ihm sitzt die Schar seiner Kinder und Enkelkinder, seiner Verwandten und auch seiner Freunde. Dies ist die Feier seines fünfzigsten Geburtstages. Er hält eine schöne und würdige Rede.

VATER: Der einzelne Affe stirbt und vergeht, aber das Affengeschlecht verändert sich nicht, sondern dauert fort in der ehernen Einförmigkeit der Natur. Denn so ist es Brauch und Sitte, daß wir immer vor uns hin äffen. Der Vater äfft dem Großvater nach und der Sohn dem Vater. Und ich habe meinem Vater nachgeäfft und habe mich gelaust und bin gebückt durch das Leben gegangen. Und kann man nicht von mir mit dem größten Recht sagen: sehet hin, ein Affe? (*Beifall*) Darum bitte ich euch, ihr Teuren, zur Krönung dieses feierlichen Augenblickes: Stimmt mit mir ein und singt mit mir vom Familienleben und vom Familiensinn.

ALLE (*singen*): Familienleben, Familiensinn.
        Der Korridor riecht nach Gemüt.
        Wir sitzen in der Stube drin.
        Und das Lämpchen, das Lämpchen glüht.
        Wir schwitzen am Po, wir knicken den Floh,
        Ganz unter uns und unserm Niveau.
        Bürgerlein klein . . .

        Wir haben eine Großmama
        Mit einem langen Bart.
        Die löst die tiefsten Problemata*
        Nach Hausfrauenart.
        Die Welt ist ein Graus, warm ist's zu Haus,
        Und wie man's gewohnt ist, hält man's aus.
        Bürgerlein klein . . .

VATER (*schluchzt*): Mein Sohn. O mein Sohn.

EINE ÄFFIN: Warum weint Ihr Mann, Liebste?

MUTTER: Er denkt an unseren ältesten Sohn. Frau Langarm, nehmen Sie Kokosmilch in den Kaffee.

EIN AFFE: Ihr Sohn, von dem hab ich schon so viel erzählen hören, der ist so mißraten, von dem sprechen Sie niemals?

MUTTER: Ja, sein Name kommt nicht über unsere Lippen. Er hieß Gust-Aff.

ÄFFIN: Gust-Aff?

MUTTER: Er war ein Affe, aber er hatte stets seinen besonderen Gusto. Wissen Sie denn wirklich nicht, wie es um ihn steht?

AFFE: Kein Wort.

ÄFFIN: Erzählen Sie doch.

MUTTER: Erzählen, Frau Langarm? Das geht über meine Kraft. Er war immerhin mein Kind. Er ist, denken Sie, er ist ein Mensch geworden.

ÄFFIN: Oh!

MUTTER: Wenn das bekannt wird, daß er von uns abstammt,—aber ich erröte schon bei dem Gedanken.

AFFE: Wo erröten Sie denn?

MUTTER: Ich sitz drauf, Herr Baumdepp, hihi. Nein, es war zu furchtbar, Liebste. Als er noch ganz klein war, fragte er mich: warum habe ich denn so viele Haare im Gesicht, Mutter? Lieber Sohn, sprach ich, wir Affen tragen nun schon seit hunderttausend Jahren Haare im Gesicht. Wird's Zeit, sagt er, daß wir endlich damit aufhören.

ÄFFIN: So verdorben war er schon.

MUTTER: Er hatte einen abscheulichen Charakter. Unruhig. Unzufrieden. Auf Tage hinein im Voraus denkend. Wie wir ihn genannt haben: ein ewig Morgiger.*

AFFE: Und wie kam es weiter?

MUTTER: Nun, zwischen uns und Leuten von solcher, sozusagen humaner Denkart besteht ein natürlicher Krieg. Mein Mann hat ihn verstoßen.

ÄFFIN: Und dann ist er ...

MUTTER: Hingegangen und Mensch geworden.

(*Eine Peitsche knallt von fern.*)

VATER: Was hör ich da?

AFFE (*sieht aus dem Fenster*): Noch ein Gast, scheint mir.

VATER (*düster*): Ein Gast.

AFFE: Ein lächerlicher, aufrechter Affe in einem roten Frack. Hahaha.

VATER (*düster*): Ohne Haare im Gesicht?

AFFE: Richtig. Fast ohne.

VATER: Mit viel zu langen Beinen, he? Und kein Schwanz zu sehen?

AFFE: Tatsächlich. Aber ... kennen Sie denn den?

VATER (*dumpf*): Nein! Den kenne ich nicht.

(*Peitschenknall in der Nähe.*)

MUTTER: Vater, es ist Gust-Aff.

AFFE: Er kommt zu Ihrem Geburtstage.

ÄFFIN: Er will Sie um Vergebung bitten.

VATER: Umsonst.

MUTTER: Er ist dein Sohn.

VATER: Er ist nicht mein Sohn.

(*Schritte.*)

VATER (*flüstert*): Er soll sich demütigen bis aufs letzte. Kein Pardon. Keiner begrüßt ihn.

ALLE (*flüstern*): Wir kümmern uns gar nicht um ihn.

(*Die Tür wird geöffnet.*)

MENSCH (*mit übermächtig lauter Stimme*): Donner und Doria.* Das nenn ich Glück. Das ist ja ein wunderbarer Haufen alter Affen für meinen Zirkus.

MORAL:

Fortschritt macht sich bezahlt, auch wenn die Pietät leidet.

(aus: *Tiere sind auch Menschen*, erschienen in *Neue Deutsche Literatur* IX, 9, September 1961)

Franz Fühmann

BÖHMEN AM MEER

Bist du gewiß, daß unser Schiff gelandet
An Böhmens Wüstenei'n?
                Ja, Herr, doch fürcht' ich,
Zur schlimmen Stunde: düster wird die Luft
Und droht mit bald'gem Sturm. –

Shakespeare: Das Wintermärchen

ZEHN Jahre nach dem Krieg konnte ich zum ersten Mal wieder ans Meer
fahren. Die Stunde meiner Abreise war traumhaft; sie steht in meinem
Leben wie eine Birke im zerklafften Land. Ich liebe das Meer; wir alle, die
wir Böhmen, diesem innigsten Binnenland, entstammen, lieben das Meer,
diese Wüste aus Wogen und Wolken, mit einer verzehrenden Liebe, und
ich stamme aus Böhmen und hatte zwölf Jahre nicht mehr das Meer gesehn.
Als siebenjähriger Junge war ich an der Adria gewesen und hatte seitdem
das Bild einer unermeßlich geschwungenen Bläue und großer, fleischig
wuchernder Pflanzen im Hirn; den Sommer vor dem Krieg hatte ich auf
einer Nordseeinsel verbracht, und dann war ich, Soldat, übers griechische
Meer gefahren, das grau war und gestachelt vom Sturm, und da war das
Meer nur die Flut, in der die Mine trieb. Dann hatte ich zwölf Jahre nur
Land gesehen: die russische Ebene und die Trümmerstätten Berlins; ich
hatte eine neue Existenz begonnen, und nun fuhr ich zum ersten Mal wieder
ans Meer. Es war Mai, als ich nach Z.,* einem Fischerdorf westlich Rostocks,
hinauffuhr; es war Mai, und es war noch kühl, ja kalt, aber ich wollte mit
dem Meer allein sein. Ich stand im Korridor des Zuges und sah aus dem
offenen Fenster und glaubte schon durch den Kohlendunst und Rauch der
Lokomotive das Salz der See zu riechen. Hinter den Kiefernwäldern der
Mark* begannen Hügel; Wiesen, tiefgrün, von schmalen Gräben wie von
Adern durchzogen, breiteten sich aus, und der Horizont lag ohne Dunst.
Ein unbändiges Glücksgefühl überkam mich: ich fuhr ans Meer, das erste

Mal nach dem Krieg fuhr ich wieder ans Meer, und ich würde vierzehn Tage am Meer bleiben und am Strand wandern und, mochte es kalt sein wie immer, jeden Tag baden, und ich würde Burgen bauen und Gedichte schreiben und Bernstein und Muscheln sammeln und mich von der Zeit treiben lassen wie eine Alge von der Flut. Eine Arbeit, mit der ich mich lange herumgeschlagen hatte, lag endlich abgeschlossen hinter mir; es war eine quälende Arbeit aus den Kriegstagen* gewesen, und nun wollte ich zwei Wochen lang nur schreiben, was mir Spaß machte, und wäre es nichts als unnützes Zeug. Der Zug schnaubte durchs Land, ein fröhliches Schnauben; die Wiesen waren vieltausendfach von Sumpfgrashöckern gebuckelt; Eichwälder erhoben sich über Erlgründen,* Röhricht säumte die Wiesen, gekuppte Weiden reckten ihre Struwelpeterschöpfe, und zwischen Röhricht und Weiden und Erlbusch lagen vier Seelein, vier ganz runde Seelein, vier Tröpfchen Silber im tiefen Grün. Kühe weideten träge, pralle schwarz-weiße Herden geduldigen Viehs, und aus dem Fenster des schnaubenden Zuges flatterte ein Stück hellen Kreppapiers wie eine erste Möwe den Weiden zu. In Rostock mußten wir umsteigen. Ich drängte mich, als wir durch die Stadt fuhren, ans Fenster und sah einen Zipfel, einen schmutzig-grauen steinumschlossenen Zipfel der See, auf dem ein Schifferboot mit grauem Segelleinen sich wiegte, und es roch nach Jod und Salz. Dann fuhren wir westwärts an Wiesen und hohen farndurchwogten Wäldern dahin, immer am Meer entlang, doch ohne das Meer zu sehen, und dann stieg ich in einen Autobus und fuhr eine Straße neben einem Dünenzug hinauf, und wir langten in Z. an, und ich stieg aus, und das Brausen des Meeres war zu hören. Ich stellte die Koffer auf dem Halteplatz neben dem Bus in den Sand und lief einen bretterverkleideten Weg in die Düne hinein, und vor meinem Blick lag unendlich und grau und brausend im Wind das offene Meer ...

Das offene Meer, nun lag es vor meinem Blick! Ich stand auf dem Hügel der Düne und sah hinaus und fühlte den Schlag der Wellen in meinem Blut. Der Tag war frisch, ein frischer Maitag, der Himmel war stahlblau, und die Wogen rollten. In der Ferne war ihr Rollen ein Zittern des Meeres, ein Lächeln, das leicht über die Meerwange glitt, dann aber, ohne Übergang, wurden die Wellen groß und fuhren donnernd daher, getürmtes, vorwärts stürmendes Wasser, das, seine Hochwand immer mehr muldend,* dem Land entgegenschoß und den Strand mit mächtigen klatschenden Wellen schlug. Der Strand war schmal; nach meiner Linken hin lief er gradaus und verlor sich in einem fernen Grau, in dem Wasser, Luft und Land verschmolzen; nach rechts hingegen zog er, rasch von der Düne zu einem Steilufer steigend, einen nach innen geschwungenen Bogen, der mit einer kräftigen, ockerfarbenen, im Profil senkrecht fallenden Steilwand abschloß.

Zu Füßen der Ockerwand lagen drei mächtige Findlingsblöcke, glatte, stumpfglänzende schwarze Blöcke, um die das Wasser brandete, und das Meer fuhr mit seinen mächtigsten Wogen bis an die Wand. Ich stand auf der Düne und sah die Wogen rollen; ich hörte das Brausen des Winds und das Rollen der Wogen und ihren Schlag an den Strand; Seeschwalben schossen silbern über die Wellen, und ich sah die See und die Schwalben und den Himmel und war nicht mehr auf dieser Welt. Lange stand ich so und sah die Wellen rollen und versuchte, ein Gesetz zu finden, das den Wechsel der Wellen von den kleineren zu den größeren bestimmte, doch ich fand keinen Rhythmus im Wechsel der Wellen, obwohl ich fühlte, daß ein verborgener Rhythmus darinnen schwang. Es steigerte sich nämlich die Wucht der See von Welle zu Welle, um schließlich in zwei, drei gewaltigen Wellenschlägen zu gipfeln und dann wieder zu einem leichten Wurf der Wässer zurückzufallen; nur war es bald die siebte, dann wieder die achte oder neunte und schließlich auch, nach der fünften und sechsten, die elfte oder zwölfte Woge, die am mächtigsten heranfuhr, und dann brach, jede Ordnung durchkreuzend, ein donnerndes Wasser lang vor seiner Zeit über die kleinen Wellen herein, ihr kurzes Gemurmel mit seiner Gewalt zu erdrücken. Ein Rhythmus mußte hier schwingen, aber ich fand ihn nicht; er schwang wohl in Tagen oder gar Wochen, vielleicht in Jahren oder Jahrhunderten, was wissen wir! Unnütze Grübelei! Ich krempelte die Hosenbeine hoch, zog mir Schuh und Strümpfe aus und watete ins Meer. Das Wasser war kalt, das Wasser war salzig, es war herrlich kalt und salzig, die Luft schmeckte nach Salz, der Wind blies frisch, der Himmel war stahlblau, ein ganz flacher Himmel, nicht hoch, nur eben über das Meer gedeckt, und die Meerwogen rollten.

In dieser Minute war ich vollkommen glücklich. Ich lief ein Stück den Strand entlang, hinauf zu den Findlingsblöcken, die stumpfglänzend in der Brandung lagen. Senkrecht, wie ausgelotet, hob sich die Ockerwand hinter ihnen, und ich sah einen Riß den Ocker hinablaufen; das Wasser schlug mit seinen wildesten Wellen an die Lehmwand an, und aus dem Riß rieselte, feinkörnig, Lehm. Der Schaum einer Welle übersprühte mich; ich lief zum Dünenweg zurück, zog Schuh und Strümpfe wieder an und ging zum Bushalteplatz. Natürlich standen meine Koffer noch da, wie ich sie hingestellt hatte, wer sollte auch hier meine Koffer stehlen! Ich sah mich um und sah zwischen der Straße und dem Dünenzug schilfgedeckte Häuser mit Gärten davor, in denen es grünte; jenseits der Straße lagen Wiesen, gräbendurchzogen,* und auf den Wiesen trotteten Kühe, prall und mit glänzendem fettem Fell; ich sah Koppelzäune und einen Schilfsaum und dann wieder eine Koppel, die sich zum Horizont hinunterzog.

Um den Bushalteplatz waren Läden gestellt, ein Fotogeschäft, ein Konsum, ein kleiner Industrieladen,* dahinter eine Gaststätte und, schon halb in der Koppel, eine Bäckerei. Ich fragte nach der Wohnstätte, die das Reisebüro mir zugewiesen hatte: Zweenhagen 6 bei Frau Hermine Traugott, gleich hinterm Markt, und der Autobusschaffner wies mir das Haus zwischen der Straße und den Dünenhügeln: ein kleines, eingeschossiges schilfgedecktes Holzhaus, von einem Rosenstrauch umrankt und mit holzgeschnitzten gekreuzten Pferdeköpfen am First versehen, ein rechtes altes Fischerhaus am Meer. Nichts konnte mir mehr zusagen als dieses Haus; es schien keinen Komfort zu bieten, aber den suchte ich auch nicht, ich hatte das Angebot des Reisebüros, mich in einem Hotel eines unserer großen Bäder unterzubringen, abgelehnt und um einen Ferienplatz in einem Privathaus gebeten: ich wollte ein kleines, ruhiges Zimmer nah am Meer, und dies Haus versprach meinen Wunsch zu erfüllen.

Ich nahm mein Gepäck und trat ein. Ein quadratischer Flur; rechts hinter einer Tür raschelte es und regte es sich, und dann trat eine kleine, etwa fünfzigjährige Frau aus der Tür und sah mich wortlos an. „Bin ich hier richtig bei Frau Hermine Traugott? Ich bin der frühe Kurgast", sagte ich, und die kleine Frau sah, unbewegt, an mir vorbei, und während sie langsam die Hand an der grau-blau gestreiften groben Schürze abwischte, sagte sie leise: „Ja." Dann zog sie einen Schlüssel aus der Schürzentasche, nickte und ging wortlos an mir vorbei aus dem Haus hinaus. Ich folgte ihr durch eine scharrende Hühnerschar hindurch ums Haus herum. Die Frau öffnete eine Tür in der Hinterfront des Hauses, und unmittelbar hinter der Tür tat sich ein Zimmer auf, das ganz meinen Vorstellungen entsprach: ein niedriger, anheimelnder Raum mit einem breiten dreigeteilten Fenster; braune Holz- dielen, darauf Tisch und Stuhl und Schrank und Bett; ein Waschtisch mit weißem Steingutgeschirr, und die grüngestrichenen Wände bilderlos. Durchs Fenster sah man die Düne: das Gras wehte im Wind, auf dem Himmel fuhren Wolken, was brauchte man da eine Rose oder eine Sturzsee auf buntem Karton! Frau Traugott stand in der Tür; sie war mir wortlos vorangegangen, und nun stand sie in der Tür und wischte die Hände noch immer an der grau-blau gestreiften Schürze und sah ins Zimmer hinein und sagte nichts.

„Ein schönes Zimmer", sagte ich, „ein Zimmer, wie ich es mir gewünscht habe, Frau Traugott!", und die Frau sagte: „Ja, Herr" und lächelte nicht. Sie wischte, während sie in der Tür stand, noch immer die Hände an der Schürze. Sie war klein und hatte ein gutes Gesicht, ein Arbeitsgesicht, rund, feinknochig, die Nase überm flachen Mund gestupst und die Schläfen von Fältchen übersponnen, die von den Augenwinkeln fort zu den kleinen, ein wenig zugespitzten Ohren liefen. Es war ein argloses, ja eigentlich heiteres Gesicht, allein die Augen blickten seltsam leer. Es waren starre Augen, glanzlos und in die Ferne gerichtet; sie waren offen und schienen in der Iris doch blind und gaben dadurch dem Angesicht etwas Gespenstisches. Aber damals achtete ich nicht weiter darauf; ich wollte ja schnell am Strand sein und stellte, während ich die Koffer auspackte, die üblichen Fragen eines Neuangekommenen, und Frau Traugott antwortete wortkarg und in einer sonderbar tonlosen Weise, die ihrem leeren Blick entsprach. Wo ich meine Mahlzeiten einnehmen würde, wollte ich wissen, und wo ich mich anmelden müsse* und ob das Wetter wohl günstig sein werde und ob noch andere Gäste im Hause seien, und Frau Traugott sagte: „Im Gasthaus", und sie sagte: „Auf der Gemeinde", und sie sagte: „Ich weiß nicht", und sie sagte: „Nein", und alles dies tonlos und ohne Gebärden. Ich packte weiter aus, und da, plötzlich in mein Auspacken, leiernd, als ob sie den Satz mühsam einstudiert hätte, fragte sie: „Möchten Sie zum Frühstück drei oder vier Brötchen, Herr?" Ich fragte, ob ich Schwarzbrot bekommen könne, und diese Frage schien sie in Verlegenheit zu bringen; sie stand eine Weile stumm, dann sagte sie, tonlos wie vordem: „Ich wer' fragen", und dann wandte sie sich langsam um und ging, die Tür schließend, stumm davon.

Wenigstens keine dieser unerträglichen Schwatztanten! dachte ich, und ich dachte, daß sich ihr merkwürdiges Gebaren schon geben werde. Zugleich dachte ich, daß sie, ihrer Sprache nach, nicht von der Küste stammen könne, und dann rief ich mich selbst zur Ordnung. Ich war hier, um mich zu erholen, und nicht, um fremde Schicksale zu erkunden. So packte ich denn rasch meine Sachen aus, zog mir den Trainingsanzug über und steckte ein Buch, ein Reclamheftchen,* in die Tasche. Ich wollte lange Zeit am Strand laufen, ein, zwei, drei Stunden lang wollte ich am Strand laufen, und dann wollte ich mich irgendwohin an die Düne setzen und ein Buch lesen, das ich bisher noch nicht gelesen hatte, obwohl es schon vor vielen Jahren wie ein Schatten in mein Leben gedrungen war: das Wintermärchen* von William Shakespeare. Ich steckte das Buch in die Tasche und blickte noch einmal durchs Fenster, da sah ich im Hof, zwischen den Hühnern, Frau Traugott Wasser pumpen. Nun sah ich ihre Bewegung, und die war ebenso seltsam leblos wie ihre Blicke und ihre Rede; sie pumpte, den Leib ein wenig vornübergeneigt, doch Leib und Kopf reglos, mit einem gleichförmigen Heben und Senken der Arme. Es war eine maschinenhafte Bewegung, und sie pumpte auf diese Weise zwei große Fünfundzwanzigliterkübel voll, und dann schleppte sie, wieder ein wenig vornübergebeugt, mit tappenden Schritten die Last ins Haus. Ich sprang auf, um ihr zu helfen; ich traf sie im Flur und konnte ihr wenigstens die Küchentür öffnen. Sie stellte die Eimer ab und sagte tonlos: „Danke, Herr" und sah dabei wieder an mir vorüber in einen Winkel des Hauses hinein.

„Ich gehe jetzt an den Strand, Frau Traugott", sagte ich, und Frau Traugott wischte, in der Küche stehend, die Hände an der Schürze ab.

„Ich komme vielleicht erst spät, machen Sie sich bitte keine Sorgen, Frau Traugott", sagte ich, und Frau Traugott sagte tonlos: „Ja, Herr!" Dann raffte sie sich auf und schloß die Tür. Seltsam! dachte ich, doch dann dachte ich: Was geht's mich an? und sprang den Dünenweg hinunter an den Strand.

Ich ging vom Steilufer fort, ich wollte keinem Ziel zugehen. Ich schritt über den federnden, feuchten Sand; die Wellen rollten, der Wind blies, und die Monotonie des Unendlichen hüllte mich ein. Ich wußte nicht, wie lange ich so ging; die Zeit war längst stehengeblieben, zwischen der Morgen- und der Abenddämmerung gab es, so fühlte ich, hier keine Zeit, nur kühles, wehendes, rollendes Grau, in das man einging und sich verlor. Möwen kamen, gelbgeschnäbelte Geschöpfe des Sturms, verdichtete torkelnde Luft, die gierig schrie. Ich ging, und sie tauchten in meinem Blick auf und verschwanden, von Wind zu Wind getragen; neue Schwärme blitzten vorbei und verschollen schreiend im stürmischen Grau. Über dem Dünenzug wehte buschig das Gras, eine Augenbraue des Meergesichts. Ich sah das Gras wehen, und da kam mir plötzlich die Frau in den Sinn; ich sah sie unter der Tür vor mir stehen mit ihren toten Augen und ihrer leeren Stimme, und ihr Blick verdrängte Möwen und Strand. Ich versuchte, mich dieses Bildes zu entledigen, allein es gelang mir nicht. Was geht mich, zum Teufel, diese Frau an! dachte ich ärgerlich. Ich habe Ferien, ich will mich nicht mit fremden Sorgen beladen, ich will ausspannen! Doch je mehr ich mich anstrengte, meinen Gedanken eine andere Richtung zu geben, um so deutlicher und drängender zeigten sie mir das Bild dieser Frau, wie sie dastand, klein, mit totem Blick und die Hände an der gestreiften Schürze wischend. „Schluß jetzt!" sagte ich schließlich, und ich setzte mich an den Fuß der Düne, zog mein Reclamheft heraus und ließ mich vom Strom der Jamben in das unendliche Meer der Dichtung tragen. Das Märchen handelte im Königreich Sizilien und im Königreich Böhmen; es begann in Sizilien, ein Hauch von Orangenblüten und ein jäher Zorn, und dann tauchte, wahrhaftig, Böhmen herauf, und dieses Böhmen lag am Meer. Es war ein rauhes Land, von Bären durchschweift; es lag am rauhen nordischen Meer, und vor seiner Küste trieben die armen schiffbrüchigen Seelen brüllend ins schwarze gurgelnde Nichts. Böhmen am Meer! Ich las und hörte das Meer schlagen und den Wind durchs Dünengras gehn, da ich von Böhmen las, und ich las von einer Königin, verstorben vor sechzehn Jahren, und von einem Bild aus Stein, das ihr täuschend glich, und der Stein stand auf einem Sockel, und der König, der Schuldige am Tod der Königin, trat nach sechzehn Jahren der Reue heran und beugte sein Knie, und er faßte die Hand aus Stein, und siehe, die Hand, sie war warm, und der Stein tat die Augen auf, und der Stein stieg, Stein, vom Sockel herab, und der Stein hob an zu reden, und da sah ich wieder die toten Augen der Frau.

Unmutig ließ ich das Buch sinken. Ich hatte nur noch wenige Verse zu lesen, doch ich hatte nicht mehr die Lust dazu; es war ja alles im guten Ende, die Gestorbene war auferstanden, der König erlöst, nun kam nur noch die Moral. Ich ließ das Buch sinken; die Frau stand vor meinem Gesicht, und ihre Augen waren leer und versteinert, ohne Glanz. Wer hatte sie so verwandelt? Wer hatte ihre Seele versteint, welches Geheimnis verbarg sich hinter ihrer tonlosen Rede? Unsinn! dachte ich unwillig, und ich dachte, daß ich hier Geheimnisse suchte, wo es gar keine gab. Sie werde wohl befangen sein, dachte ich, oder Sorgen haben oder vielleicht Ärger mit ihrem Mann, was ging mich das an!

Ich spürte heftigen Hunger. Die Sonne stand am halben Himmel, es mochte zwei Uhr sein oder vier, ich wußte es nicht. Da plötzlich donnerte der Strand; hundert Hufe trabten, man trieb die Kühe ein. Schwarzweißgeflecktes Vieh, die schmale Breite des Strands überstampfend, zog vorbei, von einem jungen und einem alten Hirten getrieben, ganz wie in dem Märchen, das ich gelesen hatte. Die Herde trottete, von einem kläffenden Hund umkreist, an mir vorüber; ich ging in ihrer Mitte den donnernden Strand entlang, und es roch nach Kühen und Weiden und Dung und gekautem Gras, Gerüchen meiner Kindheit im Dorf. Böhmen am Meer! Das Vieh schnaubte; der Hütejunge klatschte mit dem Stecken auf die Flanke einer feisten Kuh. Böhmen am Meer! Ich sah auf die Düne, sie stand hoch vorm Himmel, hoch und rund, der Rand der Welt; ich sah auf die Düne, und sie wölbte sich, eine ungeheure Kuppe, begrünt, und der Weg wand sich hinab ins Tal, in dem ich ging und in dem die Viehherden Kruppe an Kruppe zogen. Der Himmel senkte sein nasses Grau, es lag den Bergen schwer auf dem Scheitel, die Berge waren zerklüftet, grün zerklüftet, die Hänge stürzten steil: Fichten und Föhren; am Hang die Wiesen, Teiche und Bäche, Koppelzäune und auf dem Hügel eine Kapelle, hölzern und gelb. Den Koppelhang zur Rechten sah ich, den zur Linken spürte ich; vom Berg herab kam die Herde, die Ställe waren nah, das Gras duftete: Böhmen am Meer! Der Raum zerfloß, die Zeit war zersprengt, ich trieb in der Zeit, wie eine Alge in der Flut treibt; ich stand einen Augenblick ohne Bewußtsein, ich sah nichts und hörte nichts mehr, ich wußte einen Augenblick nicht, wo ich war, doch dann schwand meine Benommenheit, und ich stand wieder im Flur meines Elternhauses. Ich blinzelte, im Flur war es dämmrig, die Holzstiege knarrte. Ich stürzte die Stiege hinauf, warf den Schulranzen in die Ecke und riß die Tür zum Wohnzimmer auf. „Hab ich einen Hunger!" rief ich und knallte die Tür hinter mir zu, da sah ich im ledernen Klubsessel einen Herrn sitzen, einen schlanken, gepflegten Herrn mit kurzem blondem Haar und kurzgestutztem Backenbart; er hatte eine randlose große Brille mit goldenem Bügel auf der Nase, und er rauchte eine Zigarre und sagte etwas zu meinem Vater, der an der Kredenz stand und eine Flasche Wein entkorkte. Ich hörte nicht, was dieser Herr mit der goldgebügelten Brille sagte; ich sah ihn nur reden und den Mund bewegen, aber ich hörte ihn nicht. Da plötzlich kam der Raum in Bewegung; der Klubsessel, in dem der stumm redende Herr saß, fuhr jäh auf mich zu, und die Kredenz mit meinem Vater fuhr gleichzeitig zurück, so daß zwei quadratartige Flächen entstanden: vorn, groß, der Klubsessel mit dem Herrn und hinten, klein, ja winzig, die Kredenz mit meinem Vater, und der Herr im Klubsessel hatte die Beine übereinandergeschlagen und sog an seiner Zigarre, und dann redete er wieder, und nun, plötzlich, verstand ich ihn genau.

„Böhmen am Meer—ist das nicht lächerlich?" fragte der Herr und sah mich an, und ich sah seine Augen groß hinter den Brillengläsern, und die Augen blitzten und funkelten. „Der große Shakespeare läßt Böhmen einfach am Meer liegen", sagte er, „da können Sie mal sehen, mein Lieber, welche Meinung er von diesem Volk gehabt hat!" Er schnippte mit den Fingern. „Nicht so viel", sagte er, „nicht so viel!" Und er schnippte wieder und wischte sich dann sorgfältig die Hand am Taschentuch ab.

Plötzlich fuhr eine Tragbahre durch die Decke, da streckte der Mann die Hand aus und zeigte auf mich; er wuchs und wurde ganz gelb und steif, da er auf mich zeigte, und ich hatte plötzlich eine furchtbare Angst und wollte davonlaufen, aber meine Beine bewegten sich nicht. Zugleich sah ich, daß die Hand, die auf mich zukam, fünf Finger hatte, was mich im höchsten Maße verwunderte und meine Angst nur vermehrte. Ich schrie und konnte nicht schrein, ich bewegte nur den Mund und schnappte wie ein Fisch. „Mach schnell deinen Diener!" schrie mein Vater von der Kredenz her, und da begriff ich die Rettung und machte schnell einen Diener hinter dem anderen, und ich sah die Lackschuhe und die seidenen Socken des Mannes im Sessel, der immer weiter gewachsen war und den Raum fast sprengte. Ich hatte rasende Angst und schaute hilfesuchend nach der Kredenz zu meinem Vater, doch statt meines Vaters stand dort ein Mann mit einem schwarzen Umhang und einem schwarzen seidenen Barett auf dem Kopf und drehte einen Totenschädel in der Hand, und der Mann nahm den Totenschädel und goß ihn voll Wein und hob ihn hoch und rief aus voller Kehle ein schrecklich donnerndes Wort, und es donnerte, das Zimmer donnerte, ein Ruck fuhr durch das Zimmer, ein donnernder Ruck, und alles verschwand, und die Kühe trabten, und der Köter kläffte. Mein Tagtraum war zerstoben, und nun sah ich jene dunkle Stunde in meinem Leben mit wachem Blick. Es war die Stunde, da ich erfahren hatte, daß wir Deutschen bestimmt seien, die Welt zu beherrschen, und diese Botschaft hatte mir damals süß geschmeckt wie das Glas Wein, das ich an jenem Tage trinken durfte. Es war ein Frühlingstag gewesen; ich war zwölf Jahre alt gewesen und war hungrig aus der Schule nach Hause gestürmt und hatte die Tür des Wohnzimmers aufgerissen und drinnen einen unbekannten Gast gesehen, der lebhaft auf meinen Vater einsprach, und mein Vater hatte, eine Flasche Wein in der Hand, an der Kredenz gestanden, und er hatte, den Korkenzieher einschraubend, gesagt, ich solle meinen schönsten Diener machen, ich stünde vor keinem anderen als dem Herrn Baron von L.,* dem Edelmann und Vorkämpfer des Deutschtums in der Tschechoslowakei. Da hatte ich schnell meinen schönsten Diener gemacht, einen Diener bis fast mit der Stirn ans Knie, und der Baron hatte gelacht und mir die Hand gegeben, und ich hatte ihn verstohlen durch die blinzelnden Wimpern beobachtet und mir nicht vorstellen können, daß er, der doch ein Wesen höherer Art sein mußte und dem aller Grund und Boden ringsum gehörte, aussehe wie ein anderer Mensch auch! Aber der Baron hatte ausgesehen wie ein anderer Mensch auch, und er hatte mir die Hand gegeben und mich gefragt, ob ich wisse, wer Shakespeare sei, und ich hatte stolz „Jawohl, Herr Baron!" gesagt und hatte den Hamlet hergezählt und den Macbeth und den Othello, und der Baron hatte gesagt, ich sei ja ein richtiger Bücherwurm, und dann hatte er von Shakespeares Wintermärchen gesprochen und von der Tatsache, daß der große Shakespeare Böhmen ans Meer verlegt habe und daß man daraus schließen müsse, wie nichtig dieses Volk doch sei. Ich hatte laut gelacht: Böhmen am Meer! Und mein Vater hatte gelacht, und der Baron hatte lachend gesagt, daß Shakespeare vielleicht recht habe, wenn auch für die Zukunft. Das hatte ich nicht verstanden und mein Vater wohl auch nicht, denn er hatte eine hilflose Geste gemacht und fragend auf den Baron gesehen, und dann hatte der Baron uns, den atemlos Lauschenden, den kommenden Gang der Geschichte erklärt: Das Reich werde bis zum Ural ausgedehnt und alles, was nicht deutsch sei, aus diesem Raum nach Sibirien abgeschoben, und dann werde vielleicht einmal ein Böhmen am Eismeer liegen, und er hatte vorgeschlagen, darauf die Gläser zu erheben.

„Grandios, wirklich grandios!" hatte mein Vater gesagt, und der Baron hatte gesagt, es könne kein Nebeneinander der Völker mehr geben, es gebe nur eins: die Unterwerfung unter das deutsche Gebot oder die Tilgung aus dem Buch der Geschichte. Dann hatte mein Vater die Gläser gefüllt, und ich hatte stumm, voll stummer Ehrfurcht und Scheu auf den Baron gesehen, der die Völker wie Steine auf dem Mühlbrett* hin und her rückte, und er war in meinen Augen ein Gott gewesen, ein Lenker des Schicksals, und dann hatten wir auf ein Böhmen am Eismeer angestoßen, und als ich dann aus russischer Kriegsgefangenschaft zurückgekommen war und gelernt hatte, eine Stunde wie jene richtig zu deuten, hatte ich immer wieder dieses Stück lesen wollen, dessen Szenerie bereits in meinem Leben stand: Böhmen am Meer. Oft schon hatte ich den Text in der Hand gehalten, aber jedesmal hatte sich eine dringende Arbeit zwischen das Buch und mich geschoben, so daß ich schließlich eine Art Eid abgelegt hatte, bei meinem ersten Wiedersehn mit dem Meer dieses Stück zu lesen! Nun hatte ich es gelesen, wenn auch nicht bis zu Ende; ich hatte eine wundersame Dichtung erfahren und dabei ein zweifaches Böhmen am Meer erlebt, und vor beiden Böhmen stand eine Frau mit toten Zügen, und plötzlich hatte ich Angst. Ich hörte wieder die tonlose Rede der Frau, und nun hörte ich den Akzent heraus, den die Menschen meiner einstigen Heimat sprachen, und mir war klar, daß sie eine Umsiedlerin* war. O Gott, nun wird sie mich fragen, ob wir noch einmal nach Böhmen zurückkommen! dachte ich, und ich dachte, daß wieder eins der Gespräche beginnen werde, wie ich sie schon oft mit Umsiedlern geführt hatte, eins der Gespräche über die Unumgänglichkeit der Aussiedlung und das Trügerisch-Gefährliche einer Hoffnung auf die Rückkehr. Ich hatte solche Gespräche nie gescheut, ich war ja selbst Umsiedler und bejahte die räumliche Trennung der beiden Nachbarvölker. Alle guten Gründe sprachen dafür; um Argumente war ich nicht verlegen, allein wie sollte ich in diesem Falle argumentieren? Ich wußte es nicht, und zugleich fühlte ich, wie ich immer mehr in das Schicksal dieser Frau hineingezogen wurde, die mit tonloser Stimme sprach und mit leeren Augen blickte, und dieses Gefühl beunruhigte mich.

Ich werde mit ihrem Mann sprechen, natürlich, das ist die Lösung, dachte ich, und dieser Einfall machte mich wieder froh. Ich ging ins Gasthaus und aß mein wohlverdientes Abendbrot, eine kalte Platte. Dann kaufte ich mir eine Flasche Rum und ging nach Hause.

Frau Traugott stand im Hof und reparierte den Hühnerstall. Sie hatte drei morsche Bretter aus der Stallwand gerissen und schlug nun die neuen Bretter ein. Ich grüßte, und sie ließ Hammer und Nägel sinken, murmelte etwas und sah mich an und sah doch an mir vorbei. Ich wollte in mein Zimmer gehen, aber da ich sie stehen sah, Hammer und Nägel in Händen, vornübergebeugt und den Blick auf das Gras auf der Düne gerichtet, tat sie mir plötzlich leid. Ich wollte ihr etwas Nettes sagen; ich bot ihr meine Hilfe an, und sie sagte, tonlos wie je, das könne sie nicht verlangen, und da sie es sagte, war ich sicher, daß sie aus Böhmen stammte.

„Ich helfe Ihnen doch gern, Frau Traugott", sagte ich und nahm ihr Hammer und Nägel aus der Hand und begann die Bretter in die Stallwand zu schlagen. Sie ließ es geschehen und stand ein Weilchen verlegen neben mir, dann raffte sie sich plötzlich auf und sagte: „Dann koch ich Ihnen einen Tee dafür" und ging langsam in die Küche zurück.

Sie ist ein Mensch, der sich nichts schenken läßt! dachte ich und nagelte weiter, und als ich die Bretter angenagelt hatte, kam auch Frau Traugott mit ihrem Tablett.

„Fertig", sagte ich und legte den Hammer hin und öffnete Frau Traugott meine Zimmertür; sie stellte Kanne und Glas und Zuckerschälchen ab, und ich korkte die Flasche Rum auf und lud Frau Traugott zu einem Glas Grog ein.

„Es ist kühl, ein Gläschen Grog wird Ihnen guttun, Frau Traugott", sagte ich, aber Frau Traugott schüttelte stumm den Kopf und wischte mit den Händen die Schürze. Ich sagte, sie erwarte wohl ihren Mann und ich wolle sie dann nicht stören, doch sie schüttelte abermals den Kopf. Ich schob ihr den Stuhl zurecht und bat sie, sich zu setzen, doch sie blieb stehen.

„Ist Ihr Gatte verreist, Frau Traugott?" fragte ich.

Sie schwieg und schüttelte ein drittes Mal den Kopf. „Tot ist er", sagte sie nach einer Weile.

Ich biß mir auf die Lippen.

„Im Krieg", sagte sie und wandte sich langsam um.

„So bleiben Sie doch, Frau Traugott!" bat ich rasch und drückte sie mit sanfter Gewalt in den Stuhl, dann holte ich eine Tasse aus meinem Reisegepäck und mischte den Rum mit dem dampfenden Tee. Die Frau saß steif auf der vorderen Kante des Stuhls; sie wagte ihr Glas nicht anzurühren, und um ihr die Verlegenheit zu nehmen, begann ich zu reden und schwärmte vom Meer und vom Strand, und die Frau saß vor mir, ein Bild aus Stein.

„Auf Ihr Wohl, Frau Traugott!" sagte ich und hob das Glas, und Frau Traugott streckte zögernd den Arm aus und griff nach dem Glas und trank einen Schluck; ein Weilchen hielt sie unentschlossen das Glas an ihre Lippen, dann trank sie es aus und setzte es mit einer ruckhaften Bewegung wieder auf den Tisch. Ich schenkte ihr wieder ein und fragte, ob sie hier allein lebe, und sie sagte: „Ja." Ich fragte, ob sie Kinder habe, und sie sagte: „Einen Jungen." Ich fragte, wie alt er sei, und sie sagte: „Fünfzehn." Ich fragte, wo er sei, und sie nannte den Namen der Kreisstadt; ich fragte, was er dort mache, und sie sagte, er gehe dort zur Schule. Dann wußte ich nicht mehr, was ich fragen sollte; nach ihrer Herkunft wollte ich sie nicht fragen; ich rührte in meinem Glas Grog herum; Frau Traugott saß reglos auf der Vorderkante des Stuhls, und ich schalt mich einen Narren, der mit seiner störrischen Schriftstellerneugier, diesem fatalen Trieb unseres Handwerks, die scheue Frau in Verlegenheit gebracht hatte.

So begann ich denn wieder zu reden und pries die Schönheit der Landschaft und des Dörfchens und sagte, wie wohl ich mich hier fühle, und Frau Traugott sagte ihr „Ja, Herr!" und sah durchs Fenster das Gras auf der Düne wehen, und da beugte sie sich plötzlich ein wenig vor und begann,

leise und um ein winziges hastiger als sonst, zu flüstern: „Wenn nur 's
Wasser nicht wär, Herr, 's Wasser, das holt uns alle noch weg!" Jäh
verstand ich: Die Angst vor dem ungewohnten Meer hatte ihre Lebenskraft
gebrochen, daher der tote Blick, daher das tonlose Wort. „Sie wollen's
annageln, das Meer annageln, so eine Qual!" flüsterte sie wieder, und ihr
Blick irrte über das flatternde Dünengras. Annageln? Ich verstand sie nicht.
War auch ihr Geist verwirrt? Ich sah sie vor mir auf der Vorderkante des
Stuhles sitzen, klein, geduckt, das arglose gute Gesicht vor Angst verzerrt
und den Blick im Wind, der draußen umging. Sie sah das Gras flattern, und
ich erschauerte. Sie krümmte sich in sich zusammen, und dann flüsterte sie,
die Hände wie zur Abwehr ein wenig hebend: „'s Wasser wird kommen,
Herr; 's geht z'rück und nimmt an' Anlauf, und dann wird's kommen; die
Wand ist ja eh schon g'rissen und . . ." Sie schrak zusammen und brach
plötzlich ihr Flüstern ab, als könnten die Worte das Unheil schon herauf-
beschwören.

„Wer will das Meer annageln, Frau Traugott?" fragte ich und versuchte,
mein Erschrecken zu verbergen, aber Frau Traugott antwortete nicht
mehr. Sie starrte durchs Fenster; ich bat sie, noch ein Glas zu trinken, aber
sie trank nicht mehr. Ich wollte ihr gern etwas Gutes sagen, ich wollte sie
trösten, und so sprach ich davon, daß es seit Menschengedenken hier keine
Überschwemmung gegeben habe und daß es ganz ausgeschlossen sei, daß
je die Flut die Düne übersteige. Doch ich fühlte, daß alle Rede so nutzlos
war wie ein Atemstoß gegen das Brausen des Sturms. Reden half nichts;
man mußte etwas tun, man mußte diese Frau vom Alp des Meeres befreien.
Zögernd fragte ich sie, ob sie Umsiedlerin sei. Frau Traugott hob langsam
den Kopf. „Sie doch auch, Herr", sagte sie leise, und als ich sie fragte, woher
sie das wisse, sagte sie langsam: „Man hört's ja."
Ich nannte den Namen meines Geburtsortes, und sie nannte, mit
unbewegter Miene, den ihren. Es war der Nachbarort des Gebirgsdorfes, in
dem ich aufgewachsen war; mein Geburtsort lag in den Bergen, der ihre
schon im Tal. Ich fragte sie, ob sie Bäuerin gewesen sei, und sie sagte, sie
habe auf dem Gut gearbeitet, und ich erfuhr noch, daß ihr Mann auch auf
dem Gut gearbeitet habe und dann Soldat geworden und 1943 in Afrika
gefallen sei und daß sie im Herbst des Jahres 1945 mit ihrem damals
fünfjährigen Sohn hierher nach Z. gekommen sei. Das alles erzählte sie
nicht in zusammenhängender Rede; sie sagte dies als Antwort auf viele
Fragen. Ich fragte, ob es hier noch andre Umsiedler gebe, und sie nickte,
und dann schaute sie wieder hinaus und sagte nichts mehr. Ich fühlte, daß
ich nichts mehr erfahren würde, und so bat ich sie denn um Entschuldigung,
ihre Zeit beansprucht zu haben, und Frau Traugott schüttelte den Kopf und
nahm das Tablett mit ihrem Glas und ging aus dem Zimmer.

Draußen sauste der Sturm. Das Gras auf der Düne wehte wild. Zitronengelb hob sich der Mond. Frau Traugott ging über den Hof, den Leib gekrümmt, und ich sah sie mit gekrümmtem Rücken auf dem Gutsacker stehen. Man muß ihr helfen, dachte ich, man muß sie hier vom Meer wegholen, ehe sie völlig zerrüttet wird! Ihr Schicksal schien mir vollkommen klar: Magd auf dem Gut, abgerackert und hin und her gestoßen; die kurze Zeit der Ehe war vielleicht das einzige Glück in ihrem Leben gewesen, doch dann war der Mann Soldat geworden, und dann war er gefallen, und dann hatte sie ihr Heimatdorf verlassen müssen und war allein mit ihrem Kind hier am Meer gestanden, an diesem fremden, noch nie gesehenen brüllenden Meer, und das Meer hatte im Sturm getost, und da hatte sich die tödliche Angst in ihre Seele gesenkt und ihren Lebenswillen gebrochen, und nun mußte man ihr helfen, ehe es zu spät war und ihr Geist sich völlig verwirrte. Ihre Schicksalsgefährten hatten sich wohl eingelebt; sie waren nicht allein gewesen wie diese Frau, und da sah ich wieder ihre toten Augen, und plötzlich sah ich wieder den Baron. Ich sah ihn im Klubsessel sitzen, mit übereinandergeschlagenen Beinen und einem Glas Wein in der Hand, und ich sah die Frau mit gekrümmtem Rücken auf seinem Feld, und ich sah mich selbst, wie ich mit dem Baron anstieß, und ich sah mich als Soldat in dem Heer, das auszog, dem Nebeneinander der Völker ein Ende zu machen, und ich preßte den Kopf in die Fäuste und wußte, daß mich das Schicksal dieser Frau anging wie mein eigenes.

Am nächsten Morgen ging ich zum Bürgermeister. In seinem Amtszimmer fand ich ihn nicht; er sei zum Buhnenbau hinuntergegangen, sagte seine Sekretärin, und sie sagte, ich würde ihn etwa zwei Kilometer hinter der Steilwand finden. Ich dankte und machte mich auf den Weg. Der Wind war umgeschlagen; er wehte nun seewärts und drückte das Wasser, das zitternd widerstand, vom Ufer weg. Die Wolken wirbelten in Fetzen; über der grünen Sandbank sprühte der Gischt. Ich versuchte mir auszumalen, was geschähe, wenn der Wind wieder umschlüge und die Flut herandonnerte; ich sah die Flut herandonnern, und ich versuchte, sie mit den toten Augen der Frau zu sehen, und ich sah graue Nilpferdrachen, die schnappten und aus denen tosender Geifer troff. Warum hat man ihr nicht schon längst geholfen? dachte ich zornig. Man muß doch sehen, daß diese Frau hier in Todesangst dahinsiecht! Ich dachte an den Bürgermeister des Dorfes und stellte ihn mir als einen jener Bürokraten vor, deren Augen sehen und doch tot sind, da sie nicht vermögen, den Menschen mit seiner Qual und seinem Glück zu erblicken.

Indes war ich weitergegangen; die Steilküste war in ockerroten Terrassen langsam abgefallen und zog sich nun, dünenhoch und zackenartig gesägt, in einer riesigen Krümmung in den Horizont. Am Strand sah ich Gewimmel;

ich schritt näher und sah, daß das Meer tatsächlich angenagelt wurde: auf mächtigen, roh behauenen Steinquadern, die, Block an Block, einen stumpfen Sporn in die Flanke der Flut stießen, standen lederbekleidete Männer an einem Schienengestänge, darin, von Dampfstößen immer wieder in die Höhe geschleudert, ein Eisenkopf niederfallend einen schenkelstarken Pfahl in die Flut einschlug.* Dampfstoß um Dampfstoß krachte und knallte; ich sah den wolkigen Dampf im Sturm zerstieben; das Lederzeug der Männer glänzte grauschwarz im grauen Licht, und der Hammer der Ramme krachte Stoß um Stoß auf den Kopf dieses schenkelstarken braunen Nagels, der zentimeterweise in den Grund des Meeres fuhr. Es war ein herrliches Schauspiel; eine Weile sah ich der Arbeit zu, dann blickte ich mich nach dem Bürgermeister um. Ich sah ihn nicht; hier standen nur Arbeiter. Ich fragte sie nach dem Bürgermeister, und er stellte sich als einer der lederbekleideten Männer an der Ramme heraus: ein hagerer Fünfziger mit wettergebräuntem, gefurchtem Gesicht und offenem Blick und festem Händedruck. Er sei wirklich der Bürgermeister, sagte er auf meine erstaunte Frage, und er sagte, er arbeite, sooft es ihm nur möglich sei, hier am Buhnenbau mit; die Arbeit sei dringlich, Arbeitskräfte seien knapp, und müßig im Amtszimmer herumsitzen sei nicht sein Fall. Wie die Rede eines Bürokraten klang das nicht; dieser Bürgermeister gefiel mir, und so machte ich denn keine langen Umschweife, ich sagte, daß ich bei Frau Traugott wohnte und mit ihm über die Sorgen dieser Frau sprechen müsse, und der Bürgermeister seufzte und sah übers Meer und sagte, das sei ein schwieriger Fall.

„Man muß sie von hier wegbringen", sagte ich, und der Bürgermeister seufzte abermals, und er zurrte an seinem Ledergürtel und sagte, das sei es ja gerade, sie wolle ja nicht.

Ich starrte den Bürgermeister an. „Was will sie nicht?" fragte ich fassungslos.

„Von hier fortziehen", sagte der Bürgermeister.

„Sie will nicht von hier fortziehen?" fragte ich ein zweites Mal, und der Bürgermeister hatte den Riemen seiner Lederjacke gelöst und fingerte eine Zigarette aus der Hosentasche und sagte, er habe ihr schon dreimal einen Umzug in eins der Dörfer im Landinnern angeboten, aber sie habe sich jedesmal entschieden geweigert, von hier wegzugehen.

Ich sah die Augen der Frau. „Aber das ist doch nicht möglich!" sagte ich.

Der Bürgermeister zuckte mit den Schultern. „Es ist ein schwerer Fall", sagte er und zündete seine Zigarette an, „sie kann hier nicht recht leben, aber sie will auch nirgendwo anders hin."

„So hofft sie, noch einmal in die alte Heimat zurückzukehren?" fragte ich, doch der Bürgermeister schüttelte den Kopf. „Ich bin ja selbst Umsiedler und kenne meine Leute", sagte er, und er sagte, daß Frau Traugott gewiß nicht wieder zurück wolle; er kenne sie seit langem und wisse das genau. Man könne sich täuschen, sagte ich, aber der Bürgermeister sagte, er täusche sich gewiß nicht; Frau Traugott habe es ihm selbst gesagt.

Ich hatte keinen Grund, an seinen Worten zu zweifeln; ich sah den Wind im Dünengras spielen und sah ihn und suchte nach einem Grund für das rätselhafte Verhalten der Frau, aber ich fand keinen Grund.

Die Dampfstöße der Ramme knallten, das Schienengerüst klirrte laut. Ich entschuldigte mich, daß ich den Bürgermeister von seiner Arbeit abhielte, aber der Bürgermeister sagte, er müsse sowieso ins Dorf zurück, und so machten wir uns dann zusammen auf den Weg. Der Sturm war ein wenig abgeflaut, das Meer lag apfelgrün, und am Horizont trug es einen schmalen violetten Saum. Der Bürgermeister sog schnuppernd und witternd die Luft in die Nase. „Schönes Wetter wird's geben für Sie", sagte er. Ich sah übers Meer, die Wellen rollten unter seiner Haut wie die Muskeln von Raubkatzen unter ihrem Fell. Ich sah wieder die Augen der Frau.

„Man muß ihr doch helfen können", sagte ich ebenso trotzig wie verzweifelt.

„Wir haben getan, was menschenmöglich ist", sagte der Bürgermeister, und ich fragte, ob sie dermaßen an ihrem Haus und an ihrem Stückchen Land hänge, daß sie nicht von hier fortwolle, und der Bürgermeister sagte, dies könne kein ausreichender Grund sein: die Häuschen, die man ihr zum Tausch angeboten habe, seien auch schmuck und heil gewesen wie das Fischerhäuschen am Meer, und Land sei hier eben überall Land, fett, schwarz und schwer, und die Fluren eben.

„Hängt sie hier an einem Menschen?" fragte ich, und der Bürgermeister sagte, sie lebe völlig zurückgezogen.

„Eine Sekte?" fragte ich.

Der Bürgermeister schüttelte den Kopf.

„Aber einen Grund muß sie doch haben!" sagte ich verzweifelt.

Der Bürgermeister zuckte mit den Schultern. „Wir haben es aufgegeben, danach zu forschen", sagte er. „Sie lebt nun schon zehn Jahre im Dorf; wir haben ihr immer wieder einen Tausch angeboten, und sie hat immer wieder abgelehnt, und nun nehmen wir sie eben so, wie sie ist."

Die Wolken am Himmel flogen. Wir gingen schweigend am Ufer dahin.

„Sie sind auch Umsiedler?" fragte der Bürgermeister.

Ich nickte. „Ja", sagte ich heiser.

Der Bürgermeister sah mich an, und mir war, als sähe er auf den Grund meines Lebens. „Hier oben leben viele Umsiedler", sagte er, „eine ganze Kolonie."

Fern auf der See zog ein Dampfer, ein getüpfelter Strich. Die Sonne war durch die Wolken gebrochen; ihr Licht scheckte den Boden des Meeres.* Ich fragte, wie sich die anderen Umsiedler hier oben eingewöhnt hätten, und der Bürgermeister sagte, sie hätten sich, bis eben auf Frau Traugott, gut eingelebt, es habe ja jeder ein Dach über den Kopf bekommen und die altgewohnte Arbeit auch, und er nannte den Bäckermeister mit seiner achtköpfigen Familie und den Lehrer Neugebauer und die Bauern Friedmann und Seifert und die Leiterin des Konsums und den Briefträger Nachtigall, und wir sprachen von den Sorgen und von den Freuden des Lebens an der See, und immer kreiste unser Gespräch um Frau Traugott, auch wenn wir gar nicht von ihr sprachen. So kamen wir an die Steilwand; aus dem Riß in der Wand rieselte rot der Ocker, und die See zog ruhig wie ein Raubtier, das eine tödliche Wunde geschlagen hat.

Der Bürgermeister war stehengeblieben und blickte zum Horizont und wies mit der ausgestreckten Hand in die Ferne. „Bei klarer Luft kann man dort die dänische Küste sehen", sagte er und führte mit seiner Hand meinen Blick.

Ich sah übers Meer, aber ich sah nicht die dänische Küste, ich sah die tosende Flut und sah mit den Augen der Frau. „Mein Gott, wie muß sie das Grauen gepackt haben, als sie das erste Mal hier stand", sagte ich leise vor mich hin.

„Meinen Sie Frau Traugott?" fragte der Bürgermeister.

„Wen sonst!" sagte ich, und ich schilderte dem Bürgermeister, wie ich Frau Traugotts Lebensweg sah, und ich versuchte zu schildern, wie sie das erste Mal hier oben auf der Steilküste gestanden hatte, hier oben auf der Steilküste, vor dem noch nie gesehenen Meer, und wie das Meer gebrüllt und mit seinen Wogen an die Steilwand geschlagen hatte und wie der Ocker rot aus der Wand gerieselt war, und ich versuchte, diese Minute zu schildern, um begreiflich zu machen, wie sich jene manische Angst in Frau Traugotts Seele gesenkt hatte, aber der Bürgermeister unterbrach mich und sagte, ich irre.

„Nur so kann es gewesen sein", sagte ich fest.

„Sie irren sich", sagte der Bürgermeister, „die Angst vor der See hat Frau Traugott schon gequält, bevor sie das Meer sah."

„Was?" fragte ich verblüfft, und ich fragte, woher der Bürgermeister das wisse, und der Bürgermeister sagte, er habe Frau Traugott schon im Sammellager bei Eger,* also noch auf böhmischem Boden kennengelernt; sie sei ihm schon damals ob ihres so seltsam verstörten Wesens und ihrer erloschenen Augen aufgefallen, und er habe sich ihrer deshalb ein wenig angenommen, und als sie dann auf dem Transport erfahren habe, daß die Reise an die Ostsee gehe, da habe sie ihr Kind, wie ein Baum im Wind seine Krone, an sich gepreßt und sei eine lange Weile unbewegt, wie versteinert, auf der Bank gekauert, und dann habe sie immerzu den Kopf geschüttelt und habe, Grauen im Gesicht, vor sich hin gemurmelt, das Wasser werde kommen und alles wegholen, alles . . .

Ich packte den Bürgermeister am Arm. „Was wissen Sie noch darüber?" fragte ich hastig.

„Später", sagte der Bürgermeister, „später, als sie Zutrauen zu mir gefaßt hatte, wagte sie auf einer Zwischenstation, mich zu fragen, ob sie irgendwo anders hinkommen könne, sie wolle nicht ans Meer. Natürlich habe ich sie getröstet und ihr gesagt, sie werde sich auch ans Meer gewöhnen, aber sie hat nur den Kopf geschüttelt und ist dann stumm, wie es ihre Art ist, wieder weggegangen."

Seeschwalben schossen dicht an der Steilwand dahin.

„Und?" fragte ich drängend und hielt noch immer den Arm des Bürgermeisters gepackt.

„Nichts weiter", sagte der Bürgermeister. „Natürlich konnten wir den Transport nicht umorganisieren, Frau Traugott kam hierher und bekam ihr Häuschen und ein Stück Land, landeinwärts, nicht hart an der See, und als ich dann sah, daß sie trotz alledem am Meer nicht glücklich werden könne, bemühte ich mich, sie von hier wegzubringen, aber sie sträubte sich, das sagte ich ja schon."

„Seltsam, höchst seltsam", sagte ich grübelnd.

Plötzlich kam mir ein Gedanke. „Wenn das alles so ist, dann muß sie doch schon einmal am Meer gewesen sein!" sagte ich.

„Wie soll sie dahin gekommen sein?" fragte der Bürgermeister.

Ich zuckte mit den Schultern; ich wußte es auch nicht.

„Wie hätte eine Landarbeiterin aus Böhmen früher ans Meer reisen können", wiederholte der Bürgermeister, und ich mußte ihm recht geben.

„In diesen Dörfern war ja schon eine Bahnfahrt zur nächsten Station ein Ereignis, das man sein Leben nicht vergaß, wie sollte sie da ans Meer gekommen sein!" sagte der Bürgermeister nochmals, und je länger er in seiner ruhigen und klugen Art sprach, um so mehr interessierte er mich. Ich sagte ihm, daß ich Schriftsteller sei, bekannte meine Neigung, Lebensschicksale zu erkunden, und bat ihn, ein wenig aus seinem Leben zu erzählen, und der Bürgermeister sagte, das wolle er eines Abends gern einmal tun. Ich dankte und sagte, ich wolle ihm jetzt nur die Frage stellen, ob er damals beim Transport in die neue Heimat allein gestanden oder Familie gehabt habe, und der Bürgermeister sagte, er sei allein gewesen, er sei allein aus dem Konzentrationslager gekommen, seine Frau sei dort umgekommen, und seine beiden Söhne habe er nicht mehr finden können, man sagte, sie seien im Volkssturm gefallen. Das Meer brauste, das ferne Schiff schrie. Mich würgte es in der Kehle; ich konnte nicht sprechen. Ich habe mir oft schon über den Lauf meines Lebens Rechenschaft abgelegt, ich hatte darüber geschrieben und geglaubt, endgültig den Schlußstrich unter das letzte Kapitel gezogen zu haben; meine Reise an die See sollte diesen Schlußstrich noch besiegeln, aber nun hatte ich erfahren, daß es nicht in meinem Belieben lag, diesen Schlußstrich zu ziehen. Die Vergangenheit war noch nicht vergangen; solange noch einer nach dem Warum der Umsiedlung fragte, war die Vergangenheit nicht vergangen, und ich hatte Pflichten, vor denen ich nicht fortlaufen durfte. Ich dachte daran, daß ich Angst gehabt hatte, ein Gespräch mit Frau Traugott könne die Ruhe meines Urlaubs stören, und ich dachte daran mit Scham.

Der Bürgermeister spürte meine Beklommenheit. „Sie waren damals noch sehr jung", sagte er und fragte nach meinem Alter, und ich nannte meinen Jahrgang: 1922, und der Bürgermeister sagte: „Sie mußten damals sicher zu den Soldaten gehn."

„Ich hatte es ja so gewollt", sagte ich, und dann erzählte ich dem Bürgermeister jene Stunde mit dem Baron und dem Toast auf ein Böhmen am Meer.

„Und nun haben auch Sie auf die große Straße gefunden, auf der das Leben vorwärts geht", sagte der Bürgermeister.

„In der Kriegsgefangenschaft", sagte ich.

„Sie haben es schwerer gehabt, diese Straße zu finden", sagte der Bürgermeister. „Sie haben mit dem gnädigen Herrn Wein getrunken, und ich habe auf seinen Feldern Roggen gemäht und Kartoffeln geklaubt und Rüben verzogen, da lernt man das Leben schneller kennen, glauben Sie mir!"

Ich nickte stumm und dachte dabei, daß der Bürgermeister, wenn er es gewünscht hätte, nach der Befreiung in seinem Heimatdorf hätte bleiben können, ja daß man ihm sicher nahegelegt habe zu bleiben und daß er es für wichtiger gehalten habe, mit den Umsiedlern über die Grenze zu gehen, mit ihnen zu sprechen und sie zu lehren, ihr Leben nicht als blindlings geworfenes Schicksal zu erleiden, sondern sinnvoll zur Zukunft hin zu gestalten, und ich wußte, daß der Mann neben mir, den ich, ehe ich ihn kannte, vorschnell für einen Bürokraten gehalten hatte, einer jener Helden des Alltags war, ohne die Deutschland ins Nichts versunken wäre. Ich musterte ihn scheu: ein hagerer Mann, straff, mittelgroß, das Gesicht wettergebräunt und die Stirn und Wangen gefurcht; ein Gesicht, erfüllt von der Güte derer, die viele Kämpfe durchgestanden haben. Sicher, so dachte ich, trägt er das kleine Oval mit der roten Fahne und den ineinander verschlungenen Händen* am Revers unterm Lederzeug! Er spürte meinen Blick und wurde verlegen.

„Ich möchte Ihnen danken", sagte ich.

Wir standen vor der Bürgermeisterei. „Wofür danken?" fragte der

Bürgermeister. Ich antwortete nicht, und er erwartete nicht, daß ich eine Antwort gab.

Schritte; die Sekretärin kam aus dem Büro gelaufen und unterrichtete den Bürgermeister von einem Anruf des Kreisrats. „Eine Frage noch", bat ich und fragte, wie alt Frau Traugott eigentlich sei, und statt des Bürgermeisters antwortete die Sekretärin: „Diesen Oktober wird sie vierzig."

„Vierzig?" fragte ich erschüttert und sah das Gesicht, das dem einer Fünfzigerin glich.

Der Bürgermeister nickte stumm, dann ging er in sein Büro.

„Aber was hat sie so zerstört?" fragte ich hilflos die Sekretärin.

„Ich weiß es nicht", sagte sie.

Ich muß es aber finden! dachte ich.

Als mein Urlaub abgelaufen war, fuhr ich bedrückt nach Berlin zurück: so etwa muß einem Arzt zumute sein, der einem Kranken nicht helfen kann, da er die Krankheit nicht kennt. Ich hatte bis zum letzten Tag gehofft, eine Lösung des Rätsels zu finden, aber ich hatte die Lösung nicht gefunden. Alles Bemühen war erfolglos gewesen; auch die Gespräche mit den anderen Umsiedlern, dem Bäckermeister und dem Lehrer und den beiden Bauern und der Konsumleiterin und dem Briefträger Nachtigall, hatten mir nichts Neues gebracht, Frau Traugott selbst war seit jenem Abend, an dem sie vom Kommen der alles verschlingenden Flut gesprochen hatte, noch zurückhaltender geworden; sie hatte mir morgens das Frühstück gebracht und mir abends eine gute Nacht gewünscht und war sonst ihrer Wege gegangen. So hatte ich sie denn am Tag der Abreise nur gefragt, ob es das Gut des Barons von L. gewesen sei, auf dem sie gearbeitet hatte, und sie hatte die Frage mit ihrer tonlosen Stimme bejaht, und dabei hatte ich zum ersten Mal in ihren leeren Augen eine Bewegung gesehen, die mich hoffen machte: heiligen Haß. Es war nur ein rascher Blitz in den grauen Augen gewesen, als sie „Ja, Herr!" gesagt hatte; ein rascher Blitz in den grauen Augen und ein kurzes Zucken der Brauen, aber es war ein Zeichen des Lebens. Von diesem Tag an wußte ich auch, daß nur einer das Rätsel dieses Schicksals lösen konnte, und das war der Baron von L. selbst.

Ich lebte schon seit Wochen wieder in Berlin, ich war in einer neuen Arbeit versponnen, doch immer sah ich das Gesicht dieser Frau. Ich versuchte, ihr Schicksal zu ergründen, indem ich ihren Lebensweg als Erzählung skizzierte, und kam dabei zu manchen möglichen Erklärungen: sie konnte, als sie noch Kind war, in einen See oder einen Wildbach gestürzt sein und wurde gerade noch vor dem Ertrinken gerettet; vielleicht auch war ihr Mann Matrose gewesen und auf dem Meer umgekommen; vielleicht war sie einfach gemütskrank, vielleicht erblich belastet, ein melancholisches Irresein? Es gab viele Möglichkeiten, doch keine, die ich am Schreibtisch konstruiert hatte, traf, so fühlte ich, dies Schicksal genau. Es half nichts: der Schlüssel zu ihrem Leben lag, wenn es überhaupt noch einen solchen Schlüssel gab, in der Hand des Barons, und dort war er für mich unerreichbar. Zwar schmiedete ich phantastische Pläne, wie ich unerkannt an ihn herankommen könnte, ja, ich dachte daran, ihn einfach zu stellen, doch all dies waren Hirngespinste, und ich verwarf einen Plan um den andern, bis ich hörte, daß auf einem „Sudetendeutschen Heimattreffen" in Westberlin ein Baron von L. als Redner auftreten werde. Ich beschloß, dorthin zu gehen. Natürlich dachte ich nicht daran, mich mit dem Baron zu treffen; ich wollte einfach Erinnerungen provozieren. Die meisten unserer Erinnerungen liegen ja versteckt und sind nicht willentlich heraufzubeschwören; es bedarf eines Anstoßes von außen, einer bestimmten Geste, eines bestimmten Wortes, eines bestimmten Bildes, um sie ins Bewußtsein heraufzuholen, und einen solchen Anstoß von außen hoffte ich auf jenem Treffen zu finden. So kaufte ich mir denn, als Tag und Stunde herangekommen waren, eine Rückfahrkarte nach Westberlin, stieg Bahnhof Reichsstraße* aus und trieb in einem langsam hinziehenden Strom. Er wälzte sich träg in seinem steinernen Bett; Bäche und Rinnsale aus den Seitenstraßen flossen zu, und langsam füllte der Strom die Straßen und staute sich. Gemurmel rings; kleine Wellen des Geschwätzes hoben sich ans Ohr und verrannen im grauen Geplätscher der hundert murmelnden Stimmen. Man sprach vom Wetter und vom nahenden Wochenende; Backrezepte und Einkochtips wurden ausgetauscht und Quellen billigen Einkaufs erörtert; zwei korpulente Damen, die neben mir gingen, sprachen sich über die bevorstehende Einsegnung eines Fräuleins Heidrun aus, die, wie ich dem Gespräch entnahm, die Nichte der einen und die Nachbarin der anderen Dame war, und die Nachbarin fragte, ob ein Teeservice als Geschenk angenehm sei oder ob sich ein solches bereits im Besitz der jungen Dame befinde, und die Tante sagte, man möge sich um Gottes willen doch nicht in Unkosten stürzen, und die Nachbarin sagte, für eine so nette junge Dame wie Fräulein Heidrun sei ihr kein Geschenk zu teuer. Zwei lebhaft aufeinander einredende ältere Herren verdrängten die Damen und schoben sich neben mich. Sie sprachen mit leicht schwäbischem Akzent, und sie sprachen wohl über die Personalpolitik ihres Bürgermeisters, denn es sei unerhört, sagte einer der Herren, daß nicht er, sondern ein Herr Nottinger zum Kanzleiobersekretär* befördert wurde, und der andere Herr fand diese Tatsache ebenfalls empörend. Nicht Herr Nottinger, sondern sein Nebenmann habe Anspruch auf diese Beförderung, sagte er, und er begründete seine Meinung: erstens sei Herr Nottinger viel jünger im Dienst, zweitens habe er bei weitem nicht die Erfahrung, die der Zurückgestellte habe, und drittens sei das Ganze nur Parteibuchpolitik,* aber man werde ja bald sehen, was bei einer solchen Politik herauskomme, nämlich eine Vertrauenskrisis, und lange könne sich dieses System nicht mehr halten. So die beiden Nachbarn zur Linken. Die Nachbarn zur Rechten, ein joviales Ehepaar, schimpften über die schlechte Berliner Küche, und der Mann sagte, sie würden heute nacht noch nach Frankfurt zurückfahren, und die Frau sagte, das gehe doch nicht, sie seien doch morgen bei Goldmanns eingeladen, und der Mann sagte seufzend, dann müsse man eben bleiben, Goldmanns seien viel zu wichtig, als daß man sie einfach abhängen* könne. Vor mir ein Pärchen ging mit ineinander verschränkten Händen. Langsam wälzte sich der Strom voran, murmelnd und in kleinen Wellen schwatzend: man sprach über das Wetter und die Ferien und die jüngsten Zeugnisse der Kinder, über Verlobungen, Heiraten, Scheidungen, Geburten und Todesfälle; ich hörte von Geschäftsabschlüssen sprechen und von Lieferterminen und Wechselmanipulationen und Prokuren und Limit;* man riet zu diesem Friseur und warnte vor jenem Advokaten; man besprach den Zustand des Herzens, der Galle, der Nieren, des Magens, der Lunge und der Milz, es war ein Germurmel des Alltags, und man sprach über alle Dinge, nur über die einstige Heimat verlor man kein Wort. Sie interessierte ja nicht; alle, die hier im Strom trieben, waren ja irgendwo ansässig geworden und hatten ihren Beruf und ihre Arbeit und ihre großen und kleinen Sorgen; es waren meist Vierzig- bis Fünfzigjährige, die da gingen, mehr Frauen als Männer und mehr Greise als Jugendliche, viel Mittelstand: Pensionäre, Hausfrauen, Beamte, Kaufleute, Handwerker, kleine Unternehmer, ein behäbiger Strom, nicht eilig, Alltagsgesichter, nicht bös.

Da plötzlich peitsche, vom Platz, in den der Strom sich ergoß, Musik her, die Pauken knallten, und die Flöten schrien, vier Schläge der Pauken und drei Schreie der Pfeifen drüber, und jählings verzerrten sich die Mienen der biederen Buchhalter und Krämer und Meistersfrauen zu Fratzen, und die Flut brach über den Platz herein, und die Kapelle spielte den Egerländer Marsch.* Wirbel rings; hochauf wie Riffe aus dem Meer ragten Ruinen und Gerüste, und die Flut trieb eine lange schwarze Brandmauer hin. Möwenschreie der Pfeifen, Klatschen der Trommeln: ich trieb im Strom und hörte den Egerländer Marsch, und plötzlich war es nicht Westberlin und nicht zehn Jahre nach dem Krieg, und die Soldaten, grau, den Adler auf Brust und Helm und in den Fängen des Adlers das schwarze Zeichen,* kamen die Berge herunter. Sie kamen die Berge herunter, und wir jubelten ihnen zu; ich sah, wie die Schilder der tschechischen Läden splitternd am Boden krachten und die Fensterscheiben platzten und der Regen von Glas sich ergoß; ich hörte Schreie, schrille und durchdringende Schreie, die jäh abbrachen, und die Pfeifen peitschten ihre Melodie. Man summte und trällerte sie mit; Fahnen flogen hoch, Fahnen mit Greifen und

Weihen und Kreuzen und Balken, und Fahnen auch mit Hügeln und sanften Bäumen und Engeln und Trauben und Sternen auf einem samtenen Grund. Ich sah die Fahnen zum Himmel flattern; der Himmel war blau, ein reines Blau. Da drängte ein Knabe an mir vorbei. Er mochte dreizehn sein, ein Kind noch, er trug schwarze kurze Hosen und ein weißes Hemd mit schwarzweißroter Binde und einer gewinkelten Rune* darauf; er hatte ein freundliches, kluges Gesicht und klare Augen, und er trug eine Trommel, eine weiße Landsknechtstrommel mit schwarzen Feuerzungen, und er schlug mit dem Schlegel den Takt zum Egerländer Marsch: Ta-tatata tatata ... Ich sah das Kind an, und ich glaubte dahinzugehen in schwarzer kurzer Hose und weißem Hemd mit der Landsknechtstrommel an der Seite; ich sah das Kind und wollte es am Arm packen und aus diesem Strom reißen, doch der Strom spülte uns nach vorn und schwemmte uns an eine Tribüne, und dort sah ich die Kinder. Sie standen am Fuß der Tribüne, dreijährig, vierjährig, fünfjährig, putzig gepaart, ein Mädchen, ein Knabe, sie hielten sich verlegen an der Hand, und sie trugen Kostüme, und diese Kostüme waren tot. Es waren Kostüme von Volksgruppen, die es nicht mehr gab, und die Kinder trugen sie ratlos; sie staken in diesen erloschenen Trachten wie in Käfigen, bunt ausgeschlagen, zur Schau gestellt, vom Strudel der Kameras und Mikrophone, von Scheinwerfern geblendet, ratlos in einer unverständlichen Welt. Dies sei die Tracht ihrer Heimat, hatte man ihnen, den jungen Westfalen und Bayern und Hessen und Friesen und Württembergern und Berlinern, gesagt; es sei die Tracht ihrer Heimat, und sie müßten sie mit Stolz tragen, hatte man ihnen gesagt, und nun standen sie da mit ratlosem Gesicht, kleine Kinder, Hauben auf dem Kopf und in den Händen bebänderte Rechen: Puppen in einem grauenvollen Spiel. Sie standen und blickten ratlos, und ihre Kostüme waren tot, und da sah ich, daß alles hier tot war auf diesem Platz: tote Trachten, tote Fahnen, tote Gaue, tote Greife, tote Weihen, tote Runen, tote Wimpel, tote Kreuze, Schattenparade einer toten Vergangenheit, die lebt. Trommeln, Pfeifen, Pauken, ein Fünfzehnjähriger in schwarzer Hose und weißem Hemd mit Binde und Rune trat nach vorn und sprach, die Stimme kultisch verzerrt, einen Totenspruch, und die Vergangenheit war aufgestanden. Pfeifen und Trommeln, Geschrei, ein junger Mann, groß, breitschultrig, in schwarzen Stiefelhosen und weißem Hemd, führt lachend einen alten Rabbiner am Bart durch die Straßen. Pfeifen, Trommeln, sie schleppen einen tschechischen Gendarmen herbei und schleudern ihn auf das Pflaster des Marktes: Dieses Schwein hat Deutsche verhaftet, Herr Offizier! Und der Offizier trägt einen Totenschädel auf der schwarzen Mütze,* das Nebeneinander der Völker hat aufgehört, der Egerländer Marsch saust, die Panzer rollen zur Prager Burg, und Lidice lodert auf und zerfällt.* Pfeifen, Trommeln, leiser

und leiser, ich höre das Pfeifen und Trommeln verhallen; der Egerländer
Marsch ist verhallt, der Jubel verhaucht, und wir hocken in unseren Kellern,
und in jedem Keller hockt die furchtbare Frage, wie die Rache nun aussehen
wird, die da kommen muß, denn daß die Rache nun kommen mußte, war
uns allen klar. Wir hatten versucht, die anderen auszurotten; nun würden
die anderen uns ausrotten, Auge um Auge, Zahn um Zahn! Sie werden die
Keller verriegeln und uns hier krepieren lassen, dachten wir, oder vielleicht
werden sie gnädig sein und uns an die Wand stellen und zusammenschießen,
oder vielleicht geschieht gar das kaum zu Erhoffende: sie werden uns das
Leben schenken und uns irgendwo auf einer Insel Sachalin* ansiedeln, in
irgendeinem Bleibergwerk oder irgendwo in der Tundra. Und dann war
der Tag der Kapitulation gekommen, und dann klopften sie an die Tür und
sagten: Packt eure Sachen und geht über die Grenze in euer Land und lernt,
gute Nachbarn zu werden, und einer sagte noch: Wir wünschen euch
Glück. So hatten wir denn unser Bündel gepackt und waren über die
Grenze gegangen, in den einen Teil Deutschlands und in den anderen Teil
Deutschlands, das damals noch eins war und doch schon gespalten,* und
in dem einen Deutschland gab man den Umsiedlern ein Stück Land und
eine Wohnung und eine ehrliche Arbeit, und in dem anderen Deutschland
steckte man ihre Kinder in tote Trachten und speiste sie ab mit einer
Hoffnung, die mörderisch war.*

Ich schrak auf. Die Pfeifen und Trommeln waren verstummt, die
schauerlichen Worte des Totenspruchs waren verhallt; es war Stille auf
dem Platz, und auf der Tribüne stand Baron von L. Er hatte sich wenig
verändert, nur Haar und Backenbart waren grau geworden; er trug eine
schmale randlose Brille mit goldenem Bügel und rauchte eine Zigarre und
plauderte mit einer Gruppe vorsommerlich gekleideter freundlicher
Herren. Er schien einen Witz zu machen, denn die Herren um ihn lachten,
und einer schüttelte lachend den Kopf und sagte etwas, und dann lachten
sie wieder, und auch der Baron lachte, und während er lachte, hatte ein
beleibter glatzköpfiger Herr angekündigt, daß nun der Baron von Langenau
sprechen werde. Beifall brauste auf; der Baron legte seine Zigarre weg und
rief einem der Herren noch rasch ein Bonmot zu, dann trat er ans Rednerpult
und begann zu sprechen. Ich hörte nicht, was er sagte; ich stand noch
gelähmt vor diesem schauerlich grotesken Moment des Wiedersehens: es
war, als wäre die Zeit stehengeblieben, und die Zeit, sie war auch
stehengeblieben, es war das Jahr 1938 und war es doch nicht: tote Zeit, tot
und von Leichengift grau! Ich zwang mich, dem Redner zuzuhören. Er
sprach von Freiheit, und ich sah seine Güter und Wälder, die nun nicht
mehr ihm gehörten; er sprach von Selbstbestimmung, und ich sah die
Geiseln am Richtplatz; er sprach vom Recht auf die Heimat, und ich sah ihn

das Glas erheben auf ein Böhmen am Arktischen Meer. Rings die Flut der Menschen brauste leis, die Fahnen mit ihren Greifen und Kreuzen und Linden wogten am blauen Himmel, und die Kinder in ihren schweren Trachten standen am Fuß der Tribüne: bunte Blüten, und die Blüten schon welk! Ich sah sie dastehn, und ich bebte vor Haß wider die Herren, die da bedenkenlos die Seele von Kindern mit Gift durchtränkten; ich stand vor der Tribüne und bebte vor Haß, und der Redner erhob seine Stimme; er hatte bisher in klagendem Ton das deutsche Schicksal bejammert, und nun hob er die Stimme, um zu drohen. „Unsere Forderung ist nur recht und billig!" schrie er.

Und in diesem Augenblick, da ich das Wort „billig" aus seinem Munde hörte, tat sich ein Bild der Erinnerung auf, und nun wußte ich, daß Baron von L. der Mörder war, der die Lebenskraft von Frau Traugott zerstört hatte. Er war ihr Mörder; er hatte ihre Lebenskraft gebrochen; er war ein Mörder, wie seinesgleichen Mörder sind. Nun hatte ich den Schlüssel, den ich so lange verzweifelt gesucht hatte; ich drängte mich ins Freie und beschwor die Erinnerung: Die See, Ebbe, der Meerboden flammte. Es war im Sommer vor dem Krieg gewesen; wir hatten einen Monat auf einer Nordseeinsel zugebracht, auf der, wie wir wußten, Baron von L. jedes Jahr seinen Urlaub verlebte; der Baron hatte uns manchen seiner Abende geschenkt, und an einem dieser Abende, einem Abend im frühen August, der mit einem flammenden Sonnenuntergang über der Ebbe des Meeres seinen Lauf beschloß, hatte der Baron seine Frau entschuldigt; sie habe großen Ärger mit ihrem Dienstmädchen gehabt, hatte er zu meinem Vater gesagt; diese Pute vom Land sei, so habe sich gerade herausgestellt, in anderen Umständen, obwohl sie noch ledig sei, und nun stünden seine Frau und er blamiert vor der ganzen Gesellschaft da. Mir war nicht klar gewesen, warum das eine Schande sein sollte, aber mein Vater hatte gesagt, das sei ein unerhörter Affront, und ein wenig später war dann die Baronin gekommen und hatte erklärt, sie habe das schamlose Ding natürlich aus dem Dienst geworfen, und der Baron hatte gesagt, sie solle sich doch ein tschechisches Dienstmädchen halten, die seien überdies billiger. Billiger! Dann hatten wir dieses Thema nicht mehr berührt, es war ja nur ein Dienstmädchen gewesen, nicht wahr, und dann hatte es noch einmal in der Nacht eine lästige Störung gegeben; schnelle Schritte hatten im Korridor gehallt, es war nach einem Arzt gerufen worden, und da hatte ich aus der Tür gesehen und hatte gesehen, wie eine Tragbahre die Treppe hinaufgetragen wurde, und am nächsten Tag hatte uns der Baron verärgert mitgeteilt, daß diese Gans von einem Dienstmädchen auch noch ins Wasser gegangen* sei. „Ist was passiert?" hatte mein Vater gefragt, und der Baron hatte gesagt, sie habe Glück gehabt, die Flut habe sie an den Strand gespült und man habe sie retten können. Dann hatten wir nicht mehr von diesem unerfreulichen Vorfall gesprochen; es gab ja anderen Gesprächsstoff genug: die Prophezeiung des Barons schien in Erfüllung zu gehen, das Sudetenland war annektiert, das „Protektorat Böhmen und Mähren"* errichtet, die Welle rollte auf Polen zu, was interessierte da das Schicksal einer Magd! Sie wurde nach Haus geschickt, und eine andere kam; ein gequälter Mensch hatte versucht, sein Leben zu beenden, und ich hatte es gesehen, und ich hatte es vergessen, so wie man das Bild eines Bahnhofs vergißt, durch den der Zug, ohne zu halten, fährt. Ein Schauder packte mich: wie viele solcher Höhlen mögen wir noch in unseren Hirnen tragen, wie viele solcher Höhlenerinnerungen, die zugedeckt sind und von denen wir nichts mehr wissen und die doch in uns sind, ein unbenutztes Stück unsres Seins! Wie schnell vergißt der Mensch, was er war; wie schnell vergißt er, wie schnell, wie schnell!

Ich wandte mich um und sah über den Platz, der schon fern lag, und sah die Menschen, die doch Menschen waren, und sah, einen dunklen Strich vor dem hellen Hintergrund der Bühne, den Redner. Er ist ein Mörder, man muß es allen sagen, daß er ein Mörder ist! dachte ich, und ich dachte für einen Augenblick, daß ich auf die Tribüne springen müßte und rufen, daß er ein Mörder sei! Vom Platz her raste Applaus, eine wilde Welle; ich dachte daran, zurückzugehen und auf die Tribüne zu springen, und da, in diesem Augenblick, sah ich mein Land vor Augen, mein Land, das wie nie meine Heimat war, und ich lief die Straße hinunter und eilte der S-Bahn* zu, um in das Berlin zurückzufahren, in dem die Mörder ohne Freiheit sind . . .

Das Grauen vor dem Meer, noch eh sie die Ostsee gesehen hatte; die Schilderung der Flut, die, Anlauf nehmend, nach der Ebbe hereinbricht, ein Schauspiel, das man nur an der Nordsee, aber nicht an der Ostsee beobachten kann; die gebrochene Lebenskraft nach dem Selbstmordversuch, das Alter ihres Sohnes und dazu die Tatsache, daß Baron von L. seinen Stammsitz im Geburtsdorf Frau Traugotts hatte—es konnte kein Zweifel daran bestehen, daß ich den Schlüssel zu jenem tragischen Schicksal nun in meinen Händen hielt. Natürlich war es mein Amt nicht, ihn zu gebrauchen. Ich sprach mit einem Arzt, und er machte mir Hoffnung. Man müsse sie vom Meer wegbringen, dann könne alles noch gut werden, sagte er, und da seufzte ich, wie der Bürgermeister geseufzt hatte. „Sie will doch nicht!" sagte ich verzweifelt.

„Was will sie nicht?" fragte der Arzt verdutzt.

„Aus ihrem Dorf wegziehen", sagte ich.

„Ja, aber warum denn nicht?" fragte der Arzt, und ich mußte ihm sagen, ich wisse es nicht. Es war zum Verzweifeln: wir hatten den Schlüssel, doch das rettende Tor schloß er auch nicht auf.

Da entsann ich mich, daß sie im Oktober ihren vierzigsten Geburtstag hatte; ich erkundigte mich nach dem genauen Termin, dann fuhr ich mit einem Blumenstrauß noch einmal nach Z. hinauf. Es war ein frischer Tag, einer jener hellen Herbsttage, die mit unbekümmertem Lächeln vor dem nahen Winter mit seinen Regen- und Schneeschauern stehen. Es war ein heller Tag, der Wind wehte hell, ich hörte das Meer, aber ich ging nicht die Düne hinauf, ich ging zu dem Haus mit den gekreuzten Pferdeschädeln am First. Ich war darauf gefaßt, zu erschrecken, da ich sie wiedersah, doch da ich die Tür öffnete und in den quadratischen Flur trat und die Tür sich auftat und Frau Traugott unter der Tür stand, klein, gebeugt, die Hände an der Schürze wischend und mit leeren Augen an mir vorübersehend und mit tonloser Stimme redend: „Sie sind's, Herr", da glaubte ich, mein Herz stehe still. Wut überkam mich, rote, brennende Wut; wäre ich doch auf die Tribüne gesprungen, und hätte ich doch geschrien, daß hier ein Mörder rede!

Frau Traugott sah an mir vorbei und sagte nichts; sie stand unter der Tür, klein, gebeugt, eine Frau, die eine Bürde mit sich schleppte, die furchtbar war wie wohl keine andre unseres täglichen Lebens, und doch hatte sie ihr Kind großgezogen und ihr Haus versehen und ihr Land bestellt und sich die Achtung ihrer Mitbürger erworben: ein Mensch, aller Bewunderung wert! Ich drückte ihr die Blumen in die Hand; viel reden konnte ich nicht, und Frau Traugott hielt die Blumen in der Hand und stand unter der Tür und schüttelte den Kopf und stammelte einen Dank.

„Jetzt trinken wir aber eine Tasse Tee!" sagte ich, und Frau Traugott nickte, da klopfte es an die Tür, und herein trat der Bürgermeister mit einem Nelkenstrauß.

„Herzlichen Glückwunsch von der ganzen Gemeinde!" sagte der Bürgermeister, und Frau Traugott wischte sich mit dem Schürzenzipfel die Augen.

„Alle hier sein so gut zu mir", sagte sie, und dann sagte sie nochmals: „So gut, so gut", und dann schüttelte sie den Kopf und sagte: „Ich wer' Tee kochen" und ging in die Küche hinaus.

„Nun weiß ich, warum sie nicht von hier fortwill", sagte ich.

„Warum?" fragte der Bürgermeister begierig.

„Sie hat hier zum ersten Mal im Leben menschliche Güte erfahren", sagte ich, „und die will sie nicht verlieren, darum erträgt sie sogar das Meer!"

Der Bürgermeister wiegte den Nelkenstrauß in der Hand.

„Aber man hätte sie doch woanders mit derselben Herzlichkeit aufgenommen", sagte er.

„Wie sollte sie das wissen?" sagte ich. „Sie war den größten Teil ihres Lebens geschunden und getreten und herumgestoßen worden, und dann hatte sie das erste Mal eine menschliche Gemeinschaft erfahren, in der man ihr half, in der man ihr ein Häuschen gab und Land und eine Heimat, die mehr war als das altvertraute Land mit seinen Bergen und Bächen und Kapellen überm Hang; es war eine menschliche Gemeinschaft, in der sie sich geborgen fühlte trotz der fremden Landschaft, vor der ihr schauderte."

„Sie mögen recht haben", sagte der Bürgermeister zögernd, „woher aber kommt das Grauen vor dem Meer?"

Ich erzählte ihm meine Erinnerung.

„So mag sich alles zusammenreimen", sagte der Bürgermeister, da kam Frau Traugott mit zwei Eimern aus der Küche heraus. „Arbeit ist heute verboten, Frau Traugott", sagte der Bürgermeister, und wir nahmen Frau Traugott die Eimer ab und gingen in den Hof. Ich pumpte und sah auf die Düne; ihr Gras wehte weit vor dem hellen Himmel, und hinter der Düne brauste die See.

Ich hob den Eimer vom Haken des Pumpenhahns und stellte ihn auf die Erde, da kam ein junger Mensch den Dünenweg heruntergesprungen, ein großer, frischer, schöner Junge mit lachendem Gesicht; er trug eine Badehose, und seine Haare troffen von Wasser, dem Wasser der See, und der junge Mensch sprang, sich auf einen Zaunpfahl stützend, mit einer leichten Flanke über den Zaun in den Hof, daß die Hühnerschar kreischend auseinanderstob. Ohne Scheu trat er zu uns und streckte dem Bürgermeister die Hand hin.

„Das ist Klaus, der Sohn von Frau Traugott", sagte der Bürgermeister, und ich gab dem Jungen die Hand und sah beglückt, wie er naß und strahlend vor mir stand, ein junger fröhlicher Mensch, der im Meer gebadet hatte, und nun sah ich jene andre Frau, die Königin aus dem Märchen, die, Stein, nach sechzehn Jahren beseelt vom Sockel stieg, und ich sah die Königin und die ehemalige Magd und sah, daß sie in ihrem Sohn erlöst war, und ich wußte, ich durfte auch für sie selbst noch hoffen.

Frau Traugott kam ums Haus, einen dampfenden Krug in der Hand. „Ich hab Tee g'macht", sagte sie, und ihre Stimme klang ohne Ton, und sie sah an uns vorbei auf die Düne, und auf der Düne wehte grün im frischen Wind das Gras, und wir hörten die brausende See, die ewig an Böhmens Küste schlug.

(Hinstorff Verlag,
Rostock, 1962)

Hermann Kant

DAS KENNWORT

LOUIS Fischer hätte es weit bringen können. Er war ein großer Kerl, nicht dumm und mit einer Nase für die Wünsche seiner Herren. Dabei war er keineswegs ein Kriecher oder gar ein Feigling; er war nur wendig, weiter nichts.

Wäre er ein Feigling gewesen, so hätte er in seinem Beruf nichts werden können. Er war nämlich Hundedresseur. Er brachte nicht etwa kleinen Pinschern das Pfötchengeben bei oder frisierten Pudeln die rechte Zeit und den rechten Ort zum Wasserlassen, nein, seine Hunde hatten ihren Namen und Respekt verdient. Es waren halbe Löwen, gefährliche Typen, wenn man sie so sah, und man hätte Angst vor ihnen haben können, wenn man nicht gewußt hätte, daß sie Louis Fischers Zöglinge waren. Da man das aber wußte, hatte man trotz ihrer Wolfsgebisse, ihrer Boxernasen und ihrer rabiaten Augen Vertrauen zu ihnen. Denn unter Louis Fischers harten Händen und kalten Blicken waren sie Diensthunde geworden, Polizeihunde, Diener des Staates und Beamte sozusagen. Louis, ihr Chef, war auch Beamter. Eines Tages, nach einem Leben für den Diensthund und damit für den Ordnungsstaat, nach dreißig Jahren Maulkorb und Stachelwürger, nach einer Laufbahn in pflichtschuldig zerrissenen Hosen hätte er in Pension gehen können. Vielleicht hätte er ein Buch geschrieben, „Ich und die Bestie" oder etwas Ähnliches, vielleicht hätte er auch, ganz für sich und zum Spaß, einen Wunderhund abgerichtet, einen, der Socken strickt und Ganghofer* liest, vielleicht aber hätte er sich nur einen Wellensittich angeschafft oder noch eher eine Katze, der Abwechslung und des Gegensatzes halber und weil er doch nun außer Dienst gewesen wäre.

Aber das muß Spekulation bleiben, denn Louis Fischer ist tot. Er starb weit vor Ablauf der dreißig Pflichtjahre auf bitterböse Weise.

Dabei hätte er es wirklich zu etwas bringen können, denn er hatte alles Zeug für seinen Beruf. Schon einem Dreiwochenwelpen konnte er ansehen, ob er eine Töle bleiben würde oder Sinn für Ordnung, Recht und Eigentum entwickeln werde.

Louis Fischer wußte, daß mit Erziehung allerhand zu machen war; fest stand für ihn aber auch, daß Hund und Mensch sich in einem glichen: entweder hatten sie wenigstens im Kern einen Sinn für Ordnung, Recht und Eigentum, oder sie blieben für immer Versager, Kroppzeug. Er war ein Idealfall von Lehrer—er glaubte an seine Lehren. „Ordnung, Recht und Eigentum", diese Worte hatte ihm seine Frau in einen Wandbehang sticken müssen, und ob er sich nun abends und voll Kummer darüber, daß der Schäferrüde Haro vom Teuffelsberg immer noch nicht stockfest war, in die Kissen warf oder ob ihn des Morgens das hungrige Jaulen der künftigen Ganovenbeißer aus dem Bette riß, immer fiel sein letzter oder erster Blick auf die stickgarnene Mahnung: Ordnung, Recht und Eigentum!

Vielleicht wundert man sich, nach alledem zu hören, daß Louis Fischer Sozialdemokrat war, vielleicht hätte man in ihm mehr einen Staatsparteiler oder einen strammen Kaisertreuen vermutet; aber das Wundern wird nur so lange anhalten, solange man nicht weiß, daß auch der Polizeipräsident zu jener Zeit, zu Louis Fischers Dienstzeit, ein Sozialdemokrat war.

Den Präsidenten und den Dresseur verbanden ein Hund und eine Tasse miteinander. Der Hund war in Louis Fischers Lehre gegangen und sollte den Präsidenten vor Meuchelmördern schützen, und die Tasse war des Präsidenten Dank dafür. Es war eine besondere Tasse, groß und bauchig, mit einem schwarzrotgoldenen Rand und der Inschrift: „ . . . der Bahn, die uns geführt Lassalle!".* Lange Zeit zerbrach sich Louis den Kopf an der Frage, was es auf sich haben könne mit dem Spruch. Er erkundigte sich vorsichtig nach diesem Lassalle, aber die Auskünfte halfen ihm nicht weiter. Schließlich gewöhnte er sich daran, mit dem Rätsel zu leben, zumal er sich nicht denken konnte, daß ihm der Präsident anders als wohlwollte.

Denn wenn es auch eine ganze Reihe von Dresseuren in Polizeidiensten gab, mit Louis Fischer hätte es keiner von ihnen aufnehmen können. Was die anderen da so für den täglichen Gebrauch trimmten, war gewiß recht brav, das konnte neben blanken Stiefelschäften Streife laufen und auf Geheiß in kleiner Diebe Hosenböden fahren, doch damit hatte es sich dann auch.* Es waren Diensttuer allenfalls, aber keine Denker.

Louis Fischers Hunde waren Denker. Sie waren fähig, Entscheidungen zu fällen, wenn sie auf der Laufbahn waren. Einmal im Einsatz, bedurften sie keiner Weisung. Sie wußten genau, wann sie nur zu knurren oder zu bellen hatten und wann es zupacken hieß, schnell und scharf, auf Polizeihundart. Sie operierten unter der Maxime „Ordnung, Recht und Eigentum!", und so war Verlaß auf sie.

Jedenfalls hat Louis Fischer das geglaubt. Könnte er noch denken, wüßte er es besser nun. Aber er ist tot.

Wenn man weiß, wie die Sache ausgegangen ist, fällt es schwer zu sagen, seine reifste Leistung sei die Erziehung des Präsidentenhundes gewesen.

Der Hund des Präsidenten kam einen weiten Weg daher. Sieht man davon ab, daß er der Sohn einer Hündin und eines Rüden war, so kann man ihn als das vollkommene Produkt Louis Fischers bezeichnen. Der war es, der ihm Vater und Mutter bestimmte—nach vielen Abenden über den Stammbäumen der Schutzhundaristokratie,* nach Nächten über Polizeiberichten, in denen von Intelligenzleistungen und Mutbeweisen beamteter Vierbeiner die Rede war, nach sorgfältigstem Studium von Schaubildern und wissenschaftlichen Gutachten. Louis Fischer war es, der ihn sofort erkannte in dem Wurf von fünf quietschenden blinden und feuchten Kreaturen, der ihn mit Liebe aufzog und in eine erbarmungslose Schule nahm.

Der Präsident hatte nach einem Schäferhund verlangt, und so bekam er einen. Zwar hatte Louis Fischer höflich auf die besonderen Vorzüge von Dobermännern und Boxern hingewiesen, aber er hatte sich schnell einleuchten lassen, daß der persönliche Hund eines gewählten Polizeipräsidenten nicht nur zu schützen, sondern auch zu repräsentieren hatte. Und auf Pressefotos werden nun einmal triefäugige Boxer oder stummelschwänzige Dobermänner von jedem Deutschen Schäferhund geschlagen.

Als sich der Präsident das erste Mal mit dem Dresseur unterhalten hatte und sie sich über die Rasse einig geworden waren, hatte der Polizeichef schließlich noch einen ganz speziellen Wunsch vorgetragen. Er wisse nicht, hatte er gesagt, ob es in Louis Fischers Dresseurmacht liege, was ihm da vorschwebe, aber man werde ja sehen, und es sei kurz dies: Louis solle dem Präsidentenbewacher neben all den Routinedingen einen Biß beibringen, den man als radikal bezeichnen könne, also keine Kinkerlitzchen mit Handgelenk oder Hosenboden, sondern ran an die Gurgel und aus.

Wenn Louis Fischer sich auch über den leisen Zweifel an seinen Künsten ein wenig ärgerte, so ließ er nichts davon merken. Er werde den gewünschten Totbiß in das Erziehungsprogramm aufnehmen, sagte er, damit das Kunststück aber unter Kontrolle gehalten werden könne, müsse es an ein bestimmtes Kennwort gebunden werden, und ob der Herr Präsident da schon etwas im Auge habe?

Der Chef nickte nachdenklich. Er winkte den Abrichter zu sich heran, schätzte ihn noch einmal ab und sagte dann: „Wir sind doch in derselben Partei, was?"

Louis Fischer versicherte, selbstverständlich sei er in der Partei des Präsidenten.

„Na, dann los, Mann, wer ist der eigentliche Feind?"

Wenn Louis Fischer auch nie so ganz genau wissen sollte, wer jener Lassalle gewesen—wer der eigentliche Feind war, das ahnte er zumindest, dafür war er schließlich Polizeibeamter der Weimarer Republik. Andererseits war er sich noch nicht ganz im klaren, ob der Präsident nun auf den inneren oder äußeren Feind loswollte, und da er überdies noch den Weltkriegsorden am Revers seines Vorgesetzten gewahrte, sagte er vorsichtig: „Ich würd mal sagen, die Fr..."

Bei diesem Fr... ließ er es, denn der Präsident winkte ab und sagte ungeduldig: „Nicht doch, Mann, die Franzosen nicht, das ist vorerst passé, obwohl... also, der Feind, der Feind, das ist die Kommune,* klar?"

„Klar", sagte Louis Fischer.

„Fein", sagte der Präsident, „und was wollen die uns nehmen? Na, diesmal fängt es mit Fr... an! Die Freiheit natürlich, Mann!" Sie einigten sich auf das Kennwort „Freiheit"; und um den Trick abzusichern, vereinbarten sie, man müsse den Ruf besonders scharf ausstoßen und sich dabei mit der flachen Hand vor die Stirn schlagen, erst dann sollte das Tier beißen.

Und so wurde denn ein Deutscher Schäferhund gezeugt, geboren, aufgefüttert und abgerichtet, um im Zeichen von Ordnung, Recht und Eigentum einem Manne das Leben zu schützen und notfalls nach dem mit einem Klaps an die Stirn kombinierten Zuruf „Freiheit!" einem anderen das Leben zu nehmen.

Er wurde aufgezogen und dressiert vom Polizeimeister Louis Fischer, der nun tot ist und daher nicht einmal verblüfft sein kann über das, was bei seiner Erziehung herausgekommen ist.

Es war im Spätherbst des letzten vollen Jahres der ersten deutschen Republik,* als Louis Fischer wieder vor seinen Präsidenten trat. An der Leine führte er einen grauen Hund, der in seinem großen Maul ein fürchterliches Gebiß und in seinem kleinen Hirn ein giftiges Kennwort trug.

Louis Fischer ließ das Tier alle seine Kunststücke zeigen—bis auf eines, versteht sich, von dem er seinem Chef jedoch versicherte, es sei so verläßlich und so wirksam in dem Hund wie das Stahlmantelgeschoß in der Pistole, die in des Präsidenten Schreibtischlade ruhte.

Als der Präsident und der Polizist voneinander schieden, hatte der Hund einen neuen Herrn, und Louis Fischer hatte eine Tasse mit schwarzrotgoldenem Rand und dem rätselhaften Spruch „... der Bahn, die uns geführt Lassalle!". In den wenigen Monaten, die Louis Fischer noch bis zu seinem überraschenden Tod verblieben, trank er jeden Morgen und jeden Abend seinen Kaffee aus der Tasse des Präsidenten; nur in den letzten

Tagen, die ihm vergönnt waren, verzichtete er darauf. Den Hund des Präsidenten sollte er nur noch einmal sehen.

Manchmal traf es sich, daß er, die bauchige Tasse an den Lippen und in der Morgenzeitung blätternd, auf ein Bild seines Vorgesetzten stieß, der, an irgendeinem Podium stehend oder mit Journalisten zusammen sitzend, entweder von der Unabdingbarkeit von Ordnung, Recht und Eigentum oder von der Bedrohung der Republik durch die Kommunisten oder von beiden zugleich gesprochen hatte. Und immer saß zu des Präsidenten Füßen ein schlankes graues Tier, das gelassen, schön und gefährlich in die Kamera blickte.

Dann ging alles sehr schnell. Eines Morgens las Louis Fischer in seiner Zeitung, daß sich die deutschen Dinge nun endgültig gewendet hätten, da der Reichskanzler jetzt Adolf Hitler heiße.

Soll er doch,* dachte Louis Fischer, trank aus der schwarzrotgolden umrandeten Tasse und ging zu seinen Hunden, die schon ungeduldig jaulten und ihm gerade in diesen Tagen viel Sorge machten, da einige die Staupe hatten.

Etwas mehr beunruhigte ihn eine Meldung im Abendblatt, in der es hieß, der sozialdemokratische Polizeipräsident sei verhaftet worden. Es war weniger die Verhaftung, die ihn verwirrte, als das Fehlen jedes Hinweises auf einen Deutschen Schäferhund, der auf Geheiß des Präsidenten einem der Verhafter mit tödlichem Biß an die Kehle gefahren sei. Auch von einer geladenen Pistole in der Schublade des Polizeichefs war in der Meldung keine Rede.

Nach anstrengend scharfem Nachdenken fand Louis Fischer die Erklärung: Hatte er das Tier nicht denken gelehrt? Na also, wie konnte er da erwarten, daß es auf den von einem Handschlag an die Stirn begleiteten Zuruf „Freiheit!" einem Abgesandten der Nationalen Erhebung an den Hals spränge? Auch sagte er sich, daß der Präsident wahrscheinlich gar nicht versucht hatte, den Hund in Gang zu setzen, da der Totbiß schließlich nur für den eigentlichen Feind gedacht gewesen war.

Er tat weiter seinen Dienst; er machte Polizeihunde mannscharf und schußfest, Dobermänner, Boxer und Deutsche Schäferhunde. Als er sah, daß einige seiner Kollegen, die die Erhebung nicht so erhebend gefunden und das auch gesagt hatten, sehr rasch auf die Straße oder in blutdampfende Keller flogen, warf er sein Parteibuch in den Ofen und stellte die Tasse des abgesetzten Präsidenten in die Tiefen des Küchenschrankes.

Um so unangenehmer war ihm, daß eines Abends zwei Männer in seine Stube traten; den einen kannte er von den Zahlabenden, und der andere war dessen Schwager und hatte etwas mit der Druckergewerkschaft zu tun, zwei Männer also, die ihn ernsthaft mit Genosse anredeten und nach einigem vorsichtigen Drumherum von ihm verlangten, er solle in der kommenden Nacht dafür sorgen, daß seine Hunde die Schnauzen hielten. Auf der anderen Straßenseite liege ein Kumpel im Keller, und lange mache der es nicht mehr.

Louis Fischer war wirklich nicht feige, er war auch nicht herzlos, aber schließlich war das seine Haut, die ihm plötzlich viel zu eng und feucht direkt auf den Knochen zu sitzen schien.

Er ließ die beiden abfahren. Er sei Beamter, sagte er, immer noch, und er wolle es auch bleiben, volle dreißig Jahre lang. Und überdies, selbst wenn er wollte, könne er nicht helfen, seine Hunde seien Wahrer von Ordnung, Recht und Eigentum, dazu habe er sie erzogen. Was sie wohl von ihm denken sollten, wenn er ihnen plötzlich Stillschweigen befehlen wollte, wo offenkundig etwas gegen Ordnung ...

Die beiden Männer gingen, und bitter vermerkte Louis, daß sie ihn nicht verstanden hatten und daß sie es für nötig hielten zu sagen, er wenigstens solle das Maul halten. Als ob er ein Verräter wäre. Im ersten blassen Morgenlicht schlugen Louis Fischers Schüler Lärm. Von jenseits der Straße hörte Louis Schüsse und Schreie, und er wollte schon aufstehen. Dann fiel sein Blick auf den Wandbehang im Dämmerlicht, und er drehte sich auf die andere Seite.

Als einer seiner beiden Besucher schon tot war und der andere gerade noch einmal aufstöhnte, bevor auch er starb, hatte Louis Fischer bereits zu seinem Traum zurückgefunden.

Am nächsten Vormittag behandelte er gerade die Staupe eines vielversprechenden Boxerwelpen, als sie zu ihm auf den Hof kamen. Drei Mann in SA-Uniform* und ein Hund. Die drei Männer sagten „Heil Hitler!", und der Hund sah aus, als hätte er es auch gern gesagt. Aber er stand nur stumm da, gesammelt, schön und gefährlich, grau und schlank, und wartete auf Weisungen.

Louis Fischer erkannte ihn sofort, und er war stolz auf ihn, denn das hatte er ihm beigebracht: Beherrschung, nichts da von Händelecken und winselnder Begrüßung.

Einer der drei sagte, sie wollten Louis nur ihre Anerkennung aussprechen, seine Hunde hätten eine üble Sache vereitelt, es sei am Abend etwas viel auf den Führer getrunken worden, und ohne das Hundegebell hätten sie womöglich die Roten gar nicht rechtzeitig gehört. Louis Fischer setzte den Welpen in seinen Zwinger und bat die Besucher ins Haus. Sie tranken eines auf den Schreck und das Glück, und da sie einander gut verstanden, deutete Louis auf den grauen Schäferrüden und fragte, wie sie an den gekommen seien.

Oh, sagten sie stolz, den hätten sie vom Polizeipräsidenten, diesem

Sozi,* übernommen, zuerst sei er ja ein bißchen knurrig gewesen, aber nun tue er ausgezeichneten Dienst.

„Versteht sich", sagte Louis Fischer, und dann erzählte er den SA-Kameraden die Geschichte vom Hund und vom Präsidenten, und schließlich kramte er sogar die Tasse hevor.

Der Führer der drei betrachtete den schwarzrotgoldenen Rand, studierte die Inschrift und sagte dann mit merkwürdig engen Augen: „So, Sie waren auch bei diesem Lassalle-Verein . . ."

„Gewesen, gewesen", sagte Louis Fischer rasch, „und auch das nie mit dem Herzen!"

Da er aber das Mißtrauen des anderen spürte und durchaus verstand, daß der nicht nur den Präsidenten beleidigen wollte, als er die Tasse voll Milch goß und sie dem Hund hinschob, der sofort gierig zu schlürfen begann, fragte er, etwas zu eifrig vielleicht, ob die Herren denn von dem Trick mit dem Kennwort wüßten.

Die Herren wußten von keinem Trick und keinem Kennwort, darum beugte sich Louis Fischer zum Ohr ihres Führers und erzählte. Er tat es ganz leise, damit ihn der Hund nicht höre. Das fehlte noch, daß der auf einen SA-Mann losging. „Das Ding ist gut", sagte der Führer, „und Sie glauben wirklich, das funktioniert?"

„Und ob das funktioniert", sagte Louis Fischer, „da halt ich meinen Kopf für hin!"*

Das schöne graue Tier hatte die Tasse leer geschlappt und sah nun ruhig zu seinem neuen und zu seinem alten Herrn auf. Als der neue Herr auf den alten deutete, sich gegen die Stirn klopfte und „Freiheit!" rief, federte es hoch und schlug seine noch milchfeuchten Zähne in Louis Fischers Hals.

„Tatsächlich", sagte der SA-Mann, und Louis Fischer konnte es eben noch denken.

(aus: *Ein bißchen Südsee*,
Verlag Rütten
& Loening, Berlin, 1962)

Rolf Schneider

METAMORPHOSEN

I

DER Tag, mit dem alles begann, war ein Dienstag. Ich erinnere mich, daß ich, im Augenblick des Erwachens, starke Unlustgefühle verspürte, den Wunsch, meine Nachtruhe fortzusetzen, und das merkwürdige Gefühl einer Verwandlung; wahrscheinlich (so dachte ich in jenem Augenblick) war ich soeben einem unguten Traum entschlüpft. Bereit, mich zu erheben und meinem Tagwerk nachzugehen, fühlte ich zugleich, wie meine Unlust wuchs; ich hatte das Empfinden, auf ungewöhnliche Weise in meinen Bewegungsabsichten behindert zu sein. Ich wurde ärgerlich auf mich selbst, befahl mir, in heftigem Schwung aus der Matratze aufzufahren, und folgte diesem Befehl. Am Ende seiner Ausführung widerfuhr mir ein zentraler Nervenschmerz.

Ich saß wie benommen auf dem Bettrand, während der Schmerz sehr allmählich nachließ. Was war geschehen? Der Argwohn, in meinen Bewegungen behindert zu sein, war widerlegt worden durch die soeben ausgeführte Handlung, hatte sich dadurch verflüchtigt, wenn auch nicht völlig, hatte sich vielmehr gewandelt in das Empfinden, daß ich in meiner Körperlichkeit auf monströse Weise einen Zuwachs erfahren habe. Inzwischen war der Schmerz so weit zurückgegangen, daß ich befähigt war, seinen Ursprung zu erkennen: er befand sich am unteren Ausgang der Wirbelsäule. Wie selbstverständlich sandte ich meine Hand aus, um diesen Ort meines Leibes prüfend zu betasten, fühlte und griff nach etwas Ungeheuerlichem.

Mir war über Nacht ein Schwanz zugewachsen. Dies ist leicht in Worten gesagt, die unerwartete Erkenntnis jedoch war bitter. Ich saß auf der Bettkante, ich legte den neuen Körperteil neben mich, um ihn in Augenschein zu nehmen. Er war schlank, gelenkig, gebildet aus zierlichen Wirbelknochen, gehalten von Sehnen und Muskulatur; an seinem Ende wuchs langes, seidiges Haar von der Farbe und Beschaffenheit meiner Haupthaare: leicht gekräuselt; insgesamt erinnerte er an die Schweife gewisser Hundearten. Ich drängte den naheliegenden Gedanken an Hunde und die Art meiner damaligen Tätigkeit zunächst zurück, vermochte auch rasch die sich anbietenden Angstschauer von meiner Haut zu vertreiben, wandte vielmehr meine gesamte Aufmerksamkeit nochmals einer naturwissenschaftlichen Betrachtung meines Schweifes zu. Ich zählte insgesamt elf Wirbelknochen, allmählich kleiner werdend zur Quaste hin. Die Druckempfindlichkeit der Haut über den Knochen war gering, lediglich die Knochen selbst reagierten schmerzhaft auf derbe Berührung. Das Quastenhaar stand dicht und war fest verwachsen. Wie ich ihn so neben und vor mir liegen hatte, das Ende quer über den Füßen nach Katzenart, fand ich ihn nicht ohne Anmut. Alles Natürliche ist schön, und mein Schweif war unzweifelhaft ein Naturprodukt.

Ich besitze eine zoologische Bibliothek von leidlicher Vollständigkeit; auch einige humanbiologische Standardwerke fehlen nicht in ihr. Damals erhob ich mich, um in einschlägigen Veröffentlichungen nach möglichen Parallelfällen meines Schicksals zu suchen. Ich fand einige kurze Artikel über Schwanzmenschen und Menschenschwänze, doch die Unterschiede zu meinem Schicksal waren auffällig: nirgendwo fanden sich Hinweise auf Schwanzwirbel, die angegebenen Längenmaße waren, im Vergleich zu mir, mehr als kümmerlich, außerdem handelte es sich bei den beschriebenen Fällen um angeborene Schwänze, während mein Schwanz das überraschende Ergebnis einer einzigen Nacht war. Seufzend klappte ich die Nachschlagewerke zu und war nun ausschließlich auf meinen Geist, meine Spekulation und meine zoologischen Kenntnisse angewiesen, welche mir, einem promovierten Veterinär, in ausreichendem Maße zur Verfügung standen.

Ich ging zurück zu meinem Bett, um mich weiterhin dem Nachdenken zu ergeben. Sanft schleifte der Schwanz über den Teppich bei meiner kurzen Wanderung. Nur zuletzt stieß die Quaste gegen ein Stuhlbein, worauf, fast wider meinen Willen, der gesamte Schweif in eine heftige, zuckende Schlagbewegung geriet. Diese Entdeckung erregte meinen Argwohn ebensosehr wie meine Neugier. Ich stellte, inzwischen wieder sitzend, einige Versuche an, um die Bewegungslust meines Schweifes zu erforschen. Ich befahl ihm Ringel- und Schlingbewegungen, befahl ihm Klopfen und Wedeln. Er gehorchte mir nicht. Lediglich ein kurzes, nervöses Beben gelang mir bei diesen Versuchen: beginnend am Schwanzansatz und sich bald verlierend. Ich seufzte wiederum. Eine Stubenfliege, herbstmüde, grau und traurig summend, umschwirrte meine nackten Knie. Ich wollte sie mit der Hand vertreiben, doch mein Schweif kam mir zuvor: heftig schlug er aus, schlug gegen die Knie und vertrieb das Insekt; er zuckte noch eine Weile, ehe er wieder zur Ruhe fand. Mein zoologisches Gedächtnis bot mir alsbald den Vergleich mit Kühen und Pferden: das Vertreiben lästiger Insekten gehört zu den Aufgaben vieler Schwänze, und derart war diese Aufgabe nichts Ungewöhnliches auch für meinen Schwanz. Nur daß ich ihn besaß, war ungewöhnlich.

Für eine Weile erlaubte ich meinen Gedanken noch Ausflüge in den Bereich humanistischer Bildung. Ich überschlug die kleine Schar beschwänzter Wesen mit annähernder Menschengestalt. Zentauren. Sphinxe. Teufel, Dämonen und der Gott Pan. Allein, ich lebte nicht in der Antike und hatte es mit einer weitgehend religionslosen Umwelt zu tun. Hingegen eröffnete mir die Tatsache meines Berufes Vorstellungen über die Art, wie ich mich meines Schweifes entledigen konnte. Ich mußte ihn operativ entfernen lassen: kupieren, wie es mit gewissen Hunderassen geschieht, Boxern etwa; ich selbst hatte diesen Eingriff schon ausgeführt. Ich erinnerte mich der verquälten Gesichter und des Gejauls der Junghunde bei diesem Akt. Ich sah mich selbst in der Lage eines solchen Junghundes. Ich verspürte größtes Unbehagen, denn nichts bereitet mir stärkeres Ungemach als körperlicher Schmerz; das mag eine befremdliche Eigenart sein bei einem Arzt, jedoch, ich besitze sie.

Ich blickte auf die Uhr. Seit meinem Erwachen war mehr als eine Stunde vergangen; längst hätte ich mich am Ort meiner Tätigkeit befinden müssen. Ich begann mich hastig zu bekleiden, wobei sich die Hast ausschließlich auf die Abfolge meiner Bewegungen beschränkte und nichts aussagt über die Zeitspanne, in der ich diesen Bewegungen oblag. Es erwies sich nämlich, daß mein körperlicher Zuwachs mir beim Ankleiden äußerst hinderlich war; während ich etwa versuchte, in mein Beinkleid einzusteigen, führte er widersinnigerweise alle jene Ringel-, Schling-, Klopf- und Wedelbewegungen aus, die ich ihm vorher, auf meinem Bett sitzend, vergebens zu entlocken versucht hatte. Ich geriet ins Schwitzen, wurde erregt und wütend, verfluchte mein Schicksal und erkannte zugleich, wie mein Schweif hin und her zu wedeln begann: ganz nach Art erregter Katzen; wieder hatte ich eine neue zoologische Eigenschaft feststellen können; aber was nutzte mir diese Erkenntnis beim Ankleiden? Am Ende stand ich erschöpft in meinen Hosen, trug meinen Schweif am rechten Bein, wo er gelegentlich zuckte, den Stoff dadurch in Falten werfend: so, als verberge ich ein Kaninchen unter meinem Anzug. Ich muß einen überaus lächerlichen Anblick geboten haben, hatte jedoch keine Zeit mehr, darüber Betrachtungen anzustellen; ich verließ eilig meine Wohnung, um mich zum Ort meiner Tätigkeit zu begeben.

2

Ich arbeitete zu jener Zeit bei Caeglevich. Er ist den meisten bekannt als Besitzer der Firma Caeglevich & Co., durch die er zu einem der reichsten Männer des Landes wurde. Caeglevich & Co. produzierte Kosmetika aller Art: Cremes und Puder, Pasten, Salben und Seifen, Wässer, Schminken, Schönheitshormone; längst war der perfekte Caeglevich-Mensch das selbstverständliche Schönheitsideal der führenden Bevölkerungskreise. Caeglevichs Werbebotschaft lautete: *Schönheit ist Willenssache*, und die Mehrheit aller Marktforscher behauptet, der wirtschaftliche Aufstieg Caeglevichs gründe sich vorwiegend auf diesen Spruch; er leuchtete von allen Plakatsäulen, von Filmleinwänden und Fernsehschirmen, jede Illustrierte führte ihn in ihren Anzeigen, so daß zuletzt selbst Politiker ihre Reden und Kabarettisten ihre Couplets damit würzten, was wiederum, wie man weiß, den selten erreichten Höhepunkt in der Karriere einer Werbebotschaft darstellt.

Caeglevich selbst, der Besitzer, entsprach dem von ihm geschaffenen Schönheitsideal äußerst mangelhaft. Der Satz *Schönheit ist Willenssache* wurde von ihm nur mäßig beherzigt, wofür sich als einzige Erklärung sein unerhörter Reichtum anbot, welcher selbst das Befolgen des Caeglevich-Schönheitsideals überflüssig machte. Caeglevich war kurzbeinig, untersetzt und haarlos; er aß gern, bewohnte mehrere weitläufige Villen in riesigen Parkgärten und hielt sich auf jedem seiner Wohnsitze einen großen Hunde-zwinger mit bellenden und jaulenden Vierbeinern. Caeglevich war ein Hundefreund. Nichts bereitete ihm größeres Vergnügen als der Anblick sich balgender Welpen; Waldwanderungen mit blaffenden Jagdhunden waren seine bevorzugten Erholungen; und die Berührung, verursacht durch einen sich an seinem Knie reibenden Setter, bedeutete für ihn den Höhepunkt aller Zärtlichkeiten. Sein Reichtum und seine Leidenschaft führten dazu, daß er einen eigenen Tierarzt in seinen Diensten hielt: mich; ich gehörte zum Gefolge seiner Domestiken, wie Gärtner, Köche und Stubenmädchen dazugehörten, nahm sogar einen bevorzugten Platz unter ihnen ein; allmorgendlich hatte ich ihm Bericht zu erstatten über den gesundheitlichen Zustand jedes einzelnen seiner Lieblinge.

3

An diesem Tag, wie erinnerlich, verspätete ich mich. Als ich, nach höflichem Klopfen, die Tür öffnete zu Caeglevichs luxuriösem Arbeitsraum, stampfte er ungehalten übers Parkett, hielt dann, meiner ansichtig geworden, inne in seiner Wanderung, bot mir sein gerötetes Gesicht und zeterte. Ergeben nahm ich den Tadel entgegen, zeigte Beschämung, duckte mich unter den Worten Konferenz, Termin, Abschluß und Umsatz, dachte nach über die Entschuldigung, die ich vorbringen wollte, feilte an ihrem Wortlaut, wurde aber jäh aus meiner Überlegung gerissen durch die Frage: „Was haben Sie denn da?" Gehorsam schickte ich meinen Blick auf den Weg, den mir Caeglevichs ausgestreckter Zeigefinger wies; er endete an meinem rechten Hosenbein, wo es merkwürdig zuckte und schlingerte unter dem Stoff. Ich errötete und sagte: „Bitte." Ich erkannte Caeglevichs quellenden Blick, der meine Verwirrung verstärkte, und die Verwirrung verstärkte wiederum das Zucken an meinem rechten Hosenbein. „So antworten Sie doch!" raunzte Caeglevich, worauf ich ins Stottern geriet, ein paar sinnlose Worte hervorbrachte, während Erregung, Scham, Verzweiflung und Wut mein Inneres erfüllten. Spannung lag im Raum, Caeglevichs forderndes Gesicht stand vor dem meinen, etwas mußte geschehen, mußte getan und gesagt werden, ob Ausflucht, ob Wahrheit, ob Lüge, etwas geschah auch, war freilich unerwartet für mich und für Caeglevich: steil wie der Strahl eines Springbrunnens entstieg mein Schweif dem Hosenbund und schlug befreit hin und her, derart den Zustand meines Geistes verkündend und besser verkündend, als Worte es vermocht hätten.

Da war Stille. Nur die Luft pfiff leise unter den kraftvoll erregten Schlägen meines Schweifes. Caeglevich erholte sich, ließ seine Gurgel zucken und schrie dann: „Was erlauben Sie sich da!"

„Nichts", sagte ich demütig, doch der Wahrheit gemäß, „die Natur erlaubte sich."

Caeglevich schrie: „Wofür halten Sie mich?"

„Ich halte Sie", sagte ich, „für den Kosmetikfabrikanten Caeglevich."

„Stellen Sie das sofort ein!" schrie Caeglevich.

„Ich will", sagte ich, „es gern versuchen, doch habe ich es bisher noch nicht vermocht, die Bewegungen dieses Körperteils völlig meinem Willen zu unterwerfen."

Caeglevich starrte. Dann sagte er drohend: „Sie behaupten, das Ding da sei echt?"

„Ja", sagte ich, fast beleidigt darüber, daß dieser Zuwachs, unter dem ich ohnehin litt, nun auch noch angezweifelt wurde. Ich fing meinen Schweif mit den Händen ein und hielt den zuckenden Körperteil vor mich. „Bitte", sagte ich, „prüfen Sie doch."

Caeglevich wich zurück, mit entsetzt erhobenen Armen.

„Fort", sagte er erstickt, „das ist ja scheußlich."

Ich zuckte die Schultern; was anderes sollte ich tun? Die Größe des

Entsetzens, das Caeglevich äußerte, verärgerte mich etwas; zweifellos hatte ich ihm eine Absonderlichkeit vorgewiesen, doch ebenso zweifellos war mein Schweif nicht ohne Anmut, und wie konnte er, der Kosmetikfabrikant, der Verkünder des Spruches *Schönheit ist Willenssache*, diese Anmut so völlig übersehen?

„Fort, fort", ächzte Caeglevich, „verlassen Sie mein Haus." Ich ließ das Ende meines Schweifs aufs Parkett fallen und fragte: „Warum?"

„Ich bin", ächzte Caeglevich, „ein Mann der Schönheit. Ich kann diese Scheußlichkeit in meinem Hause nicht dulden." Da ging ich. Ich ging grußlos, verbittert, in eine ungewisse Zukunft hinein. Im Vorraum, der leer war, verstaute ich mühsam meinen Schweif wieder im Beinkleid, nahm Mantel und Hut, verließ die Villa, trat den knirschenden Kiesweg des Parks, während die Hunde im Zwinger hinter mir dreinheulten. Ich mußte zu Taten schreiten. Der Schweif, ich hatte es eben erfahren, konnte zu einer Bedrohung meiner gesamten Existenz führen; ich war gezwungen, mich seiner zu entledigen, und zwar schnell, obwohl ich zugleich einen heftigen Widerwillen vor dieser Trennung empfand, und dies nicht nur meiner bereits erwähnten Furcht vor Schmerzen wegen, sondern auch, weil mir der Schweif inzwischen vertraut geworden war. Denn: ob anmutig oder scheußlich, ob störend oder nicht, er war ein Stück meines Körpers, und jedermann trennt sich ungern von Teilen seiner Leiblichkeit.

4

Ich begab mich unverzüglich in die Privatklinik von Doktor Suffé, dem bekannten Chirurgen. Ich mußte einige Zeit warten, saß neben einem Tisch, der beladen war mit illustrierten Zeitschriften, und auf der Rückseite der Zeitschriften verkündeten großformatige Anzeigen Caeglevichs Botschaft *Schönheit ist Willenssache*. Ich schloß erbittert die Augen und dachte nochmals an Caeglevich. Sein Verhalten, wiewohl erklärlich, war mitleidlos und hartherzig gewesen; ungerührt hatte er sich inmitten seines ungeheuren Reichtums bewegt und mich, den schwanzbehafteten, doch sonst besitzlosen Arbeitnehmer, vor die Tür geschickt. Dann überdachte ich meine Lage, die, mit und ohne Schweif, sich als äußerst ungesichert erwies. Ich war das Kind unvermögender Eltern, und ich hatte die Stellung im Hause Caeglevich nur übernommen, da ich nicht die Mittel zum Eröffnen einer eigenen Tierarztpraxis besaß; mein Plan war gewesen, diese Mittel mit kleinen Sparbeträgen, abgezweigt von meinem Einkommen, im Verlauf der Jahre zusammenzutragen. Der Plan war vorerst gescheitert; meine Ersparnisse waren gering; einen Teil davon würde ich aufwenden müssen für den chirurgischen Eingriff, der mich von meinem Schwanz befreien sollte.

Suffé rief mich in seine Ordination. Ich berichtete in knappen Worten, was mir widerfahren war, erwähnte auch kurz meine Beobachtungen zur Biologie des neuen Körperteils und schloß mit dem Wunsch, man möge mich davon erlösen. Der Chirurg blickte mir zweifelnd ins Gesicht; offenbar hielt er mich für irre. Ich versicherte ihm daraufhin, ich sagte die Wahrheit, wovon er sich sofort überzeugen könne. Er bat mich schroff, ich möge mich entkleiden. Inzwischen war naturwissenschaftliche Forschergier in sein Gesicht gestiegen; er riß mir zuletzt förmlich die Wäsche vom Leib und murmelte, als er meinen Schweif erblickte: „Tatsächlich." Dann hantierte er hinter meinem Rücken, maß, betastete, horchte, erfragte meine Reaktionen und verkündete immer wieder: „Sensationell." Schließlich trat er von meinem Rücken zurück und vor mich hin; seine Augen glänzten, und er sagte gebieterisch: „Dieser Fall wird uns beide berühmt machen!"

„Nein", rief ich entsetzt, sagte hastig, daß ich äußersten Wert legte auf Diskretion, und schilderte in bewegten Worten, daß meine Veränderung geeignet sei, meine gesamte Existenz zu vernichten. Suffé, der Chirurg, schüttelte den Kopf, widersprach mir, appellierte an meine naturwissen-schaftliche Bildung, sprach von der unerhörten Bereicherung, welche die ärztliche Forschung durch mich erfahren könne; darauf widersprach ich ihm, appellierte meinerseits an seine ärztliche Schweigepflicht und bestand darauf, daß ich, nach allgemeinem Rechtsempfinden,* Besitzer meines Körpers und damit auch Besitzer meines Schweifes sei, mit dem nichts geschehen könne ohne meine Einwilligung. Derart stritten wir uns eine Weile, wozu mein Schweif gelegentlich Wedelbewegungen vollzog. Ihr Anblick verführte Suffé, den Chirurgen, zu jeweils neuen Anfällen eifernder Überredungskunst. Schließlich sagte er heftig: Wenn er mich chirurgisch betreuen solle, sei es das Eingeständnis, bei meinem Schweif handle es sich um eine krankhafte Abnormität; in diesem Falle sei aber auch er, Suffé, berechtigt und verpflichtet zu einer öffentlichen Berichterstattung zwecks Bereicherung der medizinischen Wissenschaft. Umgekehrt sei jede andersartige Einstellung von meiner Seite das Eingeständnis, daß eine krankhafte Abnormität nicht vorliege, und er, Suffé, sei dann auch nicht verpflichtet, mir zu helfen. Vor dieser ausgeklügelten Logik versagte ich. Seufzend verstaute ich Schwanz und Beine wieder in meine Kleidungsstücke und schied in Unfrieden von Suffé, dem Chirurgen.

5

Ich ging in das nächstgelegene Caféhaus, um etwas zu mir zu nehmen und meine verzweifelte Lage zu überdenken. Bei einer Tasse Mokka und einem

Butterhörnchen rief ich mir nochmals alle Begebenheiten des Vormittags ins Gedächtnis. Zorn und Verzweiflung schüttelten mich, und alsbald schlüpfte mein Schweif wieder aus dem Hosenbund, um meiner Erregung sichtbaren Ausdruck zu verleihen. Zwei Frauen, am Nebentisch sitzend, kreischten schrill, das Serviermädchen ließ Tablett, Teller und Torte fallen, ich selbst sprang auf, riß meinen Mantel an mich, verdeckte notdürftig meinen neuen Körperteil damit und stürmte aus dem Caféhaus.

Unmöglich zu sagen, wie ich endlich mein Zimmer erreichte. Ich weiß nur noch, daß ich durch menschengefüllte Straßen hetzte, Geschrei und Gaffen hinter mir herzog wie einen zweiten Schweif zu meinem ersten. Zuletzt verfolgte mich eine Schar johlender Kinder bis an meine Schwelle. Ich schloß mich ein, nahm eine Flasche Beerenschnaps aus dem Kühlschrank und trank sie leer binnen einer Viertelstunde. Dann legte ich mich schlafen um meine Verzweiflung zu vergessen.

Als ich erwachte, geschah es dadurch, daß an meine Tür geklopft wurde. Ich erhob mich, um zu öffnen. Zwei höfliche Männer standen mir gegenüber; der eine stellte sich vor als naturwissenschaftlicher Mitarbeiter einer großen Tageszeitung; der andere war durch ein einfältigeres Gesicht und einen Fotoapparat nebst Blitzlicht hinreichend ausgewiesen als Bildreporter. Der naturwissenschaftliche Mitarbeiter machte mir in höflichen Worten das Anerbieten, in Wort und Bild meinen Schweif seinen Lesern bekannt zu geben. Ich schrie ihm voll Wut mein Nein ins Gesicht. Der naturwissenschaftliche Mitarbeiter verzog keine Miene und bot mir einen Geldbetrag. Das Gespräch war für Minuten gefüllt mit der Wiederholung meines Nein und Erhöhungen des gebotenen Betrages. Zuletzt erreichte er eine derart ansehnliche Höhe, daß ich unvermutet meine Tierarztpraxis greifbare Wirklichkeit werden sah. Warum sollte ich, der ich bisher nichts als Unbill erlitten hatte durch meine Veränderung, nicht auch Nutzen aus ihr ziehen, da er sich so verführerisch anbot? Ich willigte ein, gab Antwort auf Fragen und bot meinen Schweif dem schillernden Objektiv des Bildreporters.

6

Am Morgen nach dem Besuch der Presseleute entdeckte ich eine große Menge Neugieriger vor meiner Haustür, welche eine Tageszeitung mit mehreren Fotoabbildungen meines Schweifes in der Hand hatten und aufgeregt gestikulierten. Schon begann ich mein Nachgeben am vergangenen Abend zu bereuen; mein Schweif zuckte erregt, doch ein Blick auf das Bündel Banknoten neben meinem Bett gab mir meine Gelassenheit zurück. Um mich abzulenken, drehte ich am Radio und hörte als Spitzenmeldung mehrerer Nachrichtensendungen die Entdeckung meines Schweifes. Gegen Mittag rollten große Wagen vor das Haus, in dem ich wohnte; Männer mit Filmkameras und Jupiterlampen traten auf die Straße, klopften an meine Tür, begehrten Einlaß, wedelten mit Scheckheften und überschrien einander mit ihren finanziellen Angeboten. Wiederum nahm ich Beträge in Empfang, sah, wie grelle Scheinwerfer neben meinem Bett installiert wurden und ließ meinen Schweif für Wochenschauen, Illustrierte und Fernsehanstalten aufs Zelluloid bannen,* während mein Mund geduldig Auskünfte über Entstehung und Beschaffenheit meines neuen Körperteils in Reporter- mikrofone sprach. Als die Pressemeute mein Zimmer verließ, war ich ein leidlich wohlhabender Mann. Ich verließ meinerseits das Zimmer, um zum Essen zu gehen; mein Schweif, den nun ohnehin jeder kannte, hing unterm Saum meiner Jacke heraus. Statt des Hohns, mit dem ich, der gestrigen Erfahrung eingedenk, gerechnet hatte, erfuhr ich von der gaffenden Menge nur staunende Bewunderung; Gedränge war hinter mir auf meinem ge- samten Weg, überall öffneten sich Fenster und Türen. Ich begab mich in ein Hotel, dessen Plätze sich sofort füllten. Während ich, in einem allgemei- nen und ehrfürchtigen Schweigen der Menschen um mich, meine Suppe löffelte, bemerkte ich erstmals schmachtende Frauenblicke auf meinem Schweif.

Für die folgenden Tage blieb ich weiterhin das allgemeine Gespräch des Tages. In der Presse wurde ein heftiger Streit geführt über die Echtheit meines Schweifes, worauf ich mich einer großen Presseagentur für einige hochbezahlte Großaufnahmen in unbekleidetem Zustand zur Verfügung stellte. Ein Manager erbot mir seine Dienste für eine finanziell sehr ver- lockende Tournee durch Varietéhäuser in aller Welt; ich lehnte ab, denn kein Ruhm ist vergänglicher als der der öffentlichen Schaustellung; lediglich den Einladungen mehrerer medizinischer Kongresse kam ich nach. Inzwischen schleppte der schwitzende Briefträger allmorgendlich Berge von Post in meine Wohnung: Briefe meiner Bewunderer, Briefe, die von der Sehnsucht nach einem eigenen Schweif sprachen, dazu Heiratsanträge bewundernder Frauen. Die Welt, in der ich lebte, wurde allmählich von einem wahren Schwanztaumel* ergriffen. Psychologen aus der Schule C. G. Jungs* schrieben langatmige Untersuchungen über den Schweif als Sexualsymbol; der Germanist Hans Mayer* verfaßte ein Vorwort zu Kafkas „Verwandlung", in dem er meines Schicksals ausführlich gedachte, während Essayisten aus der Schule Kerényis* mich zu Centauren und dem Gott Pan in Beziehung setzten, was ich als eine mäßige Denk- leistung empfand, denn ähnliche Gedanken hatten mich bereits am Mor- gen nach dem überraschenden Wachstum meines Schweifes bewegt, und ich bin kein Essayist aus der Schule Kerényis.

7

Dafür begann ich in meinen freien Stunden (ich hatte ihrer genug*) an einer Kopie meines Schwanzes zu arbeiten. Es wollte sich zu allen Zeiten der Mensch ein Bild von sich selbst machen und von jedem Teil seines Leibes; ich versuchte es mit meinen Mitteln und mit den Möglichkeiten unserer Zeit. Ich feilte zierliche Plastikknochen, elf an der Zahl, verband sie mit Kunststoffasern und überzog sie mit einem dünnhäutigen Kunststoffbalg samt Haarquaste: ein hübsches Modell, doch leblos und klappernd. Ich erdachte einen kunstreichen Drahtmechanismus, welcher, angetrieben von einem schwachvoltigen Stabelement, den Kunststoffschwanz in bestimmte Wedelbewegungen versetzen konnte, verfertigte ein Konstruktionsschema und trug Schema und Modell zum Patentamt. Die brieflichen Anfragen, wie man zu einem eigenen Schwanz, meinem ähnlich, gelangen könne, häuften sich immer mehr, und ich wollte nach Maßgabe meiner Kräfte den Bittstellern behilflich sein.

Ich mietete mir eine kleine Werkstatt, nahm einige Plastikgießer und Elektriker in meinen Dienst und begann mit der Produktion von Plastikschwänzen, dem später sogenannten *Modell Elementar*. Die Nachfrage war, trotz des sehr hohen Preises, recht stürmisch. Ich erweiterte meine Werkstatt, stellte neue Arbeitskräfte ein und ließ mir Maschinen zur rationelleren Herstellung meiner Erfindung konstruieren. In wenigen Wochen vergrößerte sich die Schwanzindustrie ins Beträchtliche; ich vergab Lizenzen an Markenartikelhersteller, die mit dem Schwanzsymbol warben, die Mode bemächtigte sich des neuen Körperteils und ersann als Hauptkennzeichen eines neuen Stils den *Cul de queue*,* eine durch Spitzen und Stickereiarrangements geschmückte Hinteröffnung für Schwänze; längst gehörte ein Plastikschwanz zum selbstverständlichen Bestandteil jeder festlichen Garderobe; nach einer verständlichen Zeit des Zögerns gingen auch die Parlamentarier geschwänzt zu ihren Plenartagungen, während der ehrenvollste Auftrag, den ich je erhielt, die Spezialanfertigung eines Schwanzes für unser Staatsoberhaupt war, das später sogenannte *Modell Präsident*. Der Dramatiker Beckett* ersann ein Stück, in welchem große Schwänze, eingepflanzt in ein Mistbeet, traurige Endzeit-Gespräche führten; das Stück war ein großer Erfolg und ging über viele Bühnen.

Längst war ich zu einem der reichen Männer des Landes geworden. Die von mir geleitete Firma wuchs unentwegt, und ihre Werbebotschaft *Übrigens ist man mehr mit Schwanz* leuchtete von allen Plakatsäulen, Filmleinwänden, Fernsehschirmen und aus den Anzeigen illustrierter Zeitschriften. Ich beschäftigte einen Trupp von Konstrukteuren, welche die

Mechanik der Plastikschwänze unentwegt verbesserten, während eine Schar von Schwanz-Designern* ständig neue Gestaltungsformen kreierten, so daß ich Monat um Monat ein neues Modell auf den Markt werfen konnte. Meine größten Erfolge waren das geschmeidige *Modell Polylock* für Damen, das *Modell Stummel,* kurz und beweglich, für Unternehmungslustige und Naturburschen sowie das *Modell Schwanzlurch** für brutale Männer. Gestalterisches Vorbild waren jeweils Schwanzformen aus der Tierwelt, und da die Tierwelt groß ist und vielgestaltig, brauchte ich keinerlei Angst zu haben um neue Anregungen für meine Produktion.

8

Die Blüte der Schwanzindustrie ging zu Lasten anderer bereits existierender Industrien. Es ist eine alte volkswirtschaftliche Weisheit, daß eine Gesellschaft nicht mehr ausgeben kann, als sie besitzt, und daß ein Betrag, der für einen Artikel ausgegeben wird, nicht zugleich noch für einen anderen Artikel zu verwenden ist. Wie führende Marktforscher errechneten, sparte die Mehrzahl aller Konsumenten, die sich zu Schwänzen und Schwanzkosmetik entschlossen, die dafür verausgabten Gelder durch nicht getätigte Käufe auf dem Markt der herkömmlichen Kosmetik ein, wodurch die kosmetische Industrie in eine existentielle Krise geriet. Mehrere Firmen hatten bereits ihren Konkurs angemeldet; nur der größte Betrieb auf diesem Sektor, Caeglevich & Co., hielt sich noch und versuchte durch einen gigantischen Werbefeldzug den verlorenen Marktanteil zurückzuerobern. Der Feldzug lief unter der Botschaft *Schönheit ist Ansichtssache,* wodurch sich zugleich seine Schwäche kundtat, denn die allgemeine Ansicht war nun einmal, daß ein Schwanz wichtiger und schöner sei als der Gebrauch von Lippenstiften und Hormoncremes. Wie nicht anders zu erwarten, übernahm sich Caeglevich an seinem Feldzug und machte Bankrott; über Nacht war er ein armer Mann. Ich ersteigerte aus der Konkursmasse nicht nur sämtliche Fabrikationsanlagen von Caeglevich & Co., sondern erwarb auch, einer sentimentalen Regung folgend, die verschiedenen weitläufigen Wohnsitze von Caeglevich, in denen ich seither meine Tage verbringe, umgeben von einem großzügigen Luxus, der mir zwar schon vorher bekannt war, doch erst jetzt zu vollem Genuß zur Verfügung steht.

Vor einigen Monaten erschien Caeglevich als abgehärmter Mann, versehen mit einem billigen und offensichtlich nur geliehenen Schwanzmodell *Elementar,* in meinen Räumen und bat mich demütig um eine Beschäftigung in den Hundezwingern der verschiedenen Wohnsitze, die vormals sein, inzwischen aber mein Eigentum waren; zerknirscht gestand er mir, daß ihm veterinärmedizinische Kenntnisse zwar fehlten, er wolle sie aber durch den Besuch von Abendkursen und durch verdoppelte Liebe zur bellenden Kreatur einigermaßen ausgleichen. Ich bin kein Unmensch und stellte ihn ein. Seither erscheint Caeglevich allmorgendlich in meinem Arbeitszimmer, um mir über den gesundheitlichen Zustand jedes einzelnen meiner Vierbeiner Bericht zu erstatten.

9

An diesem Morgen verspätete er sich. Ich wußte einen angefüllten Arbeitstag mit Konferenzen über wichtige Exportabschlüsse vor mir, wartete daher ungeduldig auf ihn, ging erregt in meinem Arbeitszimmer umher, während mein Schweif hin- und herschlug. Endlich, nach mehr als einer Stunde, trat mir Caeglevich vor die Augen. Er trug einen merkwürdig unförmigen Hut auf dem Kopf, den er auch nach Betreten meines Arbeitszimmers nicht lüftete, obwohl er sich sonst und bisher überaus demütig gezeigt hatte. Ich beschimpfte ihn eine Weile, schilderte ihm die geschäftlichen Vorhaben, von denen er mich abgehalten hatte, wozu er zerknirscht den Kopf senkte, auf dem immer noch der Hut saß. Ich unterbrach mich und fragte barsch: „Warum ziehen Sie nicht den Hut?" Caeglevich errötete und sagte: „Bitte."

„Ziehen Sie den Hut!" schrie ich unbeherrscht, worauf Caeglevich zitternd zur Krempe griff und seinen Schädel entblößte: aus seinen Schläfen wuchsen Hörner, genauer gesagt: es wuchs ein Geweih, kurz, dunkelgelb und dreizackig wie bei einem kapitalen Rehbock. Ich schluckte und schrie dann: „Was erlauben Sie sich da!"

„Nichts", sagte Caeglevich demütig, „die Natur erlaubte sich."

Ich sagte drohend: „Sie behaupten, das Ding da sei echt?"

„Ja", sagte Caeglevich, fast beleidigt. Er senkte den Kopf und sagte: „Bitte, prüfen Sie doch."

Ich wich zurück, mit entsetzt erhobenen Armen. „Fort", sagte ich erstickt, „das ist ja scheußlich."

Er zuckte die Schultern und brachte kein Wort hervor.

„Fort, fort", ächzte ich, „verlassen Sie mein Haus." Caeglevich hob seinen gehörnten Kopf und fragte: „Warum?"

„Ich bin", ächzte ich, „ein Schwanzfabrikant. Ich kann diese Scheußlichkeit in meinem Hause nicht dulden."

Da ging Caeglevich, und seither fühle ich Unruhe; dunkle Ahnungen erfüllen mein Herz, und ich denke nach über die Unwägbarkeiten des menschlichen Lebens.

(aus: *Brücken und Gitter*,
R. Piper & Co. Verlag, München,
1965)

Günter Kunert

DER HAI

I

NUN ist es soweit. Alles ist vorbereitet. Die Zeichen sind gestellt.* Die
Sicht ist frei, frei auf ein Meer, das den Atlantik darstellt; frei auf eine
Stelle zwischen Amerika und Europa, die nichts kennzeichnet als Stürme
und Wogen, höher als die mittelmäßigen Bauwerke im mittelwestlichen
Climax-City. Unter dem Sturm und den Wellen lagert reglose Tiefe,
tintenfarben, lichtlos, bewohnt von paläogenem Getier,* das mit kugligen
leuchtenden Augen gleichgültig beglotzt, was an Denkmälern spätzeitlicher
Dekadenz zur Tiefe sinkt: riesige blecherne Hüllen, gefüllt mit Ledersesseln,
Worcestersauce in Flaschen, Porzellan, Eisenketten, zartem weißem
Fleisch, das statt zierlicher Gräten plumpe Knochen umhüllt, sich aber hier
unten nicht mehr bewegt.

Das kommt davon, wenn man sich so radikal von einem Element trennt
und in ein anderes begibt. Die Rückkehr kostet das Leben.

An dieser Stelle also geschieht es. Für die Natur, die kalte und warme
Luftströmungen gegeneinandertreibt, um sich auszutoben, ist die GOLDEN
ARROW nebensächlich. Was die fünfundzwanzig Mann Besatzung betrifft,
was den Kapitän angeht, und ihn geht alles an, für sie muß die Natur das
Hauptsächlichste sein: von ihr hängt ab, wer Weizen in den Vorderen
Orient* bringt. Wessen Dampfer ältlich ist und wenig Wasser verdrängt,*
soll sich nur vorsichtig mit ihr einlassen, mit der Hure, willfährig allein in
Gedichten. An dieser Stelle.

Hier trifft man sich: Sturm und Schiff und Wellen. Die physikalischen
Phänomene machen sich über die Deckaufbauten her, über die
Schweißnähte, Schraube, Ruder, Füße, Köpfe. An dieser Stelle wird
„Rettet unsere Seelen!" gefunkt, gehorcht, kein Echo empfangen und
erneut mittels elektromagnetischer Wellen weithin das gleiche über das
brodelnde Wasser geschrien, geblökt, gebarmt.

Endlich: Antwort kommt von MS HONEYBEE. Sie ändert den Kurs, sie kommt mit Volldampf, sie ist unterwegs, sie ist zu weit weg, sie schafft es nicht.

Der Sturm zerrt eine Nacht hinter sich her, gegen die sich die Schiffbrüchigen mit ein paar roten Leuchtkugeln wehren. Niemand nimmt sie wahr. Unsichtigkeit verdeckt alles weitere; ein feiner eiliger Sprühregen wird zuletzt als Schleier über den Vorgang gebreitet, den nichts mehr aufhält.

Die Laternenaugen, die leuchtenden Pupillen der Altvorderen* durchmustern wenig später die GOLDEN ARROW, betrachten die reglosen Körper, entdecken jedoch nichts, was wie eine Seele aussieht. Entweder: Alle gerettet oder: Keine in der Fracht.

Am nächsten Morgen, die See stampft noch schwer, ein atemloser Leib nach heftiger Nacht, da kreuzt endlich die HONEYBEE auf: an dieser Stelle jetzt ganz deutlich, aber nur vorübergehend markiert vom treibenden Stückgut, von hölzernen Teilen und anderen Resten gründlich vollzogener Auflösung.

Unter ihrer rauhen häßlichen Haut tanzt die See, wild und rhythmisch, geschmückt mit den Trümmern, siegreicher Kopfjäger, der sein gelungenes Werk mit einer kleinen Ekstase krönt.

Von der HONEYBEE wird noch eine Weile Ausschau gehalten; durch Ferngläser, durch Salzwasserverkrustung der Lider. Eine Weile laßt uns noch hier weilen. Am Horizont wird etwas sichtbar, etwas steigt auf, etwas ist das Flugzeug der Küstenwache, etwas tastet die unruhige Fläche unter sich ab und verschwindet wieder hinter der Kimm. Ein plumper platter Rochen weiß mehr als jene im Sauerstoff oben; er könnte ihnen die nutzlose Suche ersparen, aber das ist wie immer: Man weiß nichts voneinander und zieht seinen vorgeschriebenen Weg.

Dann dreht die HONEYBEE ab, auf dringende Order der Reederei, und setzt die Fahrt nach Southampton fort. Das monströse, seit dem vergessenen Exodus* fremd gewordene Wesen, auf dem man dahingleitet, verliert sein medusisches Aussehen. Die Züge glätten sich. Alles wird zu Wasser, zu kartographischer Bläue, darauf der Rechenschieber dem Schiff voranfährt.* Die Piloten der Küstenwache spielen längst ihre Pokerpartie im Hangar weiter; umsonst hat die dröhnende Maschine ihr Netzwerk über die sich verändernde unveränderliche Ebene gezogen: Nichts fing sich darin.

Pokerspiel beschleunigt das Vergessen. Versenkt in Betriebsamkeit, verursacht durch ein Bündelchen bunter Karten. Versenkung: zwielichtiges Wort, in dem sich Untergang und Meditation vermischen. Aber beiden eigen ist Abwesenheit. Abwesenheit ist: Nichtdasein. Kehrt nicht, wer aus irgendeiner Versenkung zurückkehrt, ins Dasein zurück und ist anwesend?

Mischt die Karten, versenkt euch: Taucht währenddessen ein Nichts oder fast ein Nichts, ein Nichts von einer Nußschale, eine lebensbergende Wiege, nicht doch auf den Wellen auf? Mischt die Karten: Etwas ist anwesend.

2

Fünfundzwanzig Kränze werden bestellt. In Wyoming und Wisconsin, New York, Nebraska, North Dakota, in Tucson, Tennessee und Tuxedo. Zwei davon in Climax-City im Mittelwesten, fern der termitären Ansiedlungen:* diese beiden tragen weiße Schleifen, auf denen einmal „Meinem lieben Sohn" steht und einmal „Meinem Bräutigam".

Eine Mutter und eine Braut, das feuchte Taschentuch zwischen leidgebleichten Fingern, begegnen sich im örtlichen Blumenladen. Zwei schwarze Vögel in einem duftenden Käfig. Still einander die Kralle gedrückt. Gehauchtes Beileid. Für den Sohn: Ich kenn ja Mitch wir sind zusammen auf Bäume war selber ein wildes Mädchen. Für den Bräutigam: Armer Harry Freund von Mitch als Kinder ja auf Bäume wilde Jungen wild alle zusammen—damals. Abenteuerlustig: Melville London Conrad statt Bibel Fibel Fachbuch. Und nun: Seemannslos.

Bitte die Schleife mit Goldfransen.

Die Trauer geht als Schneiderin verkleidet durch den Ort. Unheilsbotin, die versäuerte Miene mühsam zur tragischen Maske verformt und lächerlich bebrillt. Nicht überall schüttet sie Trübsal aus: Der Bürgermeister des Geradenochstädtchens* findet sich von dem fernen Unfall aufs beste betroffen. Wird ihm am Tage der Totenfeier das Wort erteilt, das er sich nimmt, hebt es ihn vielleicht aus dem Halbdämmer einer korpulenten Durchschnittlichkeit, damit er scharf belichtet vor allen stehe, die ihn gewählt, ohne daß er erwählt gewesen:*

„Verehrte Anwesende, Freunde, Mitbürger, liebe Trauergäste, nein, schlecht, schlecht. Umkehren: Verehrte Trauergäste, liebe Anwesende, Bürger, Freunde! Vom Schmerz gebeugt stehen wir heute an zwei Gräbern, welche uns wie zwei Rachen zwei junge Leben entrissen. Das hätte Lincoln nie gesagt. Die dreifache Zweiung* zerstört die sonst schöne Metapher. Stehen wir an Gräbern, an Rachen, die junges Leben verschluckt. Immer ungenau, das ist präziser, verehrte Anwesende, Freunde, Mitmenschen!"

Einmal doch muß ein symbolischer Blitz herniederfahren, muß ein heller Schein durch die Wolken der Tristheit brechen und ihn, den Bürgermeister, in ein heiliges Licht hüllen, holy, holy, o Lord, damit die verehrten Anwesenden sehen, wer der Unscheinbare wirklich und wahrhaft ist.

3

Noch hat der Steinmetz von Climax-City mit rheumatischen Schlägen nicht die zwei Namen aus den Gedenkplatten hervorgeholt, und schon. Und da. Da taucht auf, während schmale Florbänder um rechte Jackett-ärmel gesteckt werden: es. Und dieses es, dieses etwas, während die halbgemastete Flagge auf der Townhall* den Passanten ein schlappes Mementomori* zuwedelt. Indessen taucht es auf.

Aus der schwankenden, der auf und abschwellenden Flüssigkeit zwischen den Kontinenten. Indessen die Stadt sich mit Totenfeiervorbereitungen das Sterben stilisiert, gibt sich das es, das etwas auf der gemächlich schwappenden Grenzlosigkeit zu erkennen: als winzige Arche, als Schlauchboot. Inhalt: Harry McGuire, Zweiter Steuermann der GOLDEN ARROW und Mitchum Miller, Funker.

Von keinem erwartet, von keinem erblickt, so erscheinen die zwei auf der sonnenbeglänzten Bühne wäßrigen Lebens. Erscheinen ausgespien von ungeloteten Abgründen. Als hätten sie in sacht wallenden Algenwäldern geruht, in den Armen der kleinen Seejungfrau. Als hätte sie einer, den keiner kennt, verborgen vor den windtränenden fernglasbewehrten Augen der HONEYBEE, vor den Teleskopen des Suchflugzeuges, vor dem scharfen Blick des Todes. Aus dem Irgendwoher treiben sie heran. Vielleicht nur aus der kurzfristigen Verbergnis einer dürftigen Nebelbank. Sie kommen auf einer grauen unförmigen, schalenähnlichen Gummiblase geschwommen.

4

Strömungen bringen die luftpralle Pelle aus dem Bereich der Schif-fahrtslinien. Große Einsamkeit umfängt die zwei und der weithin leere Himmel. Nichts ist da als sie beide. Und der Hunger. Und Durst. Und das zähe Zögern der Minuten, der Stunden, die sich nicht von den Dahintrei-benden trennen können. Tage steigen auf hinter der Kimm, rot mit der Sonne, bluten sich weiß und versinken verfärbt hinter der Linie, wo Oben und Unten sich trennen und treffen. Die Zeit ist fort, ist frei und geflohen, da keine Uhr, kein Kalender sie bindet.

Zurückgesunken an die feuchte aufgeblasene Hülle heben und senken sich die apathischen Leiber der beiden Männer auf niemals stillestehendem Trapez, von dem kein Sprung ins Netz geht.

Oberflächiges Glitzern sticht durch den Sehnerv ins Gehirn, bis am

Horizont dem Funker ein Kühlschrank erscheint, da, ein Wolkenkratzer von Kühlschrank, ein Empire State Kühlschrank, aus dem klirrt ein endloser Strom Eiswürfel, Eis in Gläser voller Milch, voller Juice, voller Bier, voller Wasser Wasser Wasser.

Und die Ohren des Steuermannes fangen einen Ruf auf. Das ist der Kellner. Bringen Sie mir ein Schnitzel. Und, hören Sie, noch ein Schnitzel und dazu als Beilage ein Schnitzel. Und Wasser. Und als Nachtisch ein Schnitzel aus klarem kühlem glasigem Wasser.

Hast du es gehört, Mitch, den Kellner, Mitch, hast du? Siehst du nicht den Kühlschrank, Harry, sieh doch, die Tür steht offen, wir brauchen nur einzutreten, Harry. Harry!

Ich sehe nichts, Mitch.

Ich höre nichts, Harry.

5

„Verehrte Anwesende, Freunde, Mitbürger, liebe Trauergäste! Ganz Climax-City trauert um seine beiden treuen Söhne, Vorbild künftiger Generationen für Pflichterfüllung und Heldenmut. Diese beiden Gedenktafeln an der Mauer unseres stillen Friedhofes sollen uns an jene gemahnen, die, obwohl fern von uns, für uns, ja, für uns ihr Leben im Rachen der Naturgewalt opferten.

Sehet die Weizenfelder rund um unsere Stadt, sehet das Korn auf dem Halm, mehr als wir selber je verzehren könnten; wohin mit der Fruchtbarkeit, hätten nicht unsere beiden Helden es auf sich genommen, diese in abgelegene Länder zu leiten. Das danken wir ihnen. Wir danken ihnen die Mehrung unseres Wohlstandes. Mögen unsere Glocken, mögen Schall und Hall des tönenden Erzes unseren Dank dorthin tragen, wo sie jetzt weilen in Ewigkeit. Ich danke euch, Mitbürger . . .“

6

In der violetten Dämmerung bröckeln Worte von den trockenen Lippen; Erinnerungen an den letzten Fisch, den sie mit angespitzter Paddel vor drei oder dreißig Tagen harpunierten; Erinnerung an den herrlichen Geschmack des blaßeren Blutes; Erinnerung an das lebhafte Gewimmel rings um die aufgepumpten Wände—bis er kam und sie vertrieb. Der nahrhafte lebensverlängernde Schwarm ist fort. Er ist geblieben.

Von dem sie haßvoll und hilflos reden, er umkreist pausenlos ihre weiche

Barke, so daß sie seinen großen Schatten erkennen können. Seine steile Flosse folgt ihnen, nähert und entfernt sich, verweilt jedoch stets in lauernder Entfernung: er hat Zeit. Sie wissen nicht mehr, was das ist.

Heraufkunft und Weggang des dörrenden Gestirns* können sie nicht mehr zählen. Die brennende Zentrale, umkreist von Mars Venus Neptun Miller McGuire Hunger Durst scheint ihre Gravitation zu verstärken, um See und unfreiwillige Seefahrer anzusaugen, damit sie eines Mittags verdampfen. Manchmal scheint sie aus ihrer Glut Stimmen zu entsenden, denn manchmal ist den beiden einsamen Männern, als hörten sie welche. Zeitweise kommt es ihnen vor, daß es ihre eigenen sind. Doch das ist ungewiß. Ihre Schwäche nimmt zu, der Abstand von Rückenflosse und Schlauchwand hingegen ab.

Und dann bedeckt sie eine Nacht, eine, dunkler als andre vordem. Es zieht eine Nacht auf, die sich der Stimmen und Sterne enthält; diese Nacht, Schwester der Tunnel, Abkömmling unbetretener Höhlen im Schoß der Erde, Genossin des lichtlosen Kuhmagens, sie gibt sich her, deckt und tarnt mit ihrer ungeheuerlichen Umfänglichkeit einen Punkt im Ozean, jenen besonderen, bis die endlose Drehung der bewucherten Kugel* das rundliche Wasserstoffeuer über den Horizont hebt.

Da befindet sich im Schlauchboot nur noch ein Mann. Ein einziger. Sein Gesicht ist von Fingernägeln zerkratzt, die Fetzen seines Hemdes zerfetzter als gestern. Tiefe Erschöpfung ersetzt ihm den Schlaf. Über ihn neigen sich einige Wolken, stumm und Regen versprechend. Sie kommen zu spät, um zu wissen, was geschehen ist. Der es weiß, der Begleiter mit der ragenden Flosse, hat sich unsichtbar gemacht. Das Schlauchboot aber, Walimitation mit echtem schlafendem Jonas,* treibt weiter. Einem Ziel zu.

7

Zeitungsnotiz vom achten Juli in der New York Times:

„Vor der Küste von Neufundland wurde ein seit dreißig Tagen treibender Überlebender des US Motorschiffes GOLDEN ARROW gefunden. Eine Untersuchung des Körperzustandes des geretteten Funkers Mitchum Miller, 32, hat ergeben, daß Miller sich in außerordentlich guter physischer Verfassung befindet. Das Schlauchboot, in dem Miller unterwegs war, wurde zwecks Überprüfung an Bord genommen. Dabei stellte sich heraus, daß außer Miller noch ein zweiter Überlebender an Bord gewesen sein muß. Miller gibt an, sein Kamerad, der Zweite Steuermann Harry McGuire, 28, gleichfalls aus Climax-City, sei in einem Anfall von geistiger Umnachtung über Bord gesprungen. Ein Hai habe McGuire in die Tiefe gezogen.

Gewisse Spuren im Schlauchboot und an Miller selber lassen den Schluß zu, daß zwischen den beiden Männern ein Kampf stattgefunden hat. Hat sich vielleicht in der Einsamkeit des Ozeans eine jener entsetzlichen Tragödien abgespielt, von denen wir in unserer Zivilisation uns nichts träumen lassen? Die Untersuchung des Falles dauert an."

Überschrift des kleinen Zeitungsartikels: EIN MENSCHLICHER HAI FRAGEZEICHEN.

8

Heimat aus der Fabrik: Climax-City. Jedes Haus, Drugstore, Supermarket,* Tankstelle, Kino austauschbar mit jedem Haus jeder gleichförmigen Ortschaft hierlands.* Heimat, durch nichts herausgehoben aus genormten Ansiedlungen; weder durch das Sägewerk noch durch die Wälder, Weizenfelder, Bäche, Blumen, Ameisenhügel, noch durch den Friedhof, aber vielleicht durch zwei Gedenktafeln, deren eine unversehens überflüssig geworden ist. Durch sie tanzt der Ort aus der Reihe von seinesgleichen: ein winziges Stigma schmückt ihn mit Besonderheit.

Hier ist Miller geboren und aufgewachsen: Wenn er nun mit dem Seesack über der Schulter durch die Hauptstraße geht, geht er nicht deswegen durch die Hauptstraße, auf der Schulter den Seesack. Er ist keiner, der zu seinen Windeln heimkehrt. Der, wo er hinmachte, heute Gefühle kriegt.* Nein, Sir. Niemals. Seine Mutter wohnt hier. Sonst miede er diesen Ort wie ein choleraverseuchtes Hotelzimmer. Zu viel sagen die Blicke, die ihn auf der Straße treffen. Unsichtbare Transparente spannen sich von Dach zu Dach, über Tore, Einfahrten, Drehtüren zu seiner Begrüßung. Und die nicht vorhandene Schrift kann er lesen. Deutlich: Grüß Gott, Mörder . . . Schäm dich in den Boden, damit du rasch wieder weg bist . . . Gutwillige Hieroglyphen aus Baumblätterschatten besagen: Wer dumm ist, glaubt der Zeitung. Willkommen sei, über den der Stab noch nicht gebrochen wurde.*

Und aus den scharfen Runen geschäftsverbrauchter Gesichter entziffert, wer will, ein ganz besonderes Willkommen: Heil dem, der nicht zögert, der nicht untergeht, der überlebt und also nicht verachtenswürdig wie die Mehrheit ist.

Der leichte Flügelschlag des Geflüsters umkreist den Funker, dessen Gerät schon von gepanzerten Garnelen betastet wird, so daß er nicht um Hilfe rufen kann. Wie sehr er sie brauchen wird, davon noch keine Ahnung. Wenn eine andere Woge über ihm zusammenschlagen will.

Jetzt öffnen die Häuser ihre Gardinenlider einen Spalt breit und schauen auf den einzigen Überlebenden, Sonnenballgebrannten, Haigeleiteten.

Ohne sein Gesicht zu wenden, spürt er, wie er gemustert wird. Er weiß es. Hier ist er geboren. Hier geht er entlang. Geht und geht. Der Seesack ist die leichtere Last.

9

Der Bürgermeister hat zwei Ohren, eins links, eins rechts. In beide blasen die Stürme, die der Heimgekehrte im Climaxwasserglas aufgerührt hat,* Worte und Worte:

Mitch Miller ist zurück. Was gedenkt ein Bürgermeister zu tun, dem viele Leben anvertraut sind? Unsere Frauen und Kinder sind keine Stunde länger sicher. Wenn der Wolf in die Hürde bricht, setzen Sie Ihre Brille ab und zucken die Achseln und sagen: Es gibt keine Handhabe, ihn fortzujagen, was soll ich tun ... Worte und Worte:

Kein Bürgermeister hat das Recht, ihn auszuweisen, den tapferen Mann, der dreißig Tage gegen Wind und Wellen gekämpft und, als keine Rettung in Sicht, entscheidet: Besser als zwei Tote ist einer. Er rettet ein Menschenleben für die Menschheit. Und Sie sitzen da, Bürgermeister, bohren mit der Spitze des kleinen Fingers im Ohr und sagen, was soll ich tun ...

10

Da ist eine Gasse an der bald erreichten Peripherie der dutzendhaften Stätte, verfallen und zur Hälfte vom fesselnden Pflaster entblößt, überstreut mit Steinen, unter denen sich das Erdreich siegesbewußt vorwindet, um ein natürlicher Weg zu werden, hinein in die Weizenfelder, wo er sich rasch verschmälert, bis er als Trampelpfad zwischen Halm und Halm versickert.

Wo die Nase die Grenze erkennt zwischen dem Gestank der Auspuffgase und dem Ruch der Felder, da ist es angewurzelt: das kleine Haus und das kleine Herz, schier zweiunddreißig ist es alt. Da geschieht zur Stunde, was eine Unzahl von Filmen ver- und vorgezeichnet: die Heimkehr, tränenvollen Blickes, unglaubhafte Tropfen, unglaubhaft wie die Wirklichkeit immer wirkt; schließlich die unbeholfene Umarmung, in der man sich stumm versteht, und zwar wie nie sonst vorher, und aus der man sich daher rasch wieder löst.

Die sich so nahe sind wie Mitchum Miller und die alte Frau, die ihn in die Welt gebracht, die auf ihn gewartet hat, der hinausfuhr, der zurückkam, auch sie beide geben die letzte Verborgenheit ihrer selbst* nicht auf. Aus Furcht, mehr zu erkennen und mehr erkennen zu lassen als gut ist zwischen Menschen. Angstvoll ahnen sie schon die wahren Züge, die unverstellten Gesichter, beschämende Nacktheit des Wesens hinter dem Schleier aus Angewohnheiten und falschen Bildern. Als währte da etwas, das nicht mit dem Schleier schwände. Als sei die Summe mehr als ihre Zahl. Als gäbe es da etwas sehr Ungewisses, das durch Berühren zum Antimagneten würde, und um einander nahe zu bleiben, trennt man sich hastig. Der Griff zur Tasse rückt die Seele grade.* Hinsetzen in den abgeschabten Ledersessel mit geübter Drehung des Hinterns bringt die schwankende Ordnung ins Lot. Syntaktisches Gewebe* hüllt ein, bekleidet, verdeckt mehr und mehr. Mit Worten stößt man immer weiter fort, was man benennt:

Du brauchst mir nichts zu erzählen, Sohn, Junge, ich weiß, du hast es nicht getan, du nicht, Mutter, glaub mir, ich habe wirklich nicht gemacht, was sie behaupten, nur ruhig, ich weiß ja: Mein Sohn nicht.

Sie, die nicht dabei war, weiß es besser als jene Stelle im Atlantik, gekennzeichnet von Stürmen und hungrigen Haien; sie weiß es sicherer als Herr Johns, ein Bürger der Stadt, eine männliche Erinnye,* unter dessen Schritt Haß aufstiebt, wandert er von Nachbar zu Nachbar, weil, sagt er, wir nicht unter uns einen Kannibalen dulden wollen. Nicht mehr sicher sind Frauen und Kinder. Er muß aus der Stadt. So oder so!

Aber sie, die Herstellerin* eines arbeitslosen Bordfunkers, besitzt größere Gewißheit dessen, was da geschah, da im Kohlenkasten der Nacht. Hüte dich vor dem Tier, das vorm Schlaf aufs Kopfkissen springt, wenn man nicht aufpaßt: das Zweifel heißt. Doch man paßt auf. Eine Falle aus Worten, ein Netz aus Silben ist aufgestellt: hier kommt keiner durch.

II

Hinter einer bleichen Gardine, hinter einem bleichen Gesicht gehen andere Gedanken um: Ich, seitdem er hier ist, wage mich nicht auf die Straße. Ich will es nicht sehen, das wandelnde Grab meines Bräutigams. Ich mag nicht sehen die lebende, die mobile Gruft. Den Sarg auf zwei Beinen. Ich harre aus im Schatten der Vorhänge.

Und dort bleibt sie auch und im Schutz der Anrichte, behütet von der Standuhr, die manchmal tröstende dumpfe Laute ausstößt; gegen Abend begibt sie sich näher zur wachsamen Lampe, eine schwarzverhüllte Figur mit Namen Grace, ach, Grace, welchen nie wieder Harrys Stimme rufen wird, heiß erhofft, unerwartet verklungen. Zweiter Steuermann, hast du ihn zuletzt, ach, noch einmal geschrien, bevor—vielleicht schon aus dem anderen heraus? Doppelmündliche Nennung, in Seufzer und Rülpser vereint? Durchaus denkbar, wiederholt denkbar, ausgeschmückt denkbar, weil das denkbar Abscheulichste am schwersten zu löschen ist. Darum. Vergessensbarriere. Darum.

Nicht nur Grace, die Trauernde, hat sich eingehöhlt in die elterliche Wohnung, auch Mitchum verhockt die Tage am Fenster, aus dem er den Rauch unzähliger Zigaretten bläst, damit die Dämmerung sich schneller verdichte. Er raucht und stiert auf die Weizenfelder, über die der Wind in unregelmäßigen Stößen hinflutet, daß sie seeartiges Aussehen bekommen: Gelbe Wellen. Nie erscheint ein Schiff am Horizont der Halme. Nie erleben die Mäuse, die Hamster Marder Krähen Dohlen Elstern den Anblick eines düsteren Rumpfes, der auf sie zu und über sie hinweggleitet. Das kommt davon, wenn man das Wasser verläßt.

Erst in der Dämmerung gibt Mitchum seinen Ausguck auf, wenn der brotwarme Tag in die reifenden Körner zum Schlaf einkehrt; irgendwo muß der Tag ausruhen, nachdem er zwischen Nacht und Nacht mißbraucht und geschändet und vertan worden ist. Bricht wenig später Lautlosigkeit in der Stadt aus, bewegt sich der dienstlose Funker aus dem Haus, durch die Felder, wo er zu einer unkenntlichen Gestalt wird, die sich weit draußen niederwirft, seitwärts des verendeten Weges. Zwischen die Zähne ein Halm gesteckt. Die Augen umfangen den Himmel. Von Osten her werden große Mengen dunkelblauer Soße ausgegossen, in der die Spreu der Sterne schwimmt.

Wann wohl wird endlich die Nachricht kommen, das briefliche Fallreep, über das Davonturnen, Davonkommen möglich ist.

Auf den niedergedrückten Halmen liegend, spürt der Funker: eine ungeheure Woge rollt auf ihn zu, auf ihn aus Climax-City, um ihn hinunterzudrücken ins Nichts. Da hilft kein Korkring, keine Luftweste. Er spürt es. Eine Woge von Seelenschlamm,* von Lava ausgebrochener Hirne, die er für erstorben gehalten.

Dann endlich, endlich: der Brief, farbig aufgepreßtes Signum der Reederei, endlich die Nachricht, die frohe Botschaft funkerischen Heils, wie es sich zuerst darstellt. Doch ist dem Umschlag nichts Frohes zu entnehmen. Geschrieben in klarer Maschinenschrift steht, daß die Dienste des Funkers Mitchum Miller, zuletzt GOLDEN ARROW, nicht mehr benötigt werden. Und zwar aus Gründen, die er am besten kennen würde. Hochachtungsvoll wird gegrüßt,* trotz allem, wir sind schließlich zivilisiert.

Du aber, Wilder, bist jetzt gefangen. Weil keiner mit dir fahren will: als würde er Schiffbrüche verschulden, um anschließend Überlebende—was gemein und verleumderisch ist, aber die Reederei weiß alles besser, genauer, exakter, detaillierter als die Mutter, als Grace, als der hochachtungsvoll zeichnende sich selber heiligende Jedermann. Und nun?

Einfach rennen retten flüchten. Jetzt. Sofort. Wegfahren ins Ungezielte.
Abhauen. Der Impuls peitscht hoch, bringt auf die Beine, doch neunhundert
Gramm graue Masse unterm nicht aufklappbaren Schädeldeckel erweisen
sich als zu großes Gewicht, das jeden Schritt verlangsamt und zögernd
werden läßt.

12

Wieder liegt der Funker im Weizen, den schlimmen Brief in der Jacke,
liegt er am Rand des Pfades.

Himmel, Sterne, der Schrei eines Tieres, fern wie kaum vorher. Er hält
sich am Boden fest. Das ist keine feste Erde unter ihm, das Meer ist unter
ihm. Eines, für das keine Rettungsboote gebaut sind. Glotz auf die
Requisiten* der Erde. Glotze mit den vorgewölbten Augen, mit den
leuchtenden horngetragenen, die du hattest, bevor du aus dem Wasser
kamst.

Mit jedem Herzschlag steigen und fallen: Wiege, verlassen, ein Mensch
zu werden.* Zu sein. Zu bleiben. Ohne Gebrauchsanweisung. Und hat man
eine, ist es die falsche. Das konnte nicht gut gehen.

Er hält die Hände still, weil er ein Geräusch empfängt. Ganz in der Nähe.
Ein Schritt, lang, kurz, lang, der plötzlich stehenbleibt. Ein Lauern ist drau-
ßen vor den Halmen. Ein stummes Abwägen. Ein vorsichtiges Rascheln.
Mit einemmal schwebt groß die Silhouette eines Frauenkopfes über dem
Funker.

Tintenrabenschwarz:* Grace. Hinausgelaufen in den Abend, atemknapp
vom Staub der heimischen treusorgenden Möbel. Hinausgelaufen in den
Weizen. Hingelaufen und hier ein Tier vermutet. Hier dann über die Halme
hinweg sieht sie etwas Schattenhaft-Personelles vor sich liegen, das sich mit
den Halmen zu ihr aufrichtet.

Plötzliches Erkennen, wer vor ihr steht. Ein Stromstoß lähmt sie:
fluchtunfähiges schlangenblickgebanntes Karnickel. Angewachsen. Ver-
wurzelt die bleiernen Füße im Boden. Die Sekunde dehnt sich ins Endlose
aus. Wie er, der sich aufrappelte, begonnen hat, ist unklar: unmerklich
sicherlich. Und leise vor allem. Zaghafte Worte entstehen. Bruchstücke von
Sätzen fügen sich zusammen. Die Sekunde reißt nicht entzwei. Das
Kaninchen horcht.

Mitchum berührt ihren Arm beim Sprechen, und sie erwacht irgendwann,
und die unruhige Hand auf ihrer Haut ekelt sie nicht: erstaunlich. Erstaunlich
ferner, wie der Wolf vor ihr zum Pudel schrumpft, dressiert vor ihr aufgerichtet in bittender Haltung. Kein Untier, ein armer Hund, dem übel

mitgespielt worden ist. Alles andere: Gerüchte, Lügen. Zeitungsverdrehungen. Effekthascherei eines billigen Journalisten. Die beiden haben sich doch als Kinder gekannt, der Harry und der Mitch, der ist gar nicht schlecht, sondern die Welt ist es, weil sie ihm solchen Greuel andichtet.

Als Mitch sie aus ihrer schlafwandlerischen Verhaltenheit wachrüttelt, geben ihre schwächevollen Beine doch nach: sie muß sich hinsetzen. Zuerst einmal hinsetzen in das verborgene Nest unter dem mächtigen funkengespickten Baldachin.*

Bald empfiehlt sich eine lässigere bequemere Haltung beim Zuhören: Schiffbruchsnöte Schrecken der Einsamkeit Todesangst Verzweiflung tropfen wortwörtlich in sie, bis sie vor Mitleid überläuft. Hat der Schiffbrüchige im Kornfeld nicht Anrecht auf Glück wie jeder, wie auch das Mädchen, das Grace heißt, das sie selber ist?

Schweigen herrscht bald und das gefährliche einleitende Gefühl des Immersichgekannthabens:* Als wir noch nicht geboren waren, sind wir einander schon begegnet. Als wir in den Korallenbänken hausten, Grace, du und ich, ja, Mitch, in der heimlichen neolithischen Höhle in den unbemerkt vorbeigeschlichenen Jahrhunderten: immer zusammen, immer gekannt, immer einer des anderen Nähe, noch näher, so nah wie nur und am Schluß ineinander in eins. Der früheste Zustand ist wieder erreicht: der der ungeteilten Amöbe,* Tastfühler habe ich vier, arm- und beinähnlich, unbeholfen von Bewegung, rege ich mich kräftig, aber nicht vom Fleck, nicht von der Stelle, nicht vom natürlichen Pfühl, das erst gegen Morgen der Wind leer findet.

13

Im hinsinkenden Licht, im aufgelösten Schein des nächsten Abends, da Mitchum erneut zum Aufbruch rüstet in die Felder, wo er erwartet wird, wo die Hingabe schon dringlich bereitliegt, in dieser verdämmernden Kurzfristigkeit umringt eine Gruppe Ortsansässiger das kleine hölzerne Haus. Die beiden Ohren des Bürgermeisters sind geschlossen. Der Kannibale muß weg, das ist entschieden und beschlossen. Ab mit ihm. Dahin, wo er den Kameraden hinbesorgt hat, ins Nirgendwo.

Mitch, die Woge erreicht dich. Schwimmen ist zwecklos. Aufklaffende Mäuler und Rachen branden gegen Türen und Fenster. Verfluchungen schlagen über den Schindeln zusammen. Knirschen und Schmatzen und Schlingen wird ahnbar. Geheul an Backbord. Hämmernd wird an die Hecktür gepocht. Die Strudel kreisen lärmend ums Haus. SOS. SOS. Ist keine Antenne auf Climax-City gerichtet?

Die alte Frau, aufgelöst das graue Haar in Strähnen, vor Angst gefältelt das Gesicht, die ihren Sohn unschuldig nennt, sie spricht nun mit Gott, der nicht antwortet. Sie ruft ihn an, er ist nicht da. Oder gerade über Saigon tätig, über Léopoldville,* über dem unheilen Berlin, über den vierundzwanzig Dächern eines vergessenen Gebirgsdorfes.

Draußen schwillt die schreiende Flut, drinnen die Angst. Es kracht und rumpelt an die Wände des Bauwerks, des dürftigen Bollwerks, dröhnt und grollt, daß das Gehäuse in seinen Fugen zu schwingen anfängt: Damm vorm Hochwasserschwall.

SOS! Ist keine HONEYBEE in günstiger Entfernung? Kommt kein Deus ex machina* von der Küstenwache, kein Helikopter, von dem eine Strickleiter herabstürzt, daran ein silbernes Täfelchen baumelt: „Reserviert für Mitchum Miller, Climax-City"?

Bitte um Bitte jagt Mutter Miller aufwärts, daß ein einziges Mal das Unmögliche Ereignis werden möge. Es muß. Sie schreit stumm den Adressaten da oben im abendlichen Ungewissen an:

Rette ihn! Es muß sein!

Einer muß gerettet werden, damit sich der eingefressene Glauben an die Ausnahme erhält, von der jeder überzeugt ist, grade mit ihm werde sie gemacht. Ausnahme zu werden, damit die Regel ungebrochen bestehen kann, ist Mitchum Millers Chance und Urteil in einem. Und naht schon.

Und kommt bereits herbeigelaufen aus den Feldern mit mänadischen Haaren* und tönt warnend mit dem Mund von Grace: Aufhören! Hört auf, wollt ihr meinen Verlobten umbringen, nachdem ich Harry verloren, auch noch den zweiten, Miller ist unschuldig, seine zukünftige Frau, ich, weiß es genau. Verschwindet oder ich reiße euch die Haut vom Gesicht.

So lärmt die Tigerin zum Schutz ihrer Beute.

14

In der Dunkelheit melden sich Stimmen, nicht mehr zu identifizieren durch die vollständige Finsternis. Wer sagt da: Erlauben Sie mir, völlig sprachlos zu sein. Ich verstehe die Welt nicht mehr.* In Erfolg seines* gesunden Appetits wird der Antropophage zum Altar geführt. Ich gehe.

Wer sagt da: Wir wollten Ihnen nicht zu nahetreten, Fräulein Grace. Wir dachten, wir tun Ihnen einen Gefallen, weil wir es Ihretwegen tun wollten.

Wer sagt da: Erlauben Sie mir, Ihnen zu gratulieren, Grace. Die Welt wendet sich zur Vernunft hin. Sie erkannten, Fräulein, was Sie an Mitch Miller haben, wenn Sie ihn kriegen würden: Einen Mann, der zu überleben versteht. Das sichert auch seiner Frau eine Chance dazu. Herzlichen Glückwunsch!

Da die Beglückte und Beglückwünschte nichts deutlich ausmachen kann, spricht sie in die fußgetrappelerfüllte Nacht: Ich lade Sie alle zu meiner Hochzeit ein. In vierzehn Tagen vor der Kirche—auf Wiedersehen! Ein leicht enttäuschtes Hurra antwortet ihr.

15

Sie hat ihn gerettet, sie durfte die Hochzeit verkünden und den Termin setzen: Sie hat ihn gewonnen. Er ist von nun an ihr Eigentum.

Und die vierzehn Tage werden in wechselnden Weizennestern zugebracht, wo sie, Grace, hinterher jedesmal gesättigt und träge versichert, sie wisse, es war der Hai. Auch sie. In die Zukunft zu schauen fordert sie, wenn sich die Amöbe wieder geteilt hat, und vor allem: Das Vergangene muß vergangen sein. Gleichgültig was es auch war.

Mitch liest aus ihrem liebenden leuchtenden strahlenden feuchten Kugelblick* ihre Gedanken, liest von der Skala die zuckenden Ströme ihres Bregens.* Entsetzen befällt ihn (eine alte stickige Wolldecke, ein frisches Leichentuch), als er vernimmt:

Alle Zeit über war ich einsam, jetzt bist du da, für immer da, für jeden Tag. Jetzt liebe ich dich. Wer war der Schatten, der Harry hieß? Wer das belebte Fleisch bei dir im Boot? Sein einziges Verdienst, daß es dich überleben ließ. Für mich.

Die Wahrheit ist heraus. Der wirkliche Gedanke. Und seinerseits? Gewißheit des Niemalssichgekannthabens. Kälteempfindung vor diesem Antlitz: Morgen heiraten wir, Medusa.*

16

Mit Bimm und Bumm* wackelt der angekündigte, der vierzehnte Tag glockenschwer über unsere kleine Stadt, über unsere innige Polis* her und hin, her und hin. Es ist ein gewaltiges Warten in der Kirche. Die Braut. Die Mutter des Bräutigams. Prall von eingeübter Rede der Bürgermeister und Brautführer. Und Johns, James, Jeans und Joyces: summa summarum* verehrte Anwesende und Mitbürger.

Nun ist es soweit. Alles ist vorbereitet. Die Zeichen sind gestellt.

Einen Augenblick ist es angebracht, die Augen zu schließen und ein Stoßgebet emporzusenden, Dank, daß das glückliche Ende sich doch noch eingestellt hat. Wer wohl hätte das gedacht? Aber während die Augen noch geschlossen sind, bricht das Geläute ab. Abrupt.

Unerklärliches scheint sich in diesem Moment der Unaufmerksamkeit ereignet zu haben, denn die Braut, den Schleier zerfetzt, flüchtet durch die Straßen in Richtung ihrer Möbel. Hastig schafft sie ihren Weinkrampf heim, dessen Herkunft unbegreiflich ist.

Unbegreiflich auch, warum sich Millers Mutter eilig in ihren Holzkasten und für immer ins Schweigen zurückzieht: eine Schnecke in ihr Horn.

Der Bürgermeister, allerverehrtester, aber einziger Anwesender in seinem Büro, säuerlich von ungeredeter Rede, verriegelt hinter sich die Tür, an welche ehrenwerte Mitbürger wild klopfen, ohne daß verständlich würde, was dieses Geschehen hervorgerufen hat.

Und da ist das Nest im Weizen. Die Halme haben sich nicht wieder aufgerichtet. Die leere Lagerstätte im Feld erscheint gegenwärtig wie der Schauplatz eines nicht verjährten Verbrechens.* Der Wind, so sehr er sich müht, kann sie nicht verdecken. Eine kahle Stelle, hoffnungslos alleingelassen, Wundmal aus Ödnis und Vergessen.

Die Augen waren einen Moment geschlossen, nun da sie offen sind, erblicken sie alle Beteiligten bis auf einen: die Hauptperson des vierzehnten Tages. Mitch, wo bist du?

17

Suche in den Straßen und Kneipen, in Hinterhöfen, Abfalltonnen, entleerten Apfelsinenkisten, in den Verstecks der Katzen und Ratten, der Kinder und Trinker. Zuletzt auf dem schäbigen Bahnhof nachgeschaut: kein Mitch. Vor einer Stunde ist der letzte Zug abgegangen. Zur Küste.

Wer fragt, erfährt sogleich, ein Mann in Matrosenkleidung, den Seesack auf der Schulter, ist hier entlang, dort hindurch und ins Abteil dritter Klasse. Pacific Line. Morgen steigt er in Matrosenkleidung, Seesack über, in San Franzisko aus, das auch nur eine Durchgangsstation bedeutet für getragene Marinemonturen, für Seesäcke, für durchgegangene Bräutigame.

Da steht er an der Mole; das verhaßte Element blendet ihn mit gleißenden Sonnenreflexen; den Hafengestank atmet er ein, das Opium der Heimatlosen erweitert den Rauminhalt des Schädels, treibt auf, bläht ihn brisig, bis die ganze Kugel* darin Platz hat, auf der man für gewöhnlich steht oder fährt oder schwimmt oder versinkt.

In dieser monumentalen Halle, die den dünnen Hals krönt, schallt die eigene Stimme weithin, wenn sie ruft:

Nein und Nein und Nein! Ich bin nicht, für den ihr alle mich haltet. Ich

kann dich nicht ehelichen, Octopus vulgaris,* Weib Weizenfeld,* die mich
für das Ungeheuer hält, das ich nicht bin. Ich, hier in mir stehend, klage
mich der Unschuld an. Daß ich Harry zurückhalten wollte, als er in seinem
Wahnsinn über Bord ging und mir Gesicht und Brust mit seinen Nägeln
zerriß, dessen klage ich mich an. Daß ich ihn ins Fischmaul springen ließ,
statt dahinein, wo ihn sowieso jeder vermutet, dessen bin ich schuldig.
Schuldig des Abweichens von der fröhlich fressenden Norm. Und schon
verurteilt und beinahe aufgehängt durch verehrte Anwesende, liebe Brüder
und Schwestern.

Falls ich fernerhin unter ihnen leben will, im Stande ihrer fröhlichen
Schuld, frei wie sie frei, muß ich mich sputen, zu tun, was ich versäumte,
was man mir zuschreibt, was mir in Ewigkeit anhängt amen.

Hier stehe ich im tiefsten Innern der steinernen Stadt, an ihrem Aus- und
Einfluß, ihrem ausreisigen Hafen: Unter dem Goldenen Tor der
weitgespannten Brücke* schiebt sich eine metallene Krippe heran, heulend
und qualmend, um kurz darauf ihre hohe Wand am Molengefüge zu
schaben. Für Mitch ist es soweit. Er ist vorbereitet. Erneut sind die Zeichen
gestellt.

18

Die Sicht ist frei: der Seemann kommt an Bord und zeigt sein biederes
Gesicht. Er ist angeheuert.

Der Zahlmeister nimmt ihn gleichgültig wahr: Ein neuer Matrose, dazu
ein nagelneuer Seesack, der keine Falte über den sechs Dynamitstäben
verzieht, über den Zündschnüren, die er in sich birgt: um zu vollziehen, was
für vollzogen gilt.

Auf einer gebeugten Schulter tanzend, unbeachtet und unaufhaltsam,
kommt er schweigsam wie sein Träger an Bord.

(aus: *Neue Texte* 1967,
Aufbau-Verlag,
Berlin, 1967)

Christa Wolf

JUNINACHMITTAG

EINE Geschichte? Etwas Festes, Greifbares, wie ein Topf mit zwei Henkeln, zum Anfassen und zum Daraus-Trinken?*

Eine Vision vielleicht, falls Sie verstehen, was ich meine. Obwohl der Garten nie wirklicher war als dieses Jahr. Seit wir ihn kennen, das sind allerdings erst drei Jahre, hat er nie zeigen dürfen, was in ihm steckt. Nun stellt sich heraus, daß es nicht mehr und nicht weniger war als der Traum, ein grüner, wuchernder, wilder, üppiger Garten zu sein. Das Urbild eines Gartens. Der Garten überhaupt. Ich muß sagen, das rührt uns. Wir tauschen beifällige Bemerkungen über sein Wachstum und verstehen im stillen, daß er seine Üppigkeit übertreibt; daß er jetzt nicht anders kann, als zu übertreiben, denn wie sollte er die seltene Gelegenheit nicht gierig ausnützen, aus den Abfällen, aus den immer noch reichlichen Regenabfällen der fern und nah niedergehenden Unwetter Gewinn zu ziehen?

Dem eenen sin Ul ist dem annern sin Nachtigall.*

Was ein Ul ist? Das Kind saß zu meinen Füßen und schnitzte verbissen an einem Stückchen Borke, das zuerst ein Schiff werden wollte, später ein Dolch, dann etwas aus der Umgebung eines Regenschirms.* Nun aber, wenn nicht alles trog, ein Ul. Dabei würde sich herausstellen, was dieses verflixte Ding von einem Ul eigentlich war. Obwohl man, das mußt du zugeben, mit so einem stumpfen Messer nicht schnitzen kann. Als ob nicht erwiesen wäre, daß man sich mit einem stumpfen Messer viel öfter schneidet als mit einem schönen scharfen!—Ich aber, geübt im Überhören versteckter Vorwürfe, legte mich in den Liegestuhl zurück und las weiter, was immer man gegen ein stumpfes Schnitzmesser vorbringen mochte.

Du, sagte ich etwas später zu meinem Mann, den ich nicht sehen konnte; aber seine Gartenschere war zu hören: beim Wein sicherlich; denn den mußte man dieses Jahr immerzu lichten, weil er sich gebärdete, als stünde er an einem Moselhang* und nicht an einem dürftigen Staketengitter unter einer märkischen Kiefer. Du, sagte ich: Du hattest doch recht.

Eben, sagte er. Warum du das nie lesen wolltest!

Sie kann schreiben, sagte ich.

Obwohl nicht alles gut ist, sagte er, damit ich nicht wieder Gefahr lief, über das Ziel hinauszuschießen.

Kunststück! Aber wie sie mit diesem Land fertig wird ...

Ja! sagte er überlegen. Italien!

Und das Meer? fragte ich herausfordernd.

Ja! rief er, als sei das erst der unwiderlegliche Beweis. Das Mittelmeer!

Aber das ist es ja nicht. Ein ganz genaues Wort neben dem anderen. Das ist es.

Obwohl das Mittelmeer vielleicht auch nicht vollständig zu verachten wäre, sagte er.

Ihr immer mit euern Fremdwörtern! sagte das Kind vorwurfsvoll.

Die Sonne, so selten sie war, hatte schon angefangen, sein Haar zu bleichen. Im Laufe des Sommers und besonders in den Ferien an der Ostsee würde wieder jener Goldhelm zustande kommen, den das Kind mit Würde trug, als etwas, was ihm zukam, und den wir von Jahr zu Jahr vergessen.

Ich blätterte eine Seite um, und der süßliche Duft von fast verblühten Akazien mischte sich mit dem fremden Geruch von Macchiastauden und Pinien, aber ich hütete mich, noch mehr Fremdwörter aufzubringen, und steckte meine Nase widerspruchslos in die Handvoll stachliger Blätter, die das Kind mir hinhielt, voller Schadenfreude über den unscheinbaren Ursprung des Pfefferminztees. Es stand wie ein Storch mitten in einer Insel wilden Schnittlauchs und rieb sich eins seiner hageren Beine am anderen. Mir fiel ein, daß es sommers wie winters nach Schnittlauch und Minze und Heu und nach allen möglichen Kräutern roch, die wir nicht kannten, die es aber geben mußte, denn das Kind roch nach ihnen.

Schnecken gehen übertrieben langsam, findest du nicht? sagte es, und es war nicht zu leugnen, daß die Schnecke in einer geschlagenen Stunde nicht fertiggebracht hatte, vom linken Holzbein meines Liegestuhls bis zur Regentonne zu kriechen. Obwohl man nicht völlig sicher sein konnte, wieweit sie unsere Wette vorhin verstanden und akzeptiert hatte und ob sich eine Schnecke so etwas vornehmen kann: in einer Stunde, die Regentonne, und überhaupt.*

Wußtest du übrigens, daß sie wild nach Pflaumenblättern sind? Das hab ich ausprobiert.

Ich wußte es nicht. Ich habe in meinem Leben noch keine Schnecke essen sehen, am wenigsten Pflaumenblätter, aber ich behielt meine Unwissenheit und meine Zweifel für mich und ließ das Kind losgehen, um etwas zu suchen, was weniger enttäuschend wäre als diese Schnecke.

Als es nicht mehr zu hören war, war plötzlich sekundenlang überhaupt nichts mehr zu hören. Weder ein Vogel noch der Wind noch sonst irgendein Laut, und Sie können mir glauben, daß es beunruhigend ist, wenn unsere stille Gegend wirklich still wird. Man weiß ja nie, wozu alles den Atem anhält. Aber diesmal war es nur eines von diesen guten, alten Verkehrsflug- zeugen; ich sage ja nicht, daß es nicht enorm schnell und komfortabel sein kann, denn die Fluggesellschaften, die uns überfliegen, stehen in hartem Konkurrenzkampf. Ich meine nur: es flog für jedermann sichtbar von Osten nach Westen, wenn man mit diesen Bezeichnungen ausnahmsweise nichts als die Himmelsrichtungen meint; für das Gefühl der meisten Fluggäste flog die Maschine wohl von Westen nach Westen; das kommt daher, daß sie in Westberlin aufgestiegen war, denn der Luftkorridor—ein Wort, über das man lange nachdenken könnte—führt just über unseren Garten und die Regentonne und meinen Liegestuhl, von dem aus ich mit Genugtuung beobachtete, wie dieses Flugzeug ohne die geringste Mühe nicht nur sein eigenes Brummen, sondern überhaupt alle Geräusche hinter sich herzog, die in unseren Garten gehörten.

Ich weiß nicht, ob anderswo der Himmel auch so dicht besetzt ist wie bei uns. Indem man sich platt auf die Erde legt und in den Himmel starrt, könnte man in einer Stunde die Flugzeugtypen vieler Herren Länder kennenlernen. Aber das nützt mir nichts, denn mir hat nicht einmal der Krieg beigebracht, Flugzeuge verschiedener Fabrikate und Bestimmungen voneinander zu unterscheiden. Ich weiß nicht mal: Blinzeln sie rechts rot und links grün, wenn sie nachts über unser Haus fliegen und hinter den Bäumen in der Dunkelheit verschwinden, oder umgekehrt?

Und: Kümmern sie sich eigentlich im geringsten um uns? Nun ja: ich bin oft genug geflogen, um zu wissen, daß die Maschine keine Augen zum Sehen und keine Seele zum Kümmern hat. Aber ich gehe jede Wette ein, daß mehr als ein Staatssekretär und Bankier und Wirtschaftskapitän heute nachmittag über uns dahinzieht. Sogar für diese oder jene der neuerdings so betriebsamen Prinzessinnen möchte ich mich fast verbürgen. Man hat die Woche über das Seine getan und in sich und anderen das Gefühl gestärkt, auf Vorposten zu stehen, und am Sonnabend fliegt man guten Gewissens nach Hause. Man interessiert sich beim Aufsteigen flüchtig für dieses Land da, Landstraßen, Ortschaften, Gewässer, Häuser und Gärten. Irgendwo drei Punkte in einer grünen Fläche (die Schnecke lasse ich natürlich aus dem Spiel). Sieh mal an: Leute. Na ja. Wie die hier wohl leben. Übrigens: ungünstiges Gelände. Von der Luft aus alleine ist da nicht viel zu machen.

Denk bloß nicht, daß ich dich jetzt schlafen lasse, sagte das Kind. Es hatte sich auf Indianerart angeschlichen und war befriedigt, daß ich erschrak. Es hockte sich neben mich, um auch in den Himmel zu gucken und ihn nach Schiffen und Burgen abzusuchen, nach wilden Gebirgsketten und goldüberzogenen Meeren der Seligkeit. Keine Schlachtschiffe heute. Keine Unwetterdrohung weit und breit. Nur das ferne Motorenbrummen und die atemberaubende Entwicklung einer Wüstenoase, auf deren Palmengipfeln die Sonne lag und deren Tierwelt sich in wunderbarer Schnelligkeit verwandelte, denn dort oben hatten sie den Trick heraus, eins aus dem anderen hervorgehen, eins ins andere übergehen zu lassen: das Kamel in den Löwen, das Nashorn in den Tiger und, was allerdings etwas befremdend war, die Giraffe in den Pinguin. Uns kam ein Anflug von Unsicherheit über die Zuverlässigkeit von Himmelslandschaften, aber wir verbargen ihn voreinander.

Weißt du eigentlich, daß du früher immer Ingupin gesagt hast, fragte ich. Statt Pinguin? So dumm war ich nie!

Wie lange ist für ein achtjähriges Kind nie? Und wie lange ewig? Vier Jahre? oder zehn? Oder die unvorstellbare Spanne zwischen ihrem Alter und dem meinen?

Ingupin! beharrte ich. Frag Vater.

Aber wir konnten ihn nicht fragen. Ich konnte nicht hören, wie er auflachte und Ingupin sagte, in demselben Tonfall, den er vor vier Jahren hatte. Ich konnte den Blick nicht erwidern, den er mir zuwerfen würde. Denn Vater sprach am Zaun mit dem Gartennachbar. Was man so sagt: wie? Sie wollen die wilden Reizker an Ihren Tomaten noch mehr kappen?* Das kann doch nicht Ihr Ernst sein! Wir hörten dem Streit mit überheblichem Vergnügen zu, wie man auf etwas hört, was einen nicht wirklich angeht. Übrigens gaben wir dem Vater recht. Aus Prinzip und weil der Nachbar im Frühjahr unseren letzten Respekt verloren hat, als er in vollem Ernst verlangte, das Kind solle all die mindestens sechshundert gelben Butterblumen in unserem Garten abpflücken, damit sie nicht zu Pusteblumen werden und als Samen sein akkurat gepflegtes Grundstück bedrohen konnten. Wir hatten viel Spaß an dem Gedanken: Armeen von Pusteblumenfallschirmchen—sechshundert mal dreißig, grob gerechnet—treiben eines Tages in einem freundlichen Südwestwind auf des Nachbars Garten los, und er steht da, ächzend, weil er zu dick wird, bis an die Zähne mit Hacke und Spaten und Gartenschlauch bewaffnet, seinen Strohhut auf dem Kopf und seinen wütenden kleinen schwarzen Köter zu seinen Füßen; aber sie alle zusammen richten nichts aus gegen die Pusteblumensamen, die gemächlich herbeisegeln und sich niederlassen, wo sie eben abgesetzt werden, ohne Hast und ohne Widerstreben, denn das bißchen Erde und Feuchtigkeit, um erst mal Fuß zu fassen und einen winzigen Keim zu treiben, findet sich allemal.

Wir waren ganz und gar auf seiten der Pusteblumen.

Immerhin beklagte sich der Nachbar zu Recht, daß die Erdbeeren dieses Jahr am Stiel faulen und daß kein Mensch weiß, wohin das führen soll, wenn ein heiterer Nachmittag wie dieser zu den großen Ausnahmen gehört.

Mitten in dieses müde Gerede, in das gedämpfte Gelächter aus einem anderen Garten, in den ein wenig traurigen Dialog meines Buches brach der trockene, scharfe, wahrhaft markerschütternde Knall eines Düsenfliegers. Immer genau über uns, sagte das Kind beleidigt, aber nicht erschrocken, und ich ließ mir nicht anmerken, wie leicht mir immer noch durch einen Schreck der Boden unter den Füßen wegsackt.—Er schafft es ja nicht anders, sagte ich.—Was denn?—Die Schallmauer. Er muß ja durch.—Warum?—Er ist extra dafür gemacht, und nun muß er durch. Auch wenn es noch mal so laut krachen würde.—Das muß ihm doch selber peinlich sein. Vielleicht steckt sich der Flieger Watte in die Ohren?—Aber er hört ja nichts. Das ist es doch: der Schall bleibt hinter ihm.—Praktisch, findest du nicht? sagte das Kind und setzte im selben Ton hinzu: Mir ist langweilig.

Ich weiß wohl, daß man die Langeweile von Kindern zu fürchten hat und daß sie nicht zu vergleichen ist mit der Langeweile von Erwachsenen; es sei denn, ihre Langeweile wäre tödlich geworden: Was sollten wir mehr fürchten müssen als die tödliche Langeweile ganzer Völker? Aber davon kann hier nicht die Rede sein. Ich mußte mit der Langeweile des Kindes fertig werden und sagte vage und unwirksam: Mach doch was.

In der Zeitung steht, sagte das Kind, man soll Kindern Aufgaben geben. Davon werden sie gebildet.

Du liest Zeitung?

Natürlich. Aber die besten Sachen nimmt Vater mir weg. Zum Beispiel: „Leiche des Ehemanns in der Bettlade".

Das wolltest du unbedingt lesen?

Das wäre spannend gewesen. Hatte die Ehefrau den Ehemann ermordet? Keine Ahnung.

Oder wer hatte ihn im Bettkasten versteckt?

Aber ich hab doch diesen Artikel nicht gelesen!

Wenn ich groß bin, lese ich alle diese Artikel. Mir ist langweilig.

Ich wies das Kind an, Wasser und Lappen zu holen und Tisch und Stühle abzuwischen, und ich sah die Leiche des Ehemanns in der Bettlade durch seine Träume schwimmen, sah Ehefrauen herumgeistern, die darauf aus sind, ihre Männer umzubringen—womit denn bloß? Mit einem Beil? Mit dem Küchenmesser? Mit der Wäscheleine?, sah mich an seinem Bett stehen: Was ist denn? Hast du schlecht geträumt? und sah seine erschrockenen Augen: Nichts. Mir ist nichts. Seid ihr alle da? Irgendwann einmal wird das Kind seinen Kindern von einem frühen Alptraum erzählen. Der Garten wird längst versunken sein, über ein altes Foto von mir wird es verlegen den Kopf schütteln, und von sich selbst wird es fast nichts mehr wissen. Die Leiche des Ehemanns in der Bettlade aber wird sich erhalten haben, bleich und unverfroren, so wie mich noch immer jener Mann peinigt, von dem mein Großvater mir einst erzählt hat: Für eine grausige Bluttat zum Wahnsinn durch einen Wassertropfen verurteilt, der in regelmäßigen Abständen tagein, tagaus auf seinen geschorenen Kopf fiel.

He, sagte mein Mann, hörst du heute nicht?

Ich dachte an meinen Großvater.

An welchen—an den, der mit achtzig noch Kopfstand machte?

An den, der fünfundvierzig an Typhus starb.

Der mit dem Seehundsbart?

Ja. Der.

Daß ich mich unter deinen Großvätern nie zurechtfinden kann!

Es muß an dir liegen. Sie sind nicht zu verwechseln.

Er fuhr fort, sich über meine Großväter zu entrüsten, und ich fuhr fort, sie in Schutz zu nehmen, als müßten wir einen unsichtbaren Zuschauer über unsere wahren Gedanken und Absichten täuschen. Er stand neben dem kleinen Aprikosenbaum, der dieses Jahr überraschend aus seiner Kümmerlichkeit herausgeschossen ist, wenn er es auch nicht fertiggebracht hat, mehr als eine einzige Frucht zu bilden, und diese winzige grüne Aprikose gaben wir vor anzusehen; so weit trieben wir die Täuschung. Was er in Wirklichkeit ansah, weiß ich nicht. Ich jedenfalls wunderte mich über die Beleuchtung, die jetzt den Aprikosenbaum umgab und alles, was in seiner Nähe herumstand, so daß man ohne den geringsten Überdruß eine Weile hinsehen konnte. Auch wenn man inzwischen von den Großvätern zu etwas anderem überging, zum Beispiel zu dem Buch, das ich immer noch in der Hand hielt und dessen Vorzug gerade darin lag, nicht zu stören beim Betrachten von Aprikosenbäumen. Sondern das Seine dazuzugeben,* in aller Bescheidenheit, wie der Dritte es soll.

Aber ein paar zu viele Einsiedler und Propheten und Verhexte kamen doch in ihm vor, darüber wurden wir uns einig, und ich holte mir die Erlaubnis, eine Geschichte zu überspringen, in der eine gräßliche Volksrache an einem Verräter mit allen Einzelheiten beschrieben sein soll; ich gab zu, all diesen Verstümmelungen und Ermordungen von Männern vor den Augen ihrer gefesselten Frauen nicht mehr gewachsen zu sein; ich gab zu, daß ich neuerdings Angst habe vor dem nächsten Tropfen, der auf unsere bloßen Köpfe fällt.

Genau in diesem Augenblick trat unsere Tochter auf, und drüben schob der Ingenieur sein neues froschgrünes Auto zur Sonnabendwäsche aus der Garage. Was das Auto betrifft: niemand von uns hätte den traurigen Mut gehabt, dem Ingenieur zu sagen, daß sein Auto froschgrün ist, denn in den

Wagenpapieren steht „lindgrün",* und daran hält er sich. Er hält sich überhaupt an Vorgedrucktes. Sie brauchen nur seinen Haarschnitt anzusehen, um die neuesten Empfehlungen der Zeitschrift „Ihre Frisur"* zu kennen, und seine Wohnung, um zu wissen, was vor zwei Jahren in der „Innenarchitektur"* für unerläßlich gehalten wurde. Er ist ein freundlicher, semmelblonder Mann, unser Ingenieur, er interessiert sich nicht für Politik, aber er sieht hilflos aus, wenn wir den letzten Leitartikel fade nennen. Er läßt sich nie etwas anmerken, und wir lassen uns auch nie etwas anmerken, denn wir sind fest überzeugt, daß der semmelblonde Ingenieur mit seinem froschgrünen Auto dasselbe Recht hat, auf dieser Erde zu sein, wie wir mit unseren Pusteblumen und Himmelslandschaften und diesem und jenem etwas traurigen Buch. Wenn nur unsere dreizehnjährige Tochter, eben die, die gerade durch die Gartentür kommt, sich nicht in den Kopf gesetzt hätte, alles, was mit dem Ingenieur zusammenhängt, modern zu finden. Und wenn wir nicht wüßten, welch katastrophale Sprengkraft für sie in diesem Wort steckt.

Habt ihr gesehen, was für eine schicke Sonnenbrille er heute wieder aufhat, fragte sie im Näherkommen. Ich konnte durch einen Blick verhindern, daß der Vater die Sonnenbrille, die wir gar nicht beachtet hatten, unmöglich nannte, und wir sahen schweigend zu, wie sie über das Stückchen Wiese stakste und einen sehr langen Schatten warf, wie sie sich auf komplizierte Weise neben dem Aprikosenbäumchen niederließ und ihre Bluse glattzog, um uns klarzumachen, daß es kein Kind mehr war, was da vor uns saß.

Sagte ich schon, daß sie von der Probe zum Schulfest kam?

Es klappt nicht, sagte sie. Rein gar nichts klappt. Wie findet ihr das?

Normal, sagte der Vater, und ich glaube bis heute, das war nichts anderes als die Rache für die schicke Sonnenbrille des Ingenieurs.

Ja, du! sagte die Tochter aufgebracht. Du findest es womöglich normal, wenn die Rezitatoren ihre Gedichte nicht können und wenn der Chor ewig den Ton nicht trifft und wenn die Solotänzerin andauernd auf den Hintern fällt?

Von dir lerne ich alle diese Ausdrücke, stellte das Kind fest, das auf dem Rand der Regentonne saß und sich kein Wort aus dem nervenaufreibenden Leben der großen Schwester entgehen ließ. Das brachte den Vater zu der Erklärung, daß, wenn eine Solotänzerin auf den Hintern falle, dies eine bedauerliche Tatsache sei, aber kein Ausdruck. Die wirkliche Frage allerdings bestehe darin, ob man beim Schulfest überhaupt eine Solotänzerin brauche?

Wie soll ich Ihnen in dürren Worten begreiflich machen, daß der Streit, der nun losging, tiefe Wurzeln hatte, die weniger aus dem zufälligen

Auftritt einer Solotänzerin ihre Nahrung zogen als aus der grundsätzlichen Meinungsverschiedenheit über den Geschmack der Lehrerin, die alle Schulfeste ausrichtet, seit unsere Kinder an dieser Schule sind. Immer noch hat sie in der neunten oder zehnten Klasse ein gutgebautes Mädchen gefunden, das bereit war, in einem roten Schleiergewand über die Bühne zu schweben und zu einer Klaviermusik anzudeuten, daß es sich nach irgend etwas sehnt. Wenn Sie mich fragen: diese Mädchen haben weder erbitterte Ablehnung noch unkritische Verzückung verdient, aber, wie ich schon sagte, um sie geht es ja nicht. Es geht ja nicht mal um die Neigung der Lehrerin zu bengalischer Beleuchtung, denn mit allen möglichen Arten von Beleuchtung fertig zu werden, sollten wir wohl gelernt haben. Nein: in Wirklichkeit erträgt er nicht seiner Tochter schmerzhafte Hingabe an alles, was sie für vollkommen hält; erträgt nicht den Anblick ihrer Verletzbarkeit; stellt sich, töricht genug, immer wieder bei Gewitter ins freie Feld, um die Blitze, die ihr zugedacht sind, auf sich abzulenken. Wofür er im Wechsel stürmische Zärtlichkeit erntet und wütenden Undank, so daß er tausendmal sagt: Von dieser Sekunde an werde ich mich nie wieder in diese Weibersachen einmischen, das schwöre ich.—Aber wir hören nicht auf seine Schwüre, denn er ist eingemischt, mit und ohne Schwur. Da beißt die Maus kein'n Faden ab.*

Mause-Loch,* sagte das Kind versuchsweise fragend: Werden sie mich weiter links liegenlassen? Die Antworten, die er in schneller Folge von uns bekam und die ich hier getreulich verzeichne, werden Sie merkwürdig finden: Regen-Wurm, sagte ich. Glücks-Pilz, sagte der Vater. Nacht-Gespenst, sagte die Tochter. Bei einer so guten Sammlung von Wörtern konnte unser Spiel unverzüglich losgehen, und die erste Runde lautete: Regenloch, Mausepilz, Glücksgespenst und Nachtwurm, dann kamen wir schon in Fahrt und ließen uns hinreißen zu Lochwurm und Mausegespenst und Regenglück und Pilznacht, und danach war kein Halten mehr, die Dämme brachen und überschwemmten alles Land mit den hervorragendsten Mißbildungen. Wurmgespenst und Mauseregen und Nachtloch und Pilzwurm und Lochglück und Nachtregen und Pilzmaus quollen hervor.

Verzeihen Sie. Aber es ist schwer, sich nicht hinreißen zu lassen. Möglicherweise gibt es bessere Wörter. Und natürlich sind fünf oder sechs Spieler besser als vier. Wir haben es mal mit dem Ingenieur versucht. Wissen Sie, was er sagte? Sie erraten es nicht. Natürlich betrog er uns. Zu den Spielregeln gehört ja, daß jeder, ohne nachzudenken, das Wort nennt, das obenauf in seinem Kopf liegt. Der Ingenieur aber grub vor unseren Augen sein Gehirn sekundenlang um und um,* er strengte sich mächtig an, bis er, sehr erleichtert, Aufbau-Stunde* zutage förderte. Wir ließen uns natürlich nicht lumpen und gruben auch und bedienten ihn mit Arbeits-

Brigade* und Sonder-Schicht* und Gewerkschafts-Zeitung,* und das Kind brachte ganz verwirrt Pionier-Leiter* heraus. Aber ein richtiges Spiel wurde nicht aus Gewerkschaftsaufbau und Brigadestunde und Sonderarbeit und Schichtleiter und Zeitungspionier, wir trieben es lustlos ein Weilchen, lachten pflichtgemäß kurz auf bei Leitergewerkschaft und brachen dann ab.

Niemand von uns verlor ein Wort über diesen mißglückten Versuch, um die Gefühle der Tochter nicht zu verletzen, aber es arbeitete sichtbar in ihr, bis sie abends trotzig hervorbrachte: Er hat eben Bewußtsein!

Schneegans, sagte damals der Vater, dasselbe, was er auch heute sagt, weil die Tochter die erledigte Solotänzerin noch einmal hervorzieht und zu ihrer Rechtfertigung anführt, sie werde diesmal wunderbarerweise in einem meergrünen Kleid auftreten. Meergrüne Schneegans! Er nahm das Kind an die Hand, und sie gingen los mit Gesichtern, als verließen sie uns für immer und nicht nur für einen kurzen Gang zu ihrer geheimen Kleestelle, denn von Glückspilz waren sie zwanglos auf Glücksklee gekommen. Die Tochter aber sah ihnen triumphierend nach. Schneegans sagt er immer, wenn er kein Argument mehr hat, nicht? Hast du zufällig einen Kamm?

Ich gab ihr den Kamm, und sie holte einen Spiegel aus ihrem Körbchen hervor und befestigte ihn umständlich in den Zweigen des kleinen Aprikosenbaums. Dann nahm sie das Band aus ihrem Haar und begann sich zu kämmen. Ich wartete, weil es nicht lohnte, eine neue Seite anzufangen. Ich sah, wie sie sich zu beherrschen suchte, aber es mußte gesagt sein:* Sie sitzen überhaupt nicht, siehst du das?—Wer, bitte?—Meine Haare. Kommt nichts dabei heraus, wenn man sie kurz vor dem Schlafengehen wäscht. Nun war es gesagt. Diese Frisur brachte ihre zu große Nase stark zur Geltung—aber erbarm dich, fügte ich hastig ein, du hast doch gar keine zu große Nase!—, wenn sie auch den Vorteil hatte, ihre Trägerin etwas älter zu machen. Der Busschaffner eben hatte sie jedenfalls mit „Sie" angeredet: Sie, Frollein,* ziehn Sie mal ein bißchen Ihre Beine ein! Das war ihr peinlich gewesen, aber nicht nur peinlich, verstehst du?—Hättest du nicht, sagte ich, absichtlich die Akzente verschiebend, ihm einen kleinen Dämpfer geben* können? Vielleicht so: Reden Sie etwa mit mir so höflich?—Ach nein. So etwas fällt ihr leider nie ein, wenn sie es brauchte, und außerdem ging es ja nicht um die Unhöflichkeit des Busschaffners, sondern um das „Sie". Jedoch, um auf die Haare zurückzukommen: Du, sagte meine Tochter. Was möchtest du lieber sein, schön oder klug?

Kennen Sie das Gefühl, wenn eine Frage in Ihnen einschlägt? Ich wußte sofort, daß dies die Frage aller Fragen war und daß sie mich in ein unlösbares Dilemma brachte. Ich redete ein langes und breites, und am Gesicht meiner

Tochter sah ich, wie sie mich aller Vergehen, die in meiner Antwort denkbar waren, nacheinander für schuldig hielt, und ich bat im stillen eine unvorhandene Instanz um eine glückliche Eingebung und dachte: Wie sie mir ähnlich wird; wenn sie es bloß noch nicht merkt!, und laut sagte ich plötzlich: Also hör mal zu. Wenn du mich so anguckst und mir sowieso kein Wort glaubst—warum fragst du mich dann erst?

Da hatte ich sie am Hals, und darauf war die Frage ja auch angelegt. Der Kamm lag wie für immer im Gras, und ich hatte ihre weichen Lippen überall auf meinem Gesicht und an meinem Ohr sehr willkommene Beteuerungen von Ich-hab-nur-dich-wirklich-lieb und von ewigem Bei-mir-Bleiben und Immer-auf-mich-hören-Wollen, jene heftigen Eide eben, die man zum eigenen Schutz überstürzt leistet, kurz ehe man sie endgültig brechen muß. Und ich glaubte jedes Wort und spottete meiner Schwäche und meinem Hang zum billigen Selbstbetrug.

Jetzt lecken sie sich wieder ab, sagte das Kind verächtlich und warf mir lässig ein Sträußchen Klee in den Schoß, sieben Kleestengelchen, und jedes von ihnen hatte vier wohlausgebildete Blätter, wovon man sich gefälligst überzeugen wolle. Keine optische Täuschung, kein doppelter Boden, keine Klebespucke* im Spiel. Solides vierblättriges Glück.

Sieben! rief die Tochter elektrisiert. Sieben ist meine Glückszahl. Kurz und gut: sie wollte die Blätter haben. Alle sieben für sich allein. Wir fanden nicht gleich Worte für diesen unmäßigen Anspruch, und wir kamen gar nicht darauf, sie zu erinnern, daß sie sich noch nie für Glücksklee interessiert hatte und auch selber nie ein einziges vierblättriges Kleeblatt fand. Wir sahen sie nur groß an und schwiegen. Aber sie war so auf das Glück versessen, daß sie kein bißchen verlegen wurde.

Ja, sagte das Kind schließlich. Sieben ist ihre Glückszahl, das stimmt. Wenn wir zur Schule gehen, macht sie immer sieben Schritte von einem Baum bis zum nächsten. Zum Verrücktwerden. Sie nahm, als sei das ein Akt unvermeidlicher Gerechtigkeit, die Blätter aus meinem Schoß und gab sie der Schwester. Übrigens bekam ich sie sofort zurück, nachdem die Tochter sie heftig gegen ihre angeblich zu große Nase gepreßt hatte; ich sollte sie vorläufig in meinem Buch aufbewahren. Es wurde sorgfältig überwacht, wie ich sie zwischen Pinien und Macchiastauden legte, an den Rand des fremden Mittelmeeres, auf die Stufen jener Treppe zu dem Wahrsager, der aus Barmherzigkeit log, auf den Holztisch, an dem der junge Gastwirt seine Gäste bewirtet hatte, solange er noch glücklich und nicht als Opfer eines düsteren Unheils gezeichnet war. Die Seiten, auf denen jene gräßliche Rachetat begangen wird, ließ ich aus, denn was weiß ich von vierblättrigem Klee und von der Glückszahl Sieben, und was gibt mir das Recht, gewisse Kräfte herauszufordern?

Sicher ist sicher.*

Wer von euch hat nun wieder meinen Bindfaden weggenommen? Mit einem Schlag rutschte die fremde Flora und Fauna den Horizont herunter, wohin sie ja auch gehört, und was uns anging, war des Vaters düsteres Gesicht.

Bindfaden? Niemand, sagten wir tapfer. Was für Bindfaden?

Ob wir keine Augen im Kopf hätten, zu sehen, daß die Rosen angebunden werden müßten?

Das Kind zog eine der Schnüre aus seiner Hosentasche, die es immer bei sich trug, und bot sie an. Das machte uns anderen bewußt, daß es Ernst war. Die Tochter schlug vor, neuen Bindfaden zu holen. Aber der Vater wollte keinen neuen Bindfaden, sondern die sechs Enden, die er gerade zurechtgeschnitten und hier irgendwo hingelegt hatte und die wir ihm natürlich wegnehmen mußten. Siehst du, sagten wir uns mit Blicken, man hätte ihn nicht so lange sich selbst überlassen dürfen, man hätte ihm wenigstens ein Kleeblatt in die Tasche stecken sollen, denn jedermann braucht Schutz vor bösen Geistern, wenn er allein ist. Wir sahen uns für den Rest des Nachmittags Bindfaden suchen und hörten obendrein den Vater sein Geschick beklagen, das ihn unter drei Frauen geworfen hat. Wir seufzten also und wußten uns nicht zu helfen. Da kam Frau B.

Frau B. schaukelte über die Wiese heran, weil sie bei jedem Schritt ihr ganzes Gewicht von einem Bein auf das andere verlagern muß, und in ihrer linken Hand trug sie ihre Einkaufstasche, ohne die sie nicht auf die Straße geht, aber in ihrer rechten hielt sie sechs Enden Bindfaden. Na, sagte sie, die hat doch einer wieder am Zaun hängenlassen. Nachher werden sie gesucht, und dann ist der Teufel los.

Ach ja, sagte der Vater, die kommen mir eigentlich gerade zupaß. Er nahm den Bindfaden und ging zu den Rosen.

Vielen Dank, Frau B., sagten wir. Aber setzen Sie sich doch.

Die Tochter holte einen von den frisch abgewaschenen Gartenstühlen, und wir sahen etwas besorgt zu, wie er vollständig unter dem mächtigen Körper der Frau B. verschwand. Frau B. pustete ein bißchen, denn für sie, wie sie nun mal ist, wird jeder Weg eine Arbeit, sie schöpfte neuen Atem und teilte uns dann mit, daß der geschossene Zustand unserer Erdbeeren von übermäßiger künstlicher Düngung herrühre. Frau B. ist nämlich kein noch so merkwürdiges Verhalten irgendeiner lebenden Kreatur fremd, sie sieht mit einem Blick die Krankheit und ihre Wurzel, wo andere Leute lange herumsuchen müssen. Unsere Wiese hätte längst gemäht und das Unkraut auf dem Möhrenbeet verzogen werden müssen, sagte sie uns, und wir bestritten nichts. Aber dann gab uns Frau B. Grund zum Staunen mit der Frage, ob wir eigentlich schon in das Innere der gelben Rose geblickt hätten, die als erste links auf dem Beet stehe. Nein, in die Rose hineingesehen hatten wir noch nicht, und wir fühlten, daß wir ihr damit etwas schuldig geblieben waren. Das Kind lief gleich, es nachzuholen, und kam atemlos mit der Meldung zurück: Es lohne sich. Nach innen zu werde die Rose dunkelgelber, zum Schluß sogar beinahe rosa. Wenn auch ein Rosa, was es sonst nicht gibt. Das Tollste aber sei, wie tief diese Rose war. Wirklich, man hätte es nicht gedacht.

Wie ich Ihnen gesagt habe, sagte Frau B. Es ist eine edle Sorte. Die Haselnüsse haben aber auch gut angesetzt dieses Jahr.

Ja, Frau B., sagten wir. Und jetzt erst, nachdem Frau B. es bemerkt, hatten die Haselnüsse wirklich gut angesetzt, und uns schien, alles, worauf ihr Blick mit Zustimmung oder Mißbilligung gelegen, sogar die geschossenen Erdbeeren, hatte nun erst den rechten Segen.

Da tat Frau B. ihren Mund auf und sagte: Dieses Jahr verfault die Ernte auf dem Halm.

Aber Frau B.! riefen wir.

Ja, sagte sie ungerührt. Das ist, wie es ist. Wie der Hundertjährige Kalender sagt: Unwetter und Regen und Gewitter und Überschwemmungen. Die Ernte bleibt draußen und verfault auf dem Halm.

Da schwiegen wir. Wir sahen die Ernte nach dem Hundertjährigen Kalender zugrunde gehen unter den gelassenen Blicken der Frau B., und eine Sekunde lang kam es uns vielleicht vor, daß sie selber es war, die über die Ernte und die Haselnüsse und die Erdbeeren und Rosen zu befinden hatte. Es ist ja nicht ganz ausgeschlossen, daß man durch lebenslängliche Arbeit an den Produkten der Natur ein gewisses Mitspracherecht über sie erwerben kann. Vergebens versuchte ich, mir die Fluten von Fruchtsäften, die Berge von Marmeladen und Gelees vorzustellen, die im Laufe von vierzig Jahren über Frau B.s Küchentisch gegangen waren, ich sah die Waggons voller Möhren und grüner Bohnen, die aus ihren Händen gewachsen und von ihren Fingern geputzt worden waren, die Tausende von Hühnern, die sie gefüttert, die Schweine und Kaninchen, die sie gemästet, die Ziegen, die sie gemolken hatte, und ich mußte zugeben, daß es gerecht wäre, wenn MAN ihr nun vor anderen mitteilen würde: Also hören Sie mal zu, meine liebe Frau B., was dieses Jahr die Ernte betrifft, dachten WIR...

Denn den Hundertjährigen Kalender hat ja auch noch kein Mensch mit Augen gesehen.

Da sind sie ja wieder, sagte Frau B. befriedigt. Ich muß mich bloß wundern, daß es ihnen nicht über wird.*

Wem denn, Frau B.? Was denn?

Doch da sahen wir sie auch: die Hubschrauber. Muß ich mich entschuldigen für den regen Flugverkehr über unserem Gebiet? Tatsache ist:

um diese Nachmittagsstunde fliegen zwei Hubschrauber die Grenze ab, was immer sie über dem Drahtzaun zu erblicken hoffen oder fürchten mögen. Wir aber, wenn wir gerade Zeit haben, können einmal am Tage sehen, wie nahe die Grenze ist, wir können die langen Propellerarme kreisen sehen und uns gegenseitig die hellen Flecke in der Kanzel, die Gesichter der Piloten, zeigen, wir können uns fragen, ob es immer die gleichen sind, die man für diesen Flug abkommandiert hat, oder ob sie sich abwechseln. Vielleicht schicken sie sie bloß, um uns an sie zu gewöhnen. Man hat ja keine Angst vor Sachen, die man jeden Tag sieht. Aber nicht einmal die nächtlichen Scheinwerfer und die roten und gelben Leuchtkugeln,* die vor der Lichtkuppel der Großstadt aufzischen, rücken uns die Grenze so nahe wie die harmlos-neugierigen Hubschrauber, die das Tageslicht nicht scheun.

Zu denken, daß er aus Texas sein könnte, sagte Frau B. Wo gerade mein Junge ist.

Wer denn, Frau B.?

Der Flieger da. Er kann doch ebensogut aus Texas sein, oder nicht?

Das kann er. Aber was in aller Welt macht Ihr Sohn in Texas?

Fußball spielen, sagte Frau B.

Da fiel uns wieder alles über ihren taubstummen Sohn ein, der mit seiner ebenfalls taubstummen Frau im Westen lebte und der nun mit der Fußballmannschaft der Gehörlosen in Texas war, ohne zu ahnen, was seine Mutter gerade angesichts eines fremden Hubschrauberpiloten sagt. Auch Anita fiel uns ein, Frau B.s Tochter, die ebenfalls taub war und allein in einer fremden, aber erreichbaren Stadt einen Beruf lernte und jede Woche ihre Wäsche nach Hause schickte. Wir sahen Frau B. noch einmal an und suchten Spuren von Schicksal in ihrem Gesicht. Aber wir sahen nichts Besonderes.

Seht mal alle geradeaus, sagte das Kind und zog eine Grimasse. Am Zaun stand unsere Nachbarin, die Witwe Horn.

Prost die Mahlzeit,* sagte Frau B. Dann werd ich man gehen.*

Aber sie blieb und drehte ihren ganzen mächtigen Körper dem Zaun zu und sah der Witwe Horn entgegen: der Frau, die keine Zwiebel an Kartoffelpuffer macht und die ihren verstopften Ausguß nicht reparieren läßt und die sich kein Kopftuch zum Wechseln leistet, aus nacktem, blankem Geiz. Sie war gekommen, mit ihrer durchdringenden, teilnahmslosen Stimme zu uns über das Eisenbahnunglück zu reden.

Jetzt sind es zwölf, sagte sie statt einer Begrüßung.

Guten Tag, erwiderten wir beklommen. Was denn: zwölf?

Zwölf Tote, sagte die Witwe Horn. Nicht neun, wie sie gestern noch in der Zeitung schrieben.

Allmächtiger Himmel, sagte Frau B. und sah unsere Nachbarin an, als habe *sie* die drei Toten umgebracht, die gestern noch nicht in der Zeitung standen. Wir wußten, daß Frau B. ihr alles zutraute, denn wer am Gelde hängt, stiehlt auch und bringt Leute um, aber das ging zu weit. Auch wenn uns selbst das Glitzern in den Augen der Witwe Horn nicht recht gefallen wollte.

Woher wissen Sie denn das, fragten wir, und ist es wirklich sicher, daß drei aus unserem Ort dabei sind?

Vier, sagte unsere Nachbarin beiläufig. Aber die Frau von diesem Schauspieler war ja hoch versichert.

Nein, sagten wir und wurden blaß. Ist sie auch tot?

Natürlich, sagte die Witwe Horn streng.

Da schwiegen wir ein paar Sekunden lang für die Frau vom Schauspieler. Ein letztes Mal kam sie mit ihren beiden Dackeln die Straße herauf bis zu unserer Gartentür, ein letztes Mal beschwerte sie sich zwischen Ernst und Spaß über die Unarten der Hunde, ließ sie sich widerstrebend von Baum zu Baum ziehen und strich ihr langes blondes Haar zurück. Ja: jetzt sahen wir es alle, daß sie schönes Haar hatte, kaum gefärbt, und daß sie schlank war und gut aussah für ihr Alter. Aber wir konnten es ihr nicht sagen, sie war schon vorbei, sie wendete uns auf eine unwiderrufliche Art den Rücken zu, die wir nicht an ihr kannten, wir durften nicht hoffen, daß sie sich umdrehen oder gar zu uns zurückkommen werde, nur damit wir unaufmerksamen Lebenden noch einmal in ihr Gesicht sehen und es uns einprägen könnten—für immer.

Was für ein unpassendes Wort für die lebendige, von wechselnden Alltagssorgen geplagte Frau des Schauspielers.

Er ist ja noch nicht zurück, sagte unsere Nachbarin, die nicht gemerkt hatte, daß jemand vorbeiging.

Wer denn?

Na der Schauspieler doch. Sie haben ja nichts mehr von ihr gefunden, bloß die Handtasche mit dem Personalausweis. Das muß den Mann ganz durcheinandergebracht haben. Er ist noch nicht zurück.

Es kam, was kommen mußte. Das Kind tat den Mund auf und fragte: Aber warum denn? Warum haben sie denn nichts mehr von ihr gefunden?

Wir starrten alle die Witwe Horn an, ob sie nun beschreiben würde, wie es nach so einem Eisenbahnunglück auf den Schienen aussehen kann, aber sie sagte, ohne unsere beschwörenden Blicke zu beachten, in ihrem gleichen ungerührten Ton: Das geht alles nicht so schnell. Sie suchen noch.

Kommen Sie doch näher, sagte ich. Setzen Sie sich doch.

Aber dazu konnte unsere Nachbarin nur lächeln. Man sieht sie nie lächeln, außer wenn ihr etwas Unnatürliches zugemutet wird: daß sie etwas verschenken soll, zum Beispiel. Oder daß sie sich mitten am Tag hinsetzen soll. Wer sitzt, der denkt. Wer Mist auf sein Maisfeld karrt oder ein Stück Land umgräbt oder Hühner schlachtet, muß weit weniger denken als ein Mensch, der in seiner Stube sitzt und auf das Büfett mit den Sammeltassen stiert. Wer möchte sich dafür verbürgen, daß nicht auf einmal ein Mann vor dem Büfett steht, da, wo er immer gestanden hat, um seine Zeitung herunterzulangen; ein hassenswürdiger Mann, der, wie man hört, die Strafe für das Verlassen seiner Frau vor kurzem durch den Tod gefunden hat. Oder Enkelkinder, die man nicht kennt, denn man hat ja die Schwiegertochter, dieses liederliche Frauenzimmer, mitsamt dem Sohn hinausgeworfen. Da springt man dann auf und holt die Drahtkiste mit den Küken in die gute Stube, mögen sie doch die leere Wohnung mit ihrem Gepiepe füllen, mögen doch die Federn umherfliegen, daß man kaum atmen kann, mag doch alles zum Teufel gehen. Oder man rennt in die Küche und färbt Eier und verschenkt sie zu Ostern an die Nachbarkinder, diese Nichtsnutze, die abends an der Türklingel zerren und dann auseinanderstieben, so daß niemand da ist, wenn man hinausstürzt, immer wieder hinausstürzt, aber nichts ist da. Nichts und niemand, wie man sich auch den Hals verrenkt.

Wiedersehen, sagte die Witwe Horn. Weiter wollt ich dann ja nichts. Mit ihr ging Frau B. Jeder ihrer gewichtigen Schritte gab zu verstehen, daß sie sich nicht gemein machte mit der hageren Frau, die neben ihr trippelte. Die Grenze galt es zu hüten, die unverschuldetes Schicksal und selbstverschuldetes Unglück auf immer voneinander trennt.

Ein Streit brach zwischen den Kindern aus, auf den ich nicht achtete. Er wurde heftiger, zuletzt jagten sie sich zwischen den Bäumen, das Kind hielt einen abgerissenen Papierfetzen hoch und schrie: Sie liebt schon einen, sie liebt schon einen!, und die Tochter, außer sich, forderte ihren Zettel, forderte ihr Geheimnis zurück, das genauso schwer zu verbergen wie zu offenbaren war. Ich lehnte den Kopf an das Kissen in meinem Liegestuhl. Ich schloß die Augen. Ich wollte nichts sehen und nichts hören. Jene Frau, von der man nur noch die Handtasche gefunden hatte, sah und hörte auch nichts mehr. In welchem Spiel sie ihre Hände auch gehabt haben mochte, man hatte sie ihr weggeschlagen, und das Spiel ging ohne sie weiter.

Der ganze federleichte Nachmittag hing an dem Gewicht dieser Minute. Hundert Jahre sind wie ein Tag. Ein Tag ist wie hundert Jahre. Der sinkende Tag, sagt man ja. Warum soll man nicht spüren können, wie er sinkt: vorbei an der Sonne, die schon in die Fliederbüsche eingetaucht, vorbei an dem kleinen Aprikosenbaum, an den heftigen Schreien der Kinder, auch an der Rose vorbei, die nur heute und morgen noch außen gelb und innen rosa ist. Aber man kriegt Angst, wenn immer noch kein Boden kommt, man wirft Ballast ab, dieses und jenes, um nur wieder aufzusteigen. Wer sagt denn, daß der Arm schon unaufhaltsam ausgeholt hat zu dem Schlag, der einem die Hände aus allem herausreißt? Wer sagt denn, daß diesmal wir gemeint sind? Daß das Spiel ohne uns weiterginge?

Die Kinder hatten aufgehört, sich zu streiten. Sie fingen Heuhüpfer. Die Sonne war kaum noch sichtbar. Es begann kühl zu werden. Wir sollten zusammenräumen, rief der Vater uns zu, es sei Zeit. Wir kippten die Stühle an den Tisch und brachten die Harken in den kleinen dumpfen Schuppen.

Als wir gingen, war die Luft voller Junikäfer. An der Gartentür drehten wir uns um und sahen zurück.

Wann war das eigentlich mit diesem Mittelmeer, fragte das Kind. Heute?

(aus: *Neue Texte* 1967,
Aufbau-Verlag,
Berlin, 1967)

Erik Neutsch

DREI TAGE UNSERES LEBENS

ERSTER TAG

„DIE Stadt* muß verändert werden", sagte Konz. „Ich wüßte nicht, weshalb ich hierhergeschickt worden bin, wenn die Stadt nicht verändert wird."

Der hat klug reden,* dachte ich, eine Woche ist er nun hier, nicht einmal eine Woche, seit Montag erst, heute ist Freitag, und schon nimmt er den Mund voll, spielt sich auf, und eigentlich will er mir nur beweisen mit jedem seiner gesalbten, gepfefferten Worte, daß ich ersetzbar bin, auswechselbar, wenn nicht gar fehl am Platze. Ich sollte ihm den Gefallen tun und abdanken. Kurzen Prozeß sollte ich machen, aufstehen, durch die Tür gehen und abdanken. Ich bin nicht der Mann, der sich seine Papiere in Raten auszahlen läßt.* Ich pfeif auf die Blumen. Wenn ich nicht mehr von Nutzen bin, wenn ich nach deiner Ansicht, Konz, die Zeichen der Zeit nicht mehr begreife, bitte, sag es. Grabstein, und darauf eine Inschrift: Er fiel im Frieden. Das wäre ehrlich. Doch nun?

Die Sitzung dauerte seit dem Morgen. Einen Schluck Kaffee, Konz ging durch alle Zimmer, und dann begann sie. Jetzt leuchtete schräg schon die Abendsonne in alle Fenster, übergoß den Raum mit einem rosigen Licht, spiegelte sich auf den Brillengläsern von Konz, bedeckte sie mit einer silbrigen Folie, so daß man nicht mehr erkennen konnte, wen er gerade mit seinen Blicken aufs Korn nahm, und außerdem hatte er eine verdammte, ich möchte sagen: beinahe ehrenrührige Art, unsere Geduld auf die Probe zu stellen. Sprich es doch aus, Konz. Mach ein Ende. Ich bin mürbe inzwischen wie ein Hefeteig, auf dem einer stundenlang herumgeknetet hat. Deine Beweisketten. Deine Rechnerei mit jedem Kubikmeter Erde. Was werden denn unsere Frauen sagen. Wie wird mich Herta empfangen, wenn es wiederum Nacht wird, bevor ich nach Haus komme. Konz hat keine Frau. Der ist vierzig oder erst fünfunddreißig, jung, glaube ich, und das genügt ihm, um mal hier und mal dort ...

„Natürlich schaffen wir's nur, wenn alle an einem Strang ziehen", unterbrach er meine Gedanken. „Allein ist der Tod.* Also, Genossen, macht es der Partei nicht zu schwer."

Ich meldete mich zu Wort. Er übersah mich nicht, und ich sagte: „Seit zwanzig Jahren lebe ich hier. Seit zehn Jahren bin ich Bürgermeister* dieser Stadt. Sie ist nicht zu verändern. Das Alte ist nur zu verschönern."

Konz erwiderte: „Ich hoffe, Genosse Brüdering, du* kennst den Unterschied genau zwischen alt und neu. Ich weiß nicht, ob das Neue auch immer schön ist. Aber notwendig ist es. Schön ist keine Alternative zu alt. Neu jedoch, das trifft."

Es war seit seiner Ankunft kein Tag vergangen, an dem er uns nicht mit solchen oder ähnlichen Philosophien attackierte. Immer hielt er ein Spruchband bereit, wenngleich mich oft, ich muß es gestehen, der Text darauf überraschte. Woher nahm Konz seine Sicherheit? Ich dachte darüber noch nach, als ich bereits auf dem Nachhauseweg war. Nein, an diesem Tage war die Entscheidung noch nicht gefallen. Morgen würden wir weitersehen. Weiter und klarer. Für morgen hatte Konz die Ingenieure und Architekten eingeladen. Die Stadt muß verändert werden. Er nannte seit seiner Antrittsrede das Was. Und alle anderen wollte er darauf trimmen,* ihm das Wie zu liefern. Doch ohne mich, mein Freund. Trotz der Sonne auf deinen Brillengläsern konntest du deine Augen vor mir nicht verstecken. Ich saß an deiner Seite. Ich sah dir in die Pupillen. Eine Farbe hat deine Iris, grau und kalt wie die Pfennigstücke. Vielleicht rührt es nur daher, von diesem Grau, daß jeder deiner Blicke eine Rechnung aufzumachen scheint. Denn nichts anderes an dir, die abstehenden Ohren nicht unter den blonden Haarfransen, die vollen Lippen mit den schiefgewachsenen Zähnen dahinter, die runden Wangen nicht und das wenig energische Kinn, nichts ist an dir so sachlich wie deine Augen. Wäre die graue Sachlichkeit deiner Augen nicht, hätte sogar dein Gesicht, möchte ich meinen, etwas einnehmend, anziehend Lustiges.

Ich nahm die Bahn. Ich kenne den Fahrer. Wenn er Nachtschicht hat, bin ich manchmal sein letzter Begleiter, fährt er nur meinetwegen bis an die Endhaltestelle in Staubnitz. Dann kommen wir ins Gespräch. Zehn Minuten, nicht länger. Doch über zehn Jahre nun schon, im Schnitt zehn Minuten je Woche, das reicht, um einen anderen Menschen kennenzulernen. Über den Austausch von Höflichkeitsfloskeln sind wir hinaus. Und so verspürte ich denn auch nach dieser Sitzung das Bedürfnis, mit ihm zu sprechen. Ich weiß, daß er in der Großen Leipziger* wohnt. Zwei Zimmer, vier Kinder, fünfhundert Mark im Monat, seine Frau, Austrägerin für die Nachmittagspost, winters wie sommers auf einem Fahrrad, verdient noch ein bißchen dazu. Sind sie glücklich? Ich frage es mich jedesmal.

Wenn es nach Konz ginge, würde die Große Leipziger fallen. Er stand heute früh vor der Karte und entwarf seinen Plan. Die neue Nord-Süd-Achse legte er quer durch die Stadt. Kein Pardon für das Zentrum. Aufreißen, Abbruch, Rekonstruktion. Wir hatten die Straße bisher außen herum, durch die versumpften und sauren Wiesen der Saale führen wollen. Die Stadt ist tausend Jahre alt. Fünfmal, berichten die Urkunden, brannte sie nieder. Im Krieg allerdings, und bis heute weiß niemand, warum, blieb sie verschont. So ziemlich verschont. Und jetzt? Konz steht vor der Stadt wie Tilly* und will sie zum sechsten Mal in den Erdboden äschern. Ich mußte erfahren, was Paul dazu sagt, der Straßenbahnfahrer. Zehn Minuten am Park entlang bis zur Endhaltestelle. Die Hyazinthen werden schon in den Perron hinein duften. Und wenn's nicht genügt, so helfe ich ihm beim Rangieren. Eine Antwort auf eine Frage.

Ich lebe bei Gott nicht so schlecht, als daß ich mir nicht auch was leisten könnte, sagte Seidensticker. Fernseher und Kühlschrank, wenn's Dinge sind, woran sich der Mensch heute mißt, die hab ich. Auch ein Paar Schuhe jährlich fallen für jeden ab, ein Anzug für mich und 'n Kleid für die Frau und die Tochter zu Weihnachten und zum Geburtstag. Nur, Bürgermeister, du müßtest mehr Kindergärten errichten. Dann könnte Ellen ganztags zur Post gehen. Hundertundfünfzig mehr auf die hohe Kante, man könnt auch mal wieder ein Möbelstück kaufen, neue Matratzen und Bettbezüge, auch 'n Bier trinken, nach Feierabend versteht sich. Die Große sind wir bald los. Sie macht jetzt ihr Abitur. Doch was dann? Sie liegt uns nicht mehr auf der Tasche,* gut. Das ist das eine. Bisher aber hat sie nachmittags immer zwischen Shakespeare und Mathematik, kenn mich darin nicht aus, unseren Jüngsten betreut. Die FDJ* wird schon böse, weil sie nicht hingehen kann, und manch einen gibt's, Söhnchen von einem Arzt oder einem Direktor oder was sonst aus einer verwöhnten Familie, der sie hänselt. Die fahren schon in die Schule mit eigenem Roller. Sie aber sitzt zu Hause, weil einer auf den Kleinsten aufpassen muß. Und dann geht das große Gejammer los. Bürgermeister, bau einen Kindergarten in der Leipziger. Uns allen wäre geholfen, auch dem Mädchen . . .

Doch Konz erklärte am Morgen, daß an Kindergärten demnächst nicht zu denken ist. Die Stadt braucht einen Aufbruch. Durchbrüche braucht sie von Norden nach Süden und von Osten nach Westen. Anschlüsse an die Autobahnen. Das frißt Geld, gewiß. Aber wenn wir uns heute nicht dazu entschließen, sagt Konz, zahlen wir morgen das Doppelte, wird es sich rächen in fünfzehn Jahren, noch im Prognosezeitraum.* Paul Seidensticker, begreifst du das? Auch dein Bürgermeister wird im Beton vergraben. Ich hab mich gewehrt. Das Alte läßt sich nur verschönern. Bau eine neue Stadt, Konz, draußen, nach Wolfen und Bitterfeld zu, vor den Toren, wo die

Erde so flach und so breit ist wie der Himmel darüber. Dort hast du Platz.
Dort kannst du wirtschaften aus dem vollen.* Und vielleicht springt sogar
noch etwas heraus dabei für den Fahrer der Linie sieben.

Ich stieg aus. An diesem Abend war ich mit meinen Fragen allein
geblieben. Ich hatte nicht einmal den Duft der Hyazinthen bemerkt. Hinter
dem grünen Vorhang auf dem Perron, an der Kurbel, stand eine Frau, die
ich nicht kannte. Ich war enttäuscht. Dann hätte ich gleich den Dienstwagen
nehmen können. Ein Uhr nachts. Ich wäre früher zu Hause gewesen,
früher im Bett. Schlafen. Doch der Schlaf würde ohnehin wieder eine
Ewigkeit auf sich warten lassen. So kurz vor der Ablösung. Was das
Schlafen betrifft, haben's sogar die Katzen schon leichter als ich, die, wie
man weiß, nur halb soviel brauchen wie ein Mensch. „Wo ist Paul Seidensticker?" fragte ich die Frau. „Hat er nicht Nachtschicht?" Sie schaute mich
prüfend an. „Kennen Sie ihn?" Ich nickte. „Es ist was passiert", sagte sie
dann, und mir senkte sich plötzlich Blei in die Glieder. Ich hatte ihn lange
nicht mehr gesehen. Vor zwei Wochen, glaub ich, das letzte Mal. „Was
ist denn passiert?"—„Mit seiner Großen was."—„Sigrid?"—„Ja. Seit
gestern ist sie verschwunden. Zur Schule gegangen, und seitdem ist sie
verschwunden. Paul war ganz aufgeregt, als er uns Nachricht gab." Sie
schwätzte noch irgend etwas von Vertretung und Mangel an Arbeitskräften.
Ich hörte schon nicht mehr hin. „Hat man denn einen Anhaltspunkt, eine
Ahnung, warum?"—„Nein. Nichts."

Zu meinen eigenen Sorgen nun auch noch diese. Doch den Beruf zu
verlieren oder die Tochter, ich wüßte, was ich zu wählen hätte. Als ich den
spärlich erleuchteten Weg an den Gartenzäunen und Hecken in Staubnitz
entlangging, überlegte ich, ob ich daheim nicht sofort die Genossen vom
Kreisamt anrufen sollte, um mich nach Sigrid Seidensticker zu erkundigen.
In letzter Zeit treibt sich in unserer Stadt allerhand Diebsgesindel umher.
Einbrüche in Kioske und Automaten nehmen zu. Und neulich gab es sogar
einen Raubüberfall mit tödlichem Ausgang. Mord, an einer Mutter von drei
Kindern. Wir fanden sie erwürgt im Gebüsch unterhalb der Saalefelsen. Es
war seit langem kein ähnlicher Fall geschehen. Der Mörder kam weit von
woanders her. Durchreise. Wir verstärkten seitdem die Streifen. Der
Bahnhof und die Kinos stehen unter täglicher Bewachung. Besonders dort
sammeln sich Trupps von Jugendlichen, die sich an unsere Lebensweise,
Ruhe und Ordnung und Fleiß, nicht gewöhnen wollen. Die Haare lang und
länger, die Hosen bunt geblümt wie Weiberröcke und manchmal nun auch
stehlen ... Doch man sollte nicht gleich das Schlimmste befürchten. Sigrid
ist achtzehn, und viele Mädchen in ihrem Alter kommen nachts nicht nach
Hause. Und trotzdem. Ich müßte davon auch Konz unterrichten. Konz,
muß ich sagen, morgen schon, vergiß nicht bei all deinen Zukunftsträumen,

deine Gedanken, deine stahlgrauen Augen auf die Gegenwart zu richten. Wenn du die Stadt ändern willst, denke an ihre Menschen. Zwei Trassen* willst du durch die alten Gemäuer sprengen, ein Kreuz legen über den Leninplatz, Tunnel und Hochstraßen. Doch ist dir bewußt, daß ein Bauplatz von solchem Ausmaß, Dimensionen, als hätten wir Land wie Sibirien, immer auch Fremde anlockt, die wie die Aasgeier sich auf den Kadaver stürzen? Plündern und rauben und es auch sonst mit der Sittlichkeit nicht zu genau nehmen? Die Statistik spricht eine deutliche, unwiderlegbare Sprache.

Seit vorgestern ruhen die Arbeiten an der Liebknechtstraße. Die Maschinen schweigen. Konz hat die Brigaden* in die Wohnbauviertel des Südens geschickt. Gegen meinen Protest. Auch gegen den Protest seines Industriesekretärs. Doch er? Keine Schaufel Erde wird noch ausgehoben, solange nicht klar ist, was an der Liebknechtstraße gebaut werden soll. Eine bessere Grünanlage oder ein Tunnel, Durchbruch nach Osten, vier Fahrbahnen breit. Sicht auf das Jahr zweitausend. Das Übliche. Auf uns jedoch, die Kenner der Stadt, denen jeder Pflasterstein hier vertraut ist, hört er nicht. Er wischt uns vom Tisch. Wir haben nach seiner erlauchten Meinung den Rückschritt erfunden, das Stehenbleiben, auf gar keinen Fall das Vorwärtsdenken. Doch niemand vermag, über den eigenen Schatten zu springen.* Auch Konz nicht.

Die Stadt, nach der letzten Zählung bewohnt von fast zweihunderttausend Seelen, streckt sich, weit länger als breit, am Ostufer des Flusses hin. So ist sie angelegt. Der Tunnel, gut, der würde vielleicht noch verkraftet, weil er nur die Schmalseite unterquert, obwohl noch nicht geklärt ist, wie das Grundwasser eingedämmt werden soll, das von der nahen Saale her überall einsickert. Protokolle über Bohrungen älteren Datums warnen davor, Gebäude höher als fünf Stockwerke zu errichten. Anderenfalls bestünde Gefahr, daß der Boden nicht standhält. Aber das Bündel der Hochstraßen, die Trasse von Norden nach Süden, die den Anschluß an die geplante Autobahn Magdeburg—Dresden bilden soll . . . Wir müßten die Stadt der Länge nach aufreißen. Jedesmal, wenn Konz davon spricht, sehe ich Rauchfahnen und Trümmer vor mir wie im Kriege.

Man kann durch eine Stadt keine Schneise hauen wie durch einen Wald. Die Große Leipziger, zum Teil auch der Markt mit seinen zwei Kirchen, dem Blauen Turm, wo die Tauben nisten, und die Kühnritter und die Bad Lauchstädter Chaussee—sie alle würden vernichtet werden. Konz will zumindest die Buchten und Winkel darin, Motive früher für die Romantiker, beseitigen. Doch in jedem Haus wohnen Menschen. Ecke Heizenröder zum Beispiel, gegenüber der Tankstelle, dort, wo in den Fenstern bis in den späten Sommer hinein die Geranien blühen, lebt das Ehepaar Hauk. Er ist

Meister in den Leunawerken.* Im Kriege verlor er den einen Sohn, bei einem Flugzeugunglück über der kanadischen Küste den anderen. Beide wohnten bis zu ihrem Tode bei ihm. Jedes Stück Mauer erinnert ihn an das Leben der Kinder. Er hat keine mehr. Und die Alte hängt oft den Kopf über die roten Geranien und starrt über die Dächer hinweg auf die Saalehügel. Vielleicht sieht sie dort ihre Söhne spielen. Wer kann in das Herz einer Mutter schauen? Oder das Haus mit dem Fachwerkgiebel in der Krümmung der Tuchfärbergasse. Eichendorff dichtete hier. Im zweiten Stock die Familie Wendkamp ... Doch das alles würde zu weit führen. Die Stadt hat ganz einfach ihre Geschichte, und die spricht gegen die Pläne. Konz behauptet zwar, die Rekonstruktion des Zentrums käme billiger als der Bau jeder Neustadt, man spare am Aufschluß, auch um die Nachfolgeeinrichtungen brauche man sich nicht zu kümmern, aber er kann nichts beweisen. Er kann nichts beweisen, weil er die Stadt nicht kennt. Eine Woche reicht dafür nicht. Zehn Jahre, die genügen vielleicht.

Meine Frau schlief schon. Ich sah durch die Tür und vernahm ihren ruhigen Atem. Auf den Tisch im Wohnzimmer hatte sie einen Imbiß gestellt. Über den Teller war ein weißes Geschirrtuch gebreitet. Darauf lag ein Zettel: „Falls Du noch Hunger hast, alter Nachtschwärmer, bitte bedien Dich. Den Kaffee findest Du in der Thermosflasche. Wann soll ich Dich wecken?" Weiß Gott, ich kann zu jeder Tages- und Nachtzeit Kaffee trinken. Mein Herz nimmt ihn gar nicht zur Kenntnis. Aber diesmal ließ ich ihn stehen. Ich rief das Kreisamt an.

Nachdem ich meinen Namen genannt hatte, wurde ich sofort verbunden. „Der OB, Verzeihung, Herr Oberbürgermeister?"—„Ja." Bis auf weiteres, wollte ich noch hinzufügen. Unsinn. Was ging die Kriminalpolizei unser Streit an. Ich hasse das Lamentieren. „Da ist ein Fall. Sigrid Seidensticker. Seit gestern wird sie gesucht. Sind Sie informiert? Und wissen Sie schon etwas Näheres?" Nichts. Der Kommissar wußte nicht mehr als die Frau in der Straßenbahn. Keine Spur. Am Morgen waren die Lehrer befragt worden. Auch sie konnten sich nichts erklären. Nur ihre Klassenkameraden hatten ausgesagt, daß sie nach dem Chemieunterricht fürchterlich geweint haben soll. Vielleicht eine schlechte Zensur? So kurz vor dem Abitur, da können einem Mädchen die Nerven durchgehen. Prüfungsfieber. Man hält für das Allerwichtigste auf der Welt die Zensuren. Ich, hätte ich je zu verfügen darüber, ich würde sie abschaffen. Die Pädagogik sollte sich etwas Gescheiteres und Gerechteres einfallen lassen. Ich kenne keinen einzigen Menschen, dessen Verhalten im späteren Leben jemals dem Zeugnis, dem Sammelsurium von Einsen und Fünfen,* das seine Lehrer ihm gaben, entsprochen hätte. Litt nun auch Sigrid darunter? Ich vergaß, mich danach zu erkundigen. Und ein zweites Mal wollte ich nicht anrufen.

Seidenstickers Tochter hatte ich vor einem Jahr kennengelernt. Ebenfalls in der Bahn. Und wenn ich nun fortfahre, auch über sie zu berichten, so muß ich vorausschicken, daß sich wohl manches von dem, wovon ich erst später Kenntnis erhielt, hier bereits einschmuggeln wird.

Im letzten Sommer fuhren die Straßenbahnzüge noch mit je einem Wagen ohne die inzwischen übliche Zahlbox.* Wir brauchten noch Schaffner. Und plötzlich, an der Endhaltestelle der Sieben, beim Rangieren, trat auf Paul die Schaffnerin zu, brach ein Schinkenbrot durch und hielt ihm die Hälfte davon mit den Worten hin: „Du sollst dich stärken, Herr Vater. Mutter hat es mir extra ans Herz gelegt, auf dich zu achten." Er lachte, er zwinkerte mir zu und sagte nicht ohne Stolz: „Das ist sie. Meine Große." Eine solche Bezeichnung jedoch war unzutreffend. Sie ließ sich nur dann erklären, wenn man wußte, daß Paul noch drei jüngere Kinder besaß. Sigrid war alles andere als groß. Unter dem mächtigen Schaffnergehänge, der Tasche mit dem handbreiten Riemen über der Schulter, wirkte sie eher zierlich, schmalhüftig, noch nicht einmal erwachsen, wie verloren in der graugrünen Uniform der Straßenbahner. Ich konnte mir denken, daß sie hier, wie des öfteren Studenten und Schüler, nur aushalf, und ich fragte: „Haben Sie denn nichts Angenehmeres zu tun in den Ferien? Baden gehen oder zelten? Ostsee und Waldluft?" Sie errötete. Ich bemerkte es, obwohl nur ein karges, vereinsamtes Licht aus dem Wageninneren auf ihr hübsches Gesicht fiel, und statt ihrer, noch mit kauendem Mund, so, als wollte er sie in Schutz nehmen, erwiderte Paul: „Ach, Bürgermeister, davon verstehst du mal wieder nichts."

Was, zum Teufel, verstand ich nicht? Ich hatte weder ihn noch sie verletzen wollen. Ich schwieg, und das war wohl auch das vernünftigste, was ich in diesem Augenblick hatte tun können. Denn Sigrid wandte sich plötzlich ab, ihre Heiterkeit verflog, und jede weitere Frage meinerseits hätte sie nur noch trauriger gestimmt. Ihre Klasse war längst über alle Berge, an die Ostsee und in die Waldluft, wie ich mich ausgedrückt hatte, ohne davon zu ahnen. Sie aber, sensibler als andere Schüler in ihrer Lage, blieb zurück. Sie fürchtete, zum ersten Mal außerhalb der gewohnten Umgebung der Schule, eine Blamage. Dort in der Fremde, täglich beisammen, Tür an Tür oder Zelt an Zelt, würden auch beste Freunde sich wieder fremd werden, würde einer den anderen mit anderen Augen betrachten. Das Vertraute würde nicht länger vertraut sein. Sie hatte gehört, wie einige Mädchen sich darüber unterhielten, was sie mitnehmen wollten. Ihre Koffer mußten Gefäße sein ohne Böden. Vier, fünf, sechs Paar Dederonstrümpfe,* hauchdünn und in allen Farbschattierungen, Traum, wie es scheint, aller Frauen, auch wenn sie noch keine sind, Schuhe für jede Gelegenheit, Oberkleidung und Wäsche, teuerste Sachen aus den teuersten Läden, und dagegen konnte sie nicht konkurrieren, ja, konkurrieren, das war das richtige Wort. Sie verzagte, und sie erfand eine Lüge und schloß sich aus von der Reise. Mußt du wieder die Kinder hüten? Als aber die Mutter davon erfuhr, ihr den Kummer von den Augen ablas, setzte sie sich eines Abends vor den Ferien hin und überrechnete jeden Pfennig. Sie schlug ihr vor, einen neuen Badeanzug zu kaufen, auch aus dem Exquisit.* Hundertunddreißig Mark kostet einer, hundert schon ein Bikini, oben nichts, unten nichts, und sie, die Mutter, würde fast einen Monat dafür arbeiten müssen. Ist das nicht Irrsinn? Einen Monat lang auf dem Fahrrad, jeden Nachmittag, bei Regen und Wind, ob der Himmel schäumt oder glüht, immerzu unterwegs, nur für einen oder zwei Stoffetzen? Doch wenigstens beim Baden, dann, wenn die Blicke der Jungen besonders wach hinter den Mädchen her sind, sollte Sigrid sich nicht zu verstecken brauchen. Sie sollte ihn haben, diesen Badeanzug, rot mit schwarzweißer Spitze, wie er neulich im Schaufenster aushing, der würde ihr stehen, und die Mutter hätte deswegen sogar auf ihr Geschenk zum Geburtstag verzichtet. Sigrid jedoch lehnte ab. Sie wollte den Eltern nicht auf der Tasche liegen und sich das Geld für einen Bikini selber verdienen. Auch der nächste Sommer wird wieder heiß sein und schön. Das Leben beginnt erst. Und so machte ich ihre Bekanntschaft als Schaffnerin.

Hin und wieder bestellte ich nun, sobald ich Paul Seidensticker traf, meine Grüße an sie. Vor kurzem zeigte er mir ihr Bild. Was, rief ich aus, das ist aus dem dürren Mädchen von damals geworden? Ein Herbst und ein Winter waren vergangen, aber Sigrid sah inzwischen viel reifer aus. Nach der Fotografie zu urteilen, hätte ich sie, wenn ich ihr unverhofft begegnet wäre, nicht wiedererkannt. Immer öfter stellten ihr nun auch die Jungen nach. Ihre bescheidene Art, ihre aus den geschilderten Gründen leicht erklärbare stille Natürlichkeit, mochte manchem sehr reizvoll erscheinen. Außerdem war sie hübsch. Ein Bursche aus der Parallelklasse, Söhnchen von einem Arzt oder einem Direktor oder was sonst aus einer verwöhnten Familie, wie Paul es nannte, brachte sie täglich mit einem Motorroller nach Hause. Die Nachbarn verrenkten sich schon die Hälse. Manche lauerten hinter den Wohnungstüren des dunklen Korridors, des höhlenähnlichsten, dunkelsten Korridors, den ich je sah, und zählten am Geflacker vor dem Schlüsselloch, wie oft jedesmal, bevor sich die beiden verabschiedeten, das Zweiminutenlicht* ausblieb. Auch dem Vater kamen Bedenken. Vor mir verbarg er sie nicht, und ich versuchte ihn damals zu trösten: „Alle Vögel werden eines Tages flügge. Und auch du wirst nichts daran ändern." Jeden Sonntag holte der Junge Sigrid nun ab. Er klingelte, wußte, was sich gehört, brachte der Mutter Blumen und bat sie jedesmal um Erlaubnis für eine Fahrt mit der Tochter ins Grüne. Die Kirschbäume begannen zu blühen, die ersten Schwalben segelten. Und Sigrid schien an all diesen Tagen nachholen zu wollen, was sie sommers zuvor versäumt hatte. Sie bebte schon Stunden vorher vor Aufregung, kämmte sich, putzte sich, kaufte sich von dem selber verdienten Geld statt des Badeanzugs einen Anorak gegen den Fahrtwind und benahm sich auch sonst, als werde sie aus einem Käfig entlassen. Paul Seidensticker beobachtete sie mit verhaltenem Ernst und grübelte. Er suchte nach einer Antwort auf das so plötzlich verwandelte Wesen seiner Tochter und brummte: „Ich weiß nicht, ich weiß nicht, ob das alles ein Ende in Ehren findet . . ." Ich hob und senkte die Schultern. Ich glaube, wir Alten sehen stets ein wenig hilflos aus, wenn es in Liebessachen mit unseren Kindern seinen Anfang nimmt. Wir können letztlich nur hoffen.

Soweit also kannte ich Sigrids Geschichte. Und ich fragte mich noch, als ich ins Schlafzimmer schlich, leise, um nicht Herta zu wecken, unter die Bettdecke kroch, ob ich nicht den Kommissar verständigen sollte von dem Freund aus der Parallelklasse, As in Mathematik, denn Sigrid hatte stets behauptet: Er ist wie mein Logarithmus. Vielleicht konnte er uns helfen. Vielleicht . . . Aber ich entsann mich seines Namens nicht mehr. Nein, er war mir niemals genannt worden. Mein Gedächtnis verläßt mich nicht. Und gewiß hatte auch längst Paul Seidensticker den Jungen als Zeugen gebeten. Doch der Gedanke daran ließ mir keine Ruhe, und was ich gefürchtet hatte, trat ein. Ich wälzte mich von einer Seite auf die andere. Ich war todmüde, aber der Schlaf wollte nicht kommen.

Ich lag und lag. Ich hörte die Uhren schlagen. Und ich dachte wieder an Konz. Sigrid und Konz. Bevor er gekommen war, hatten sie uns kritisiert, vor der Bezirksleitung,* das gesamte Sekretariat und den Bürgermeister gleich mit. Ein Abwasch.* Ich bin nicht empfindlich, Teufel noch mal, ich nicht. Hab es mir abgewöhnt fünfundvierzig. Kam nach Hause, verlumpt und verdreckt, mager wie ein abgenagter Knochen, und sah, daß die Nazis, die Schuldigen am Krieg, noch immer fett in den Verwaltungen saßen. Als da keiner aufräumen wollte, ich tat's. Trotz des Weibergeschreis. Ich ließ die Verbrecher verhaften. Ich begriff die Notwendigkeit dieser Stunde, Vollendung des Jahres achtzehn,* wußte zwar nicht, ob es gelingen würde, ob wir stark genug waren, aber ich zögerte nicht. Jetzt oder nie. Und keine Gnade. Solange die Welt steht, die großen Geschichtsumwälzungen wurden immer gemacht in wenigen Tagen. Morgen schon kann es zu spät sein. Also: Ich tat's. Ich bin empfindsam vielleicht, habe in meiner Jugend auch mal Gedichte geschrieben, empfindlich jedoch bin ich nicht.

Unser Erster Sekretär* wurde abgelöst. Man kann nicht sagen: mit Pauken und Trompeten. Man kann auch nicht sagen: in aller Stille. Im

Gegenteil. Sachlich, offen, mit großem Verständnis. Und dennoch spür ich seitdem einen seltsamen Schmerz. Wieder ist einer von uns gegangen. Wer wird der nächste sein? Er hat seine Aufgaben nicht mehr bewältigt, Genossen, er verlor den Überblick. So die Begründung. Das ist keine Schande, Genossen, das Leben wird komplizierter, daran liegt es. Wir weisen ihm eine Arbeit zu, die seinen Fähigkeiten entspricht, in der er sich nicht mehr wie ein Nichtschwimmer fühlen muß vor der Brandung. Einverstanden? Wir stimmten alle dafür, hoben die Hände. Die Einsicht, vielleicht war es das, die Einsicht überwog unser Mitleid. Der Sekretär wurde Lehrer an einer Fachschule. Und an seine Stelle trat Konz. Dieser Konz, der mit jedem Blick eine Rechnung aufmacht ... Wenn ich nur einmal, verdammt, erfahren könnte, was er treibt, sobald er nicht in den Sitzungen sitzt. Er wohnt noch im Gästehaus. Berliner. Doch in unserer Gegend ist er geboren. Ich sah seinen Fragebogen. Konz bleibt für mich trotzdem ein Namenloser. Von einer Schule zur anderen. Irgendwo Universität. Doktor der Philosophie. Was aber tut er, nun sagen wir: in dieser Sekunde? Säuft er, spielt er, liebt er? Er hat keine Frau, keine Familie. Ein Mann in seinem Alter, die besten Jahre, und noch ohne Frau? Als er dem Sekretariat vorgestellt wurde, befand ich mich außerhalb, mitten in einer Diskussion, die für mich eine der langweiligsten war, die ich je erlebte. Mit den Schauspielern unseres Theaters. Über Kunst und Literatur. Sie hatten weniger Bücher gelesen und weniger Stücke gesehen als ich, aber einer stand auf und fragte mich: Kennen Sie Brecht? Bleib ruhig, Genosse, befahl ich mir, bleib besonnen und weise wie Azdak.* Statt dessen hätte ich lieber Konz prüfen sollen, auf Herz und Nieren Konz. Du wirst noch mein Alptraum sein. Deine Brille, deine Augen dahinter werden groß wie Bälle. Jetzt drehn sie sich schon im Kreise wie glühende Riesenräder. Mit solchen Augäpfeln, weiß und weit, sehe ich immer die Lehrer vor mir, die mich beim Abitur ins Verhör nahmen.* Einer schickt mich zur Tafel und knarrt: „Nun, Brüdering, erklären Sie uns den chemischen Vorgang, der der Fotografie zugrunde liegt." Er zeigt mir ein Bild von Sigrid. Die anderen kichern. Mir wird die Zunge so schwer. Sie wächst und wächst. Immer dasselbe. Kein einziges Wort will heraus. Brüdering ... Fotografie ... Ich weiß die Lösung. Silbernitrat ... Doch ich spür meine Zunge nicht.

Ich schrak auf. Nun war der Schlaf wohl doch gekommen, und ich schrak auf. Eine Hand lag auf meiner Stirn. Herta. „Was hast du?" fragte sie mich. „Du hast gestöhnt, daß ich davon aufgewacht bin ... Was hast du?"

„Nichts. Beruhige dich. Nichts."

ZWEITER TAG

Mach einen Fehler, Konz, dachte ich, Konz, mach einen Fehler. Du würdest verschwinden, wie du aufgetaucht bist. Ohne Lärm. So, als hätt es dich niemals gegeben. Nur ein winziger Punkt, ein kleines Atömchen Sonnenlicht wird dich vermissen, nicht einmal dich, dein Fleisch, deinen Geist, nur deine Brille. Es hätte nichts mehr, worin es sich spiegeln könnte. Das wäre alles. Aus der Spuk.*

Mir dröhnte der Schädel. Zwei Stunden, länger hatte ich nicht geschlafen. Vor Müdigkeit fror ich, und neben mir hockte Konz. Er hatte soeben seine Rede beendet, war mehrmals von Zwischenrufen unterbrochen worden, saß nun neben mir, horchte in die Versammlung der Ingenieure und Architekten hinein, rauchte, steckte sich eine Zigarette nach der anderen an, und am Geflacker der Zündholzflamme in seiner Hand sah ich, daß er leicht zitterte. Die Flamme erlosch. Konnte es sein, daß er aufgeregt war? Das wäre ein Zug, den ich ihm nie zugetraut hätte. Konz, der eiskalte Rechner. Aber er hatte ja auch die ganze Stadt gegen sich. Vielleicht bestand sein Fehler schon darin, daß er die Stadt noch immer überzeugen wollte, obwohl sie gegen ihn war.

Ich hatte von meinem Büro aus noch einmal das Kreisamt angerufen. Von Sigrid Seidensticker fehlte auch weiterhin jede Spur. Ja, der Bursche aus der Parallelklasse war verhört worden. Ohne Erfolg allerdings. Vor zwei Wochen schon hatte er sich von Sigrid getrennt. Jugendliebe. Wie das so geht. Flüchtig wie der Rauch im Wind. Konz, dem ich am Morgen den Fall geschildert hatte, entgegnete: Sorgen hast du, Mensch, deine Sorgen möchte ich haben. Verlorene Töchter suchen, das ist Sache der Polizei. Ich hielt ihn für oberflächlich, um nicht zu sagen: für herzlos. Doch ein wenig, ein ganz klein wenig verstand ich ihn jetzt.

Die Leute rührten sich nicht. Ich kenne das aus der eigenen Praxis. Nichts ist so widerwärtig, gespenstisch geradezu, als wenn man vor tauben Ohren spricht, in einen Wald hineinruft, aus dem kein Echo zurückhallt. Fünfundvierzig und später war es oft so. Bodenreform. Enteignet die Großgrundbesitzer.* Eure Peiniger, eure Ausbeuter. Die Knechte und Mägde jedoch hatten Angst vor der Freiheit. Sie trauten uns nicht und schwiegen. Doch heute? Landarbeiter wurden Minister. Konz bebte. Ohne die Versammlung aus den Augen zu lassen, wollte er eine Zigarette im Aschenbecher ausdrücken. Seine Hand tastete blind über den Tisch. Ich nahm sie und wies ihr den Weg. Aber Konz hatte ja schon sein Echo gehabt. Die Zwischenrufe. Die Frage des Chefarchitekten aus der Südstadt, Genossen Koblenz, mitten in einen Satz hinein: „Wissen Sie, was das bedeutet? Sie erklären die Pläne aller vorangegangenen Jahre für null und nichtig. Sie zwingen uns, wenn wir je Ihren Ausführungen zustimmen sollten, von vorn anzufangen. Jeder Gedanke von vorn. Und unser Gehirnschmalz auf die Verlustliste. Wissen Sie das?" Konz war von seinem Konzept abgewichen. „Ja, das wissen wir." Murren, Gemurmel. Ich schlug mit der Tasse gegen die Kaffeekanne, betätigte das Geschirr wie eine Glocke, bis irgendwo ein Sprung durch das Porzellan lief und wieder Ruhe im Saal eintrat. Wir sind nicht die einzige Stadt, die sich darauf einrichten muß. Wir sind kein Dornröschenschloß im Lande, und die technische Revolution macht um uns keinen Bogen. Das liegt im Wesen des Exponentialgesetzes, meine Herren, wonach sich der Zuwachs wissenschaftlicher Erkenntnisse in immer kürzeren Zeiträumen verdoppelt und dem auch wir unsere Produktionsmethoden angleichen müssen. Es gibt keine quasistatischen Systeme mehr, heute weniger denn gestern, morgen weniger denn heute. Ausruhen, genauer: Trägheit im Denken rächt sich sehr schnell. Die Dynamik der technischen und der gesellschaftlichen Entwicklung nimmt von Stunde zu Stunde zu. Deshalb müssen wir selber, mehr als früher, dynamisch leben. Geistige Souveränität, meine Herren, gewinnt an Gebrauchswert.* Ein jeder von uns sollte so handeln, daß er schon die künftigen Änderungen im Sinne dieser Dynamik vorausbearbeitet, vorausahnt, vorausplant. Ändern sofort, aber mit Verstand, wo geändert werden muß. Nehmen Sie mich. Ich bin ein kulinarischer Mensch. Doch wenn ich nicht täglich zum Frühstück auch ein paar meiner mir liebgewordenen Arbeitshypothesen verspeisen würde, ließe ich lieber den Sport eigenen Denkens sein. So sprach Konz. Und einige lachten. Und andere murrten. Und jetzt rührte sich keine Zunge.

Ich beobachtete Koblenz. Ich sah ihm auf die eckige Stirn unter dem grauen Bürstenhaar und dachte: Was wird Koblenz jetzt denken? Der ist nicht der Mann, der schweigt. Man kann halten von ihm, was man will, aber geschlagen gibt er sich nicht. Mir fiel die Affäre vom letzten Sommer ein. Mai, und auch damals blühten die Kirschen, kroch Hyazinthenduft aus den Gärten. Unsere Abteilung Volksbildung war gezwungen, sich mit seinem Sohn zu beschäftigen. Und damals, sofern ein Mensch überhaupt einen Stempel verträgt, versah ich den Chefarchitekten mit diesem: Anarchist, politisch ein Wirrkopf. Gewiß, ein Charakter ist keine Hausnummer. In einem Menschen steckt immer mehr, als je ein einmal über ihn gefälltes Urteil aussagen könnte. Koblenz wäre vielleicht in andrer Gesellschaft ein nützlicher Aufrührer gewesen. Er hatte einen Bauernschädel wie Michael Kohlhaas,* und damals, als es um seinen Sohn ging, sagte er: Es ist die Pflicht der Intellektuellen, stets die Opposition gegen eine gängige Moral, gegen das, was man schlechthin öffentliche Meinung nennt, wachzuhalten. Denken Sie an Einstein oder Luther, Kepler oder Marx. Was eigentlich machen Sie meinem Sohne zum Vorwurf? . . . Ich aber weiß bis heute noch nicht, weshalb er Einstein und Kepler, die ganze deutsche Geschichte der geistigen Urheberschaft für die Dummheiten seines Sprößlings bezichtigte. Das gesamte Kollegium der Humboldtschule hatte sich für die Relegation ausgesprochen, sogar der Physiklehrer, dessen Primus, dessen Aushängeschild* Koblenz junior gewesen war. Vielleicht daher der Name Einstein? Ich hatte das zweifelhafte Vergnügen, mich durch alle Akten, die darüber angelegt worden waren, hindurchzuwühlen. Vom alten Koblenz lag eine deftige Beschwerde vor, und als er persönlich vom Schulrat gehört wurde, kämpfte er mit einem Mute, der zugleich an Ignoranz und Besessenheit grenzte. Er warf mit Ausdrücken um sich, als trügen unsere Lehrer noch immer die Zöpfe der Kaiserzeit. Ich mußte ihn mehrmals zur Ordnung rufen. Ihre Verdienste um die Stadt in Ehren, lieber Doktor, sie sind aber nicht vererbbar, und Ihr Sohn kann davon nicht leben. Entweder er fügt sich künftig der Disziplin, oder wir nehmen ihm auch die letzte Chance, sein Abitur im nächsten Jahr zu wiederholen. Einen anderen Weg gibt es nicht. Kapiert? Seitdem wußte ich, daß Koblenz nicht schweigen würde. Der Apfel fällt nicht weit vom Stamm.* Der Stamm steht nicht weit vom gefallenen Apfel. Und ich hätte Konz informieren sollen. Wenn du deine Rede hältst, Konz, gib acht auf den Chefarchitekten. Entweder du sprengst ihn oder er dich. Doch nun hatte Konz ihm mit seiner Antwort Absolution erteilt. Geistige Souveränität gewinnt an Gebrauchswert. Mich würde nicht wundern, wenn Koblenz wieder Einstein und Luther ins Feld führte. Konz sollte selbst sehen, wie er sich aus der Schlinge des Kulturerbes zog.

Als jedoch noch immer geschwiegen wurde, fragte er: „Wird eine Pause gewünscht?"

Da endlich stand einer auf, doch es war nicht Koblenz, und sagte: „Erst wettern Sie gegen das Ausruhen, und nun wollen Sie selbst eine Pause. Wer sind Sie denn überhaupt, daß Sie uns in einem Atemzug ein solches Durcheinander anbieten? Sie kommen hereingeschneit hier wie Habakuk* unter die Löwen und reden wider alle Vernunft . . ."

Ein Gelächter brach an und schaffte Befreiung. Wir atmeten auf. Der Mann aber, wie sich bald zeigte, war mit Verspätung gekommen, und so hatte er weder Konz' Konzeption im Zusammenhang noch mich gehört, als ich Konz vorgestellt hatte. „Er ist seit einer Woche neuer Sekretär der Stadtparteiorganisation",* wiederholte ich nun, „seit Montag." Diese kleine Korrektur konnte ich mir nicht verkneifen. Nicht einmal seit einer Woche —ich hing daran wie am Leim. Daß Konz jedoch auf Empfehlung des Zentralkomitees* hier eingesetzt worden war, daß es also einen Grund geben mußte, weshalb er das Vertrauen der Partei genoß, verschwieg ich. Wünschte ich denn noch immer, daß er über einen Fehler stolperte? Wem wäre damit gedient? Ich wußte: Konz hatte von Anfang an nicht auf eigene Faust gehandelt. Im Gegenteil. Er war, wenn man will, das Eisen der Disziplin, und sein Vorgänger war letztlich nur gescheitert, weil er die Beschlüsse zur Rekonstruktion der Stadt mißachtet, und wie es hieß, Zeitverlust geduldet hatte. Ich nahm mir vor, auf der Hut zu sein. Die Entscheidung, Konz, fällt noch heute, und zwar in diesem Raum.

„Trotzdem", sagte der Mann. „Was Sie uns da zumuten, das ist genauso utopisch, als wollten Sie plötzlich die Saale umleiten, mitten durch die Stadt, oder die Berge hinauf, oder tief in die Erde hinein wie die Götter den Styx.* Wohin aber schütten Sie dann das Wasser, Sie kluger Mensch?"

Wiederum erscholl Gelächter. Diesmal schien es mir auf Kosten von Konz zu gehen, und ich hätte eingreifen müssen. Doch ehe ich mich besann, lachte auch er. Plötzlich lachte auch Konz. Er schlug sich auf die Schenkel, verschluckte sich am Rauch seiner Zigarette, hustete, lief rot an und lachte. „Ja", rief er aus, „was machen wir mit dem Wasser. Wenn wir die Saale aus ihrem Bette heben, wohin schütten wir dann das Wasser? Das ist eine Frage..." Er stand auf. „Das Wasser, wissen Sie was, wir lassen das Wasser am besten beim Wasser." Zum ersten Mal sah ich, wie nicht nur die Brillengläser, sondern seine Augen dahinter glitzerten. Er sprühte vor Unternehmungslust. Seine Hände zitterten nicht mehr. Sie hatten etwas zum Zupacken gefunden. Er stützte sich auf den Tisch, krümmte den Rücken, stand wie zum Sprunge, bereit, sich augenblicklich auf die Versammlung zu stürzen, und riß, wie mir schien, mit jedem Wort die Welt ein, unsere alte, überlieferte, unsere althergebrachte Vorstellungswelt. Ich duckte mich unwillkürlich. Konz gewann an Kräften, je länger er sprach, und ich fühlte mich ihm unterlegen. Die Architekten und Ingenieure hatten ihn ausheben wollen, aber er berührte wieder die Erde. Und er machte eine erstaunliche Rechnung auf.

„Die Saale", begann er, „also die Saale mit hellem Strande. Was wäre daran utopisch, wenn wir sie umleiten würden? Durch die Stadt, die Berge hinauf? Wir könnten hier endlich die Sümpfe austrocknen und weiter oben, dem Harz entgegen, das Kreideland bewässern. In den Fluten gediehen vielleicht wieder Fische, Nahrung für unsere Nachkommen. Wir befänden uns nicht mehr im Urzustande der Menschheit, auf der Stufe von Jägern und Sammlern, wenn wir auf Fischfang mit Angeln und Netzen gehen. Wir könnten ganze Fischvölker züchten wie heute die Kuhherden, Algenkulturen anpflanzen wie das Getreide. An den Ufern der Flüsse wüchsen vielleicht Orangen und Datteln. Also: Verlegen wir doch die Saale, wenn es uns hilft. Sagen wir nicht: Utopisch, das geht nicht. Fragen wir lieber, was notwendig ist, was getan werden muß, damit es getan werden kann. An die Arbeit. Suchen wir nach Möglichkeiten, um das

Unmögliche möglich zu machen. Steigen wir auf den Mond. Düngen wir mit dem Mondstaub unsere Felder, sobald sich erweist, daß er billiger ist und ertragsreicher als alle nur unter tausend Mühen gewonnenen chemischen Kalke. Kalkuliert denn nicht jeder von uns schon den Tag ein, an dem der Mensch die Gestirne betritt? Warum also wollen wir noch Straßen und Städte bauen, als gäb es die Raumfahrt nicht, als stünde der Mond nicht demnächst als sechster Kontinent über unserer Erde? Erschrecken Sie nicht. Ich warne Sie nur vor Denkschablonen. Die Städte, die wir heute bewohnen, sind auf uns überkommen aus einer Zeit, in der es noch nicht einmal den Kapitalismus gab, in der an Technik noch nicht zu denken war, viel weniger denn an die technische Revolution. Sie stehen noch wie die feste Burg Gottes. Ein Anachronismus. Ich will zu erklären versuchen, was das bedeutet: Exponentialgesetz. Was heißt das: Der Verdoppelungszeitraum des Wissens und des wissenschaftlichen Lebens verkürzt sich ständig? Fünf Millionen Jahre wohl hat unsre Gattung gebraucht, um sich als Homo sapiens aus dem Tierreich zu lösen. Die Menschheit begann zu leben. Doch es dauerte immer noch fünfhunderttausend Jahre, bevor der Mensch die Herde verließ und sich zu Sippen organisierte. Vor fünfzigtausend Jahren nahm er endlich die neue Gestalt an. Die ersten Produktionsinstrumente tauchten auf, primitiv zwar, zu Klingen behauene Steine, ausreichend aber, um schließlich das Mehrprodukt zu erzeugen. Vor fünftausend Jahren, also im vierten Jahrtausend vor unserer Zeitrechnung, entstand dann die Klassengesellschaft. In Indien und in Vorderasien wurden die ersten Staaten gebildet. Die Schrift kam auf und die Sklaverei. Vor fünfhundert Jahren wurde die Menschheit durch einen Aufbruch erneuert, der den Namen Renaissance erhielt. Die Naturwissenschaften entstanden und sprengten das geistige Dogma der Religionen. Der Erdball wurde entdeckt, Zwerge wurden zu Riesen. Ich glaube, der Mensch erkannte sich damals zum ersten Mal selbst. Vor genau fünfzig Jahren begann unsere Gegenwart. Und heute steht die Menschheit wiederum vor der Erneuerung, der tiefsten, die sie jemals erlebte. Innerhalb weniger Jahre erschloß uns die Wissenschaft Räume, deren Ausmaße wir vorerst nur ahnen können. Die Atomphysik und die Molekularbiologie, die Raumfahrt und die Kybernetik, das Größte und das Kleinste, und schließlich das Gesellschaftssystem des Sozialismus, der Schlüssel zu dieser gigantischen Umwälzung, in der der Mensch zum Beherrscher seiner selbst werden soll . . . Ich bin kein Mystiker. Ich bin auch kein Fatalist. Aber wenn sich die menschliche Entwicklung auch weiterhin in solchen Bahnen bewegt, was dann? Was wird in fünfzig Jahren sein?"

„Dann geht die Welt unter", rief einer, ein Witzbold vielleicht.

„Irrtum", und Konz lachte auch dazu. „Wir schreiben das Jahr zweitausend.* Die Welt, sofern sie nur die geringste Einsicht mit sich selber hat, wird sozialistisch sein. Das ist das eine. Wir landen auf der Venus. Das ist das andere. Und weiter und weiter? Aller fünf Jahre? Aller fünf hundertstel Jahre? Die Menschheit wird sich in einem Umbruch von Permanenz befinden. Doch endlich wird sie wohl auch zur Ruhe kommen. Die Dialektik* begänne zu wirken. Die Bewegung wird zugleich die Ruhe sein und umgekehrt. Die Menschheit hat ihren Neuzustand. Wenn sie sich heute schon darauf einrichtet... Wenn wir heute schon danach leben... Holen wir deshalb den Mond in unsere Städte. Seien wir weniger zaghaft."

Er setzte sich, und ich gebe zu, daß ich niemals zuvor eine solche Rede gehört hatte. Konz ergänzte zwar noch, daß er sich des Mechanistischen seiner Thesen vollauf bewußt sei, und bat um Nachsicht für die eine oder andere Jahreszahl, aber der Eindruck, wir schritten auf das Jahr Null der Weltgeschichte zu, auf die Neugeburt der Menschheit, blieb bei uns allen haften. Ja, er hatte den Mond vom Himmel heruntergeholt. Die Saale floß schon bergauf. So also sah er die Rekonstruktion unserer Stadt. In diesen Größen dachte er. Und wir? Und ich? Hatte ich denn nicht ebenfalls die Welt erobern und den Mond stürmen wollen? Nach der Rechnung von Konz, wie lange ist das schon her? Fünfhunderttausend Jahre oder nur fünfzig? Neunzehnhundertundsiebzehn, da bin ich geboren. Ich könnte sagen: Über meiner Wiege leuchtete der rote Stern.* Und als ich knapp dreißig war, ging ich die Treppe eines Rathauses hinauf, das ich nie zuvor zu betreten gewagt hätte. Für mich, ja, für mich war es, als setzte ich meinen Fuß auf einen fremden Planeten. Ich öffnete eine Tür und befahl einem Bürgermeister: „Kommen Sie mit. Sie sind verhaftet..." Es kann doch nicht sein, daß nur Konz die Zusammenhänge begreift. Ich sah sie lange schon vor ihm. Die Macht der Klasse.* Jetzt oder nie. Das war meine Raumfahrt, Konz. Ein Traum, glaube ich, der sich im Leben des einzelnen niemals erschöpft, der immer wieder von neuem geträumt werden muß...

Ich ließ meine Blicke über die Versammlung gleiten. Konz hatte alles in allem zwei Stunden gesprochen, es war gesagt, was gesagt werden konnte, er hatte alle Argumente verschossen, hatte wiederum vor der Karte gestanden und in Gedanken schon ganze Straßenzüge gesprengt, war sogar auf den Mond gestiegen, und so konnte sich jetzt nur noch zeigen, ob er die Architekten und Ingenieure überzeugt hatte oder nicht. Sie mußten Farbe bekennen. Sie mußten sich äußern, gleich wie, dafür oder dagegen—das heißt, es blieb ihnen eigentlich nur die eine Möglichkeit, das Dafür, denn wenn sie sich sträubten, so hatte mir Konz bereits unter vier Augen verraten, wenn sie sich widersetzten, sind wir gezwungen, wohl oder übel uns nach einer anderen Mannschaft umzusehen. Dann haben sie unseren Weg nicht begriffen. Was sollen wir denn mit Leuten anfangen, die seit Knobelsdorff* nichts dazugelernt haben? Mit Spießen und Speeren läßt sich heute keine Schlacht mehr gewinnen. Logisch? Logisch. Ich beneidete ihn nicht. Er hatte den Auftrag zu siegen. Er verfocht den Generalverkehrsplan, und auch für ihn gab es keine andere Möglichkeit, kein Zurück, nur das eine: zu siegen. Konz, bist du dir darüber klar, daß du dir Feinde schaffen, daß du der bestgehaßte Mann der Stadt werden kannst? Er würde seine schiefen Zähne zeigen und lachen. Und wenn schon. Die Sache ist größer. Mit nicht weniger Spannung als er erwartete ich die Reaktion der Versammlung, und ich schaute auf Koblenz, denn ich wußte, wenn er ein Einsehen hätte, würden die anderen ihm folgen. Koblenz hatte im Bauhaus studiert, er kannte Gropius noch, und Männer wie Feininger* zählten zu seinen Lehrern, aber nicht nur deswegen genoß er Achtung. In vielen Beratungen hatte er sich zum Wortführer seiner Kollegen gemacht, manchmal zu unserem Verdruß. Doch als er in die Partei eintrat, damals, als es mit dem Bau im Lande wieder bergauf ging,* hatten wir die Festung der Architekten gestürmt. Wir spürten es deutlich. Sogar die Republikflucht* ließ nach. Ja, er war der Multiplikator beim Multiplizieren.* Später dann, nach der bösen Geschichte, die sein Sohn sich eingebrockt hatte, glaubte ich oft, man brauche dem Jungen nur wie vorher dem Alten zu kommen.* Wenn wir ihn für uns gewännen, dachte ich, wird Ordnung in die Schule einziehen. Ein Dickschädel wie sein Vater. Und vielleicht hatten ihn nur die Lehrer nicht richtig angefaßt. Auch er war der Wortführer seiner Klasse. Intelligent wie Einstein. Auch auf ihn schworen die Mitschüler. Außer in Mathematik, Physik und Chemie störte er jeden Unterricht. In Staatsbürgerkunde fragte er, ob Marx nicht nur ein Phantast gewesen sei, ähnlich wie Christus, in den Deutschstunden, warum nicht dieses oder jenes moderne Stück westlicher Autoren auf dem Lehrplan stünde. Er zitierte, ohne darum gebeten worden zu sein, ganze Passagen aus Dürrenmatts „Physikern",* das Buch hatte er der Bibliothek seines Vaters entnommen. Goethe hinge ihm schon zum Halse heraus, sagte er, und immerzu sozialistischer Realismus, das wär auf die Dauer langweilig. Koblenz zuckte dazu mit den Schultern. „Ich möchte auch nicht nur immer Kasernen bauen." Ich hatte ihn angeschrien. Mir gehen selten die Nerven durch. An diesem Tage jedoch war es geschehen. „Ihre Arroganz", schrie ich, „stinkt zum Himmel. Und soweit sie Ihren Sohn betrifft, gleicht sie einer fahrlässigen Tötung." Doch was dachte er jetzt? Er saß noch immer still und starrte mit zusammengekniffenen Augen auf Konz. Vielleicht dachte er nur, was gestern auch ich noch gedacht hatte. Kommst hier hereingeschneit, Konz, wie Habakuk unter die Löwen.

Gerhard, sein Sohn, las also Dürrenmatt. Die Physiker, sagte er, die entsprächen schon vom Titel her seinem Geschmack, kein schnulziges Drumherum, von wegen Herz und so,* ohne Sentimentalität. Außerdem

stünd es dort pari pari,* Physik bleibt Physik, ob Atom von den Russen
oder Atom von den Amerikanern, a verhält sich zu a wie a. Abends spielte
er Jazz. Und als der Beat aufkam, gründete er an der Schule sogleich eine
diesbezügliche Kapelle. Sie trafen sich in einem abgelegenen Keller, den
sie ausgebaut hatten. Die Entwürfe stammten von Gerhard. An die Wände
hängten sie Bilder von langhaarigen Sängerknaben, pausbäckigen,
Trompete blasenden Negern und leichtbekleideten Damen, Bibelsprüche,
gemischt mit Zitaten von Politikern aus aller Herren Ländern, wobei eins
dem anderen widersprach, Kennedy aber in Mehrheit vertreten war, und
Verkehrsschilder, die sie von den Straßen montiert hatten und denen sie
eine mehr flach- als tiefsinnige Bedeutung* gaben. Mitten in einer Kollek-
tion von entblößten Frauen hing das Schild: Achtung! Mehrere Kur-
ven! Zwischen zwei Illustriertenfotos, deren eines ein ausgebranntes
Personenauto mit verkohlten, verstümmelten Leichen darin und deren
anderes einen amerikanischen Soldaten zeigte, der einem zu Tode gefolterten
Vietnamesen den Stiefel in den Nacken stellte, ein Stoppschild mit
darübergeklebter Aufschrift: Du sollst nicht töten ... Als wir damals die
Räume betraten, schritten wir erst durch mehrere schwarze Vorhänge. Mir
war verdammt makaber zumute. Ich fragte mich: Bist du inzwischen zu
alt, zu verkalkt, daß du die Scherze der Jugend nicht mehr verstehst?
Welchen Unsinn haben wir in diesem Alter getrieben? Achtzehn, da
verkrochen wir uns ebenfalls heimlich in Keller und lasen Majakowski und
Gorki.* Koblenz aber sagte: „Gut, die Nackedeis an den Wänden müssen
nicht sein.* Doch sehen Sie hier, die beiden Bilder mit den entsetzlichen
Leichen. Die Jungs* haben auf ihre Art Ideale ...“ Mir verschlug es die
Sprache. Ich wußte nicht, was ich noch sagen sollte. Ich hatte Koblenz
schon vorher angeschrien. „Und die Mädchen?“ fragte ich. „Mit denen sie
hier ihren Beat tanzen und wer weiß, was noch, finden Sie das in Ordnung?“
Koblenz entgegnete: „Mit achtzehn ist man heute mündig. Vergessen
Sie nicht, lieber Ober, mit achtzehn darf man schon wählen und ist auch
zum Wehrdienst nicht mehr zu jung. Im übrigen: Geben Sie nicht nur
den Burschen die Schuld. Die Wissenschaft ist da ganz anderer Meinung.
Haben Sie jemals schon etwas gehört von Akzeleration?“* Ja, zum Teufel,
ich hatte. Und obwohl mir Koblenz auch noch vorhielt, ich sähe Gespenster
und entwickele bei der Inspektion dieses Kellers einen Eifer, als handle es
sich um den Unterschlupf einer Rauschgiftbande, so fand ich doch, finde
ich heute, nachdem ich mehr weiß als früher, daß sein Sohn Gerhard bereits,
was das Verhältnis zum anderen Geschlecht betraf, älter war als ein alter
Mann. „Erinnern Sie sich bitte“, sagte Koblenz, „sie haben sich ein strenges
Gesetz auferlegt: Alkoholverbot.“—„Ja“, sagte ich. „Sie trinken keinen
Alkohol ...“

Der Chefarchitekt schwieg noch immer. Aber die Diskussion hatte bereits ihren Anfang genommen. Es war ein Abtasten. Man erkundigte sich nach Einzelheiten, wollte dieses und jenes genauer erklärt wissen. Plötzlich sagte an meiner Seite Konz: „Darauf gibt am besten Genosse Brüdering Antwort. Ich bin noch nicht so vertraut mit der Stadt."

Er sah mich an. Ich aber hatte die Frage nicht vernommen. Mir war es peinlich, und ich begann zu schwitzen.

„Menschenskind", flüsterte Konz. „Wo hast du deine Gedanken?"

Die Frage wurde wiederholt. Jemand bat um Auskunft darüber, was mit dem Blauen Turm auf dem Marktplatz geschehen sollte. Ein historischer Bau. Und erst kürzlich sei er damit beauftragt worden, für ihn eine neue Spitze zu entwerfen, um ihn in alter Pracht wieder auferstehen zu lassen.

„Der Blaue Turm", sagte ich, „niederreißen den Blauen Turm. Seitdem seine Spitze ausgebrannt ist, wurde aus ihm ein Friedhof. Tausende von Tauben liegen inzwischen dort begraben. Es muß ekelhaft sein . . ." Ich wußte, daß das mit den Tauben nur ein Gerücht war. Jedenfalls hatte es bisher noch keinen gegeben, der in den Turm gestiegen und ihn daraufhin untersucht hätte. Die toten Tauben in seinem Innern blieben Vermutung. Auf dem Marktplatz wimmelte es Sommer für Sommer von wilden Tauben, niemand wollte sie abschießen, es sei wie in Rom, sagten die Leute, und die beiden Kirchen und der Blaue Turm waren nun schon über und über mit Vogelmist bedeckt und sahen aus wie frisch gekalkt. Wenn wir die Ruine restauriert hätten, vielleicht wären wir dann endlich dahintergekommen, was es mit den Tauben und dem Turm wirklich auf sich hatte.*

Ich kannte den Auftrag zum Entwurf einer neuen Spitze. Ich hatte ihn selbst unterschrieben. Die Tauben und der Turm beschäftigten die Stadt, ich war ihr Bürgermeister, dem Gerücht vom Taubenfriedhof sollte ein für allemal der Garaus gemacht werden, und um so mehr war ich nun über mich selber verärgert, als ich mir nachträglich meine Antwort überlegte: Niederreißen den Blauen Turm . . . Ich schalt mich einen Kulturbarbaren, einen Verräter. Wenn sich meine Meinung herumsprach würde ich gegen mich alle Handwerker und Komplementäre* aufbringen. Mindestens die Hälfte von ihnen trug im Firmenwappen den Blauen Turm. Und hatte ich denn nicht letzte Nacht noch selber mein Herz an jeden schiefen Winkel gehängt?

Konz, wie mir schien, grinste. Und Koblenz, dieser unheimlich stumme Koblenz, schüttelte seinen grauen Schädel. Er schüttelte ihn wie damals als ich ihm mit aller Entschiedenheit erklärt hatte: Entweder Disziplin— oder er fliegt für alle Ewigkeit von der Schule. Wir lassen uns nicht auf dem Kopf herumtanzen, schon gar nicht mit Beat. Kapiert? Nein, hatte er gerufen und dazu seinen Schädel gerüttelt, nein, das wagen Sie nicht bei meinen Verdiensten um die Stadt. Ihre Verdienste in Ehren, Doktor, aber Sie sind nicht Ihr Sohn, a ist nicht gleich b. Sein Kopfschütteln diesmal nahm ich als Zeichen, daß er gegen die Rekonstruktionspläne war.

Doch nicht wegen Dürrenmatt, natürlich nicht, und auch nicht wegen des Kellers verwiesen wir Gerhard Koblenz von der Humboldtschule und versetzten ihn um eine Klasse zurück an die Neubauerschule, obgleich es nach meinem Empfinden nicht gerade von Reife zeugt, wenn einer, so intelligent er auch sein mag, einen Verkehrsunfall mit dem Morden in Vietnam gleichsetzt. Ich dachte wieder an Sigrid Seidensticker. Auch sie stand kurz vor ihrem Abitur. Was würde Paul dazu sagen, wenn er plötzlich erführe, seine Tochter geht abends durch schwarze Portieren, läßt sich, wie sie ist, fotografieren und ihr Bild in einer Reihe mit Illustriertenmädchen an die Wand nageln, daneben ein Bibelspruch: Denn eine Hure bringt einen ums Brot, und geklaute Verkehrsschilder? Ich glaube nicht, daß er sie weiterhin so still und geduldig beobachtet hätte, wenn sie sich sonntags für einen Motorradausflug ins Grüne schmückte. „Wir waren sieben Kinder zu Haus, unser Ernährer im Kriege gefallen, und trotzdem hat uns unsere Mutter in Anstand großgezogen." Das war seine Lebensmoral. Daran hielt er fest. Und ich sah wieder Sigrid vor mir in der graugrünen Schaffneruniform, ein Schinkenbrot teilend, und dachte: Ja, eine solche Moral täte einem Jungen wie Gerhard Koblenz ganz gut. Er müßte mal wissen, daß das Leben auch Pflichten enthält. Die Armut ist kein Allheilmittel, gewiß nicht. Aber er müßte einmal erfahren, wie die anderen darin zurechtkommen. Ein Badeanzug für hundertunddreißig Mark, dafür muß eine Postbotin sich einen Monat lang quälen. Vielleicht hängt er dann keine Bilder mehr hin von faden Mädchen im Bikini. So dachte ich.

Gerhard Koblenz hatte während des Abiturs betrogen. Im großen Stil. Le grand coup,* würden es die Franzosen nennen. Sein Vater jedoch, Koblenz, jetzt hob er die Hand, er wollte sprechen, ich müßte ihn auffordern, sein Vater jedoch sah darin nur einen Beweis für die technische Begabung seines Sohnes. Einstein. Er lächelte in sich hinein und war wohl sogar noch stolz auf den Streich. In der Humboldtschule gab es einen Luftschacht, der vom Keller bis hinauf in den First führte, unmittelbar am Lehrerzimmer vorbei. Wenige Tage vor den Prüfungen kroch Gerhard unter das Dach und installierte am oberen Ende des Schachtes ein Abhörgerät. Nach dem Maß genauer Berechnungen ließ er dann ein Mikrofon hinunter und hängte es vor das Gitter zum Lehrerzimmer. Als nun im Kollegium die Klausurthemen* beraten wurden, nahm er jedes Wort auf Tonbänder auf, die er später in aller Ruhe abspielte. So war das Examen bereits bestanden, bevor es begonnen hatte. Die Schüler kamen mit vorgefertigten Texten. Es hagelte Einsen. Und der Betrug wäre wohl niemals entdeckt worden, wenn nicht der Hausmeister, ein reinlicher Mensch, den Keller der Schule gesäubert und auf dem Grund des Luftschachtes das Mikrofon gefunden hätte. Denn Gerhard hatte es nach dem Abitur wieder entfernen wollen. Aber es verklemmte sich, und als er Gewalt anwendete, riß das Kabel. Eine Untersuchung fand statt. Koblenz junior wurde als Anstifter ermittelt, und während die anderen Schüler die Prüfungen sofort wiederholen konnten, versetzten wir ihn um ein Jahr zurück. „Was hat das mit Idealen zu tun?" fragte ich damals den Architekten, „wenn man sich schon am Anfang des Lebens seine Erfolge erschwindelt?"—„Ja", entgegnete er, „er hätte nicht gleich die ganze Klasse hineinziehen sollen . . ."

Jetzt hob er die Hand. Ich gab ihm das Wort. Und ich muß gestehen, ich hatte mich wieder so sehr in den Fall seines Sohnes vertieft, daß ich mich plötzlich wunderte, warum er nicht über die Abhöranlage oder über den Keller sprach, sondern über den Generalverkehrsplan. Koblenz sagte: „Sie haben mich beeindruckt, Konz . . ."

Mich überraschte auch das. Ich hatte Protest erwartet nach seinem Kopfschütteln von vorhin, so etwas wie: Laßt uns den Turm und die Tauben. Doch nun? In der Pause hatte ich mich noch einmal nach Sigrid Seidensticker erkundigt. Nichts. Immer noch nichts. Dann war ich zu Konz gegangen, um ihn zu warnen. „Gib acht auf den Chefarchitekten. Er hat sich gemeldet. Ich nehm ihn als ersten dran. Und wenn er mit Einstein kommt oder Luther, überlege dir vorher, welche Namen du in die Debatte wirfst . . ."

Konz grinste. Er grinste mir zu oft. „Faust", sagte er, „ich komm ihm mit Faust oder König Lear. Da kenne ich eine Stelle, Moment. Nicht müß'ger Rat ziemt meiner Stellung, nein, entschloßne Tat . . .* Wie gefällt sie dir? Goethe und Shakespeare, die sind noch immer die schwersten Kaliber."

Doch Konz kam gar nicht zum Zitieren. Koblenz sagte: „Sie haben mich beeindruckt . . ." Und dann ging er nach vorn an die Karte, nahm den Zeigestock und entwarf—ja, er entwarf einen Gegenplan. Die Stadt muß verändert werden. Die frühkapitalistische Zwangsjacke wird uns zu eng. Rekonstruktion, und Konz verdient unsern Dank. Aber . . . Aber der höchste ökonomische Nutzeffekt sei in der bisherigen Rechnung noch immer nicht aufgetaucht. Seine Variante hingegen, und zwar auf den ersten Blick, sozusagen noch im Stadium der Intuition, biete den logischen Schluß. Sie sei die Summe der Konsequenzen. „Sprachen Sie vorhin nicht selber davon, Genosse, daß einen Zeitverlust sich nur der liebe Gott leisten könne? Der wohnt in den Wolken und nicht auf der Erde?" Koblenz hatte das scharfe Licht vom Fenster im Rücken. Er stand im Schatten, so daß keiner von uns sein Gesicht sehen konnte, jedenfalls nicht den Ausdruck in seinem Gesicht. Was hatte ihn plötzlich veranlaßt, uns eine Lektion zu halten? Mir war zumute, als müßte ich fortwährend Atem schöpfen. Ein Gedanke jagte den anderen. Koblenz zwang mich zuzuhören. Er wollte die Trasse von Norden nach Süden nicht durch die Altstadt führen, sondern an ihrem Rande entlang. Denn dort, einen halben Kilometer nur entfernt vom Zentrum, verläuft bereits eine Art natürliche Schneise, die der Eisenbahnlinie. An ihrer Seite fände die neue Verkehrsader einen bequemen Platz. Dadurch würden die Große Leipziger, der Markt, die Kühnritter und der obere Teil der Bad Lauchstädter Chaussee gar nicht berührt, und man brauchte dort nur abzureißen, was des Abreißens wert ist. Eine andere Konsequenz seiner Variante war, den Tunnel nicht auf die Schmalseite der Stadt, also von Westen nach Osten, sondern in Längsrichtung zu legen, die Hochstraßen dagegen dorthin, wo der Tunnel gebaut werden sollte. Eine solche Konzeption besäße den Vorteil, daß die Hochstraßen zugleich als Brücke über die Eisenbahnlinien hinweggeführt werden könnten ... Er lauschte, und endlich kam ich zu Luft. Im Prinzip also stimmte er mit Konz überein, nur wollte er die geplante Nord-Süd-Achse weiter nach Osten verlagern und das große Kreuz von Tunnel und Hochstraßen um neunzig Grad drehen. Er wiegte seinen Kopf, lauschte, betrachtete sich noch einmal die Karte, so, als sähe er schon die neuen Umrisse unserer Stadt, nickte dann und trat aus dem Licht des Fensters.

Mit blinder Hand tastete Konz nach den Zigaretten. Er schien schon wieder erregt, und ich glaubte jetzt, ihn zu verstehen. Sein Auftrag hatte gelautet zu siegen. Doch nun war einer hier aufgestanden, der nicht weniger kühl gerechnet hatte als er und ihm das Siegen beschwerlich machte. Koblenz mit seinem intelligenten Bauerndickschädel. Er hatte nicht nein gesagt und nicht ja. Es gab für ihn kein Dagegen und kein Dafür, sondern ein Dazwischen, etwas drittes, worauf Konz nicht vorbereitet war. Jetzt mußte er Farbe bekennen. Koblenz schlug ihn mit seinen eigenen Waffen. Geistige Souveränität gewinnt an Gebrauchswert. Zum täglichen Frühstück sollte man stets ein paar der liebgewordenen Arbeitshypothesen verspeisen. Guten Appetit, Konz, du wirst dir daran die Zähne ausbeißen. Ich hab dich gewarnt. Dagegen hilft kein Faust und kein König Lear. Das Repertoire der geflügelten Worte reicht nicht mehr aus. Doch Moment. Wie wäre es damit? Gib etwas Bisam, guter Apotheker, meine Phantasie zu würzen ...* Oder mach einen Fehler, Konz. Auch das? Nein. Konz rauchte und sagte nach einer Weile schweren Schweigens: „Ich erbitte mir eine Bedenkzeit ...“

Die Sitzung wurde geschlossen.

Am Abend jedoch, als ich bereits zu Haus war, rief er mich an. „Karl“, hörte ich seine Stimme, „ich hab es mir überlegt. Wenn du morgen Zeit hast, begleite mich. Wir gehen der Variante nach.“

DRITTER TAG

Ich saß beim Frühstück, las die Zeitung und aß ein Ei, das heißt: Ich kämpfte mit einem Ei, gab den ungleichen Kampf auch nach fünfzig Jahren nicht auf und studierte dabei die Fußballtabelle. Unsere Mannschaft hatte wieder verloren. Obwohl zwei Nationalspieler in unserer Abwehr standen, hatten wir die meisten Tore kassiert.* Woran lag das? Konz würde auch darum sich kümmern müssen. Unser Fußball und unser Theater gerieten in Abstiegsgefahr, und hier wie dort quittierten's die Leute mit leeren Plätzen.* Wenn sie ein gutes Spiel sehen wollten, sagten sie, ob auf der Bühne oder im Stadion, führen sie lieber nach Leipzig oder Halle.

So also begann der Sonntag. Ich aß ein Ei und las die Fußballberichte. Und zwischendurch ertappte ich mich, wie ich an Konz dachte. Den Sport eigenen Denkens läßt man besser sein, wenn man nicht täglich zum Frühstück auch ein paar seiner Arbeitshypothesen verspeist. Ich kaute den Kaffee, trank ihn nicht, kaute. Wovon sollte ich mich heute trennen? Ich hätte das Ei am liebsten in den Müll geworfen, wär in die Küche gegangen, um mir ein anderes zu kochen.

Herta beobachtete mich. Sie sagte:„Übrigens, ich soll dich von Jochen grüßen.“

„Wer ist Jochen?“ fragte ich.

Sie schaute mich an, als sei ich nicht ganz bei Troste. Ihre großen Augen wurden immer größer. Plötzlich begann sie schallend zu lachen. „Was denn ... Du kennst deinen eigenen Sohn nicht mehr? Er will ein paar Tage Urlaub nehmen und mit Gisela, deiner Schwiegertochter, wenn ich dich daran erinnern darf, und den Kindern vorbeikommen.“

Mein Ärger nahm bedrohliche Formen an. Mich ärgerte, daß unsere Mannschaft wieder verloren hatte, mich ärgerte, daß ich den Kaffee kaute, das Ei nicht besiegen konnte, mir das Verschlingen von Arbeitshypothesen nicht gelingen wollte, mich ärgerte, daß ich immerzu an Konz dachte, daß ich mich nun schon seit vorgestern mehr um die Kinder anderer sorgte als um meine eigenen, mich ärgerte, daß Herta mich verspottete, mich ärgerte alles an diesem Morgen, und ich knurrte in mich hinein, knüllte die Zeitung zusammen, schimpfte auf unsere Abwehr, die saufen zuviel, sagte ich, ob sie verlieren oder gewinnen, die saufen, und auf die Spatzengehirne der Schauspieler von wegen: Kennen Sie Brecht? und so.

Doch Herta unterbrach mich. „Bürgermeister“, sagte sie. „Ich seh es dir an. Mir machst du nichts vor. Du hast schon seit Tagen was auf dem Herzen. Schläfst nicht, ißt ohne Appetit. Ich glaube, du solltest mal ausspannen. Du hast es dringend nötig.“

„Erstens“, erwiderte ich, „spare dir dieses alberne: Bürgermeister. Und zweitens, was das Ausspannen betrifft, werden wir dazu bald mehr Gelegenheit haben, als du dir träumen läßt."

„Wie meinst du das?"

„Was würdest du sagen, wenn sie mich ablösen? Ablösen wie den Sekretär?"

Sie schwieg. Erst nach einer Weile sagte sie: „Es kommt darauf an, warum. Sozialist zu sein, das ist kein Amt, Funktionär in diesem Staat keine Lebensversicherung. Arbeit finden wir immer. Doch bist du auch überzeugt, daß deine Ablösung richtig wäre?"

„Ich weiß nicht ... Seit gestern weiß ich es nicht mehr genau."

Dann kam Konz. Er fuhr seinen Dienstwagen selber. Und er hatte auch schon mit Koblenz telefoniert, sich angemeldet bei ihm und bat mich nun, ihm den Weg zu zeigen. „Bist du Autofahrer?"—„Nein."—„Dann paß auf. Hundert Meter vor jeder Ecke sag mir, ob ich nach links oder rechts abbiegen muß, nicht erst, wenn ich schon auf der Kreuzung stehe. Und schicke mich nicht in Sperrstraßen* und dergleichen. Weißt du, was Sperrstraßen sind?"—„Du mußt mich für doof halten, Konz. Du mußt von mir denken, ich sei aus der Zeit der Postkutschen übriggeblieben, wie?" Ich bemerkte, wie er für Sekunden den Blick von der Straße nahm und mich musterte. Vielleicht spürte er auch, daß ich das mit den Postkutschen allgemeiner, im übertragenen Sinne meinte. Seine Augen jedenfalls schienen erstaunt. Später, nach meiner Rückkehr am Abend, behauptete Herta, diese Augen seien gefährlich, sie habe ihm in die Augen gesehen und sie, ja, das treffe, gefährlich gefunden. Ein Mann, der solche Augen hat, blickt durch alles hindurch und nimmt keine Rücksicht darauf, ob ihm einer im Wege ist oder nicht. Weibergeschwätz, sagte ich da, konnte ich sagen. Wie der erste Eindruck doch täuscht. Konz stellt sich nur nicht zur Schau. Er übt Zurückhaltung, dreht jedes Wort zehnmal im Kopf um, bevor er es ausspricht, versteckt sich wohl auch ein wenig hinter seinen Augen, und der Teufel weiß, wer ihn so gemacht hat.

Als wir das Haus erreichten, das Koblenz in der Vogelweide bewohnte, wurden wir schon erwartet. Die Sonne strahlte, über die Gartenzäune rankten die ersten Blüten vom Flieder, von irgendwoher erklang eine Ansage aus dem Deutschlandfunk,* und Koblenz stand im leichten Rollkragenpullover, die Ärmel bis über die Ellenbogen geschoben, auf dem Steintritt. Er begrüßte uns. „Hallo", rief er und schwenkte dazu ein paarmal lässig die linke Hand durch die Luft. Konz verschloß die Wagentür und entgegnete: „Eine schöne Nachbarschaft haben Sie sich da ausgesucht, Doktor. Ertragen Sie das? Immer den falschen Sender und nicht einmal auf Zimmerlautstärke?" Koblenz stutzte, ich glaube sogar, Röte überflog seine Stirn, und plötzlich wandte er sich um und beugte sich über die niedrige Mauer aus Klinkern.

„Dreh die Heule ab, Gerd. Immer dasselbe Gedudel. Kannst es wenigstens sein lassen, wenn Besuch kommt." Ich folgte seiner Bewegung, und erst jetzt gewahrte ich, daß in dem offenen Hof hinter dem Steintritt sein Sohn an einem Motorrad bastelte oder putzte oder sich sonst auf irgendeine Weise daran zu schaffen machte. Über den Rasen lagen alle möglichen Einzelteile verstreut, ein Ersatzreifen, Kisten und Kästen, ölige Lappen, Schraubenschlüssel und anderes Handwerkszeug. Daneben stand ein Kofferradio mit ausgestreckter, blitzender Antenne. Gerhard gehorchte und schaltete das Radio aus. Konz rief über die Mauer: „Beat ist nicht totzukriegen, was?" Der Junge blinzelte gegen die Sonne und rief zurück: „Sie sind in Ordnung." Ich betrachtete ihn über die Schultern der beiden Männer. Braungebrannt sein Gesicht trotz der noch frühen Jahreszeit, weiße Zähne und muskulös seine entblößten Arme, gesund. Ich hatte ihn nach der Affäre von damals nicht wiedergesehen, doch äußerlich wirkte er kaum verändert, auf den ersten Blick hinterließ er noch immer einen sauberen, ich möchte sagen: fast bescheidenen Eindruck. Wie damals vor dem Kollegium der Humboldtschule, als wir ihn relegieren mußten. Und bei diesem Vergleich fiel mir zum ersten Mal auch ein, daß er Sigrid Seidensticker kennen mußte, fiel mir ein, daß sie ja ebenfalls die Neubauerschule besuchte.

Koblenz bat uns ins Haus. Er entschuldigte seine Frau, sie suche die Gärtnereien nach Ligusterstecklingen ab, bewirtete uns mit Importkognak, die Flasche rund achtzig, er kann es sich leisten, doch Konz lehnte ab, er sei sein eigener Fahrer heute, ich aber wurde den Verdacht nicht los, daß er nur nüchtern bleiben wollte wegen der Variante. Im Arbeitszimmer hingen noch immer die alten Stiche, die Stadt gegen Mittag, die Stadt gegen Morgen, die romantische Saale und dahinter fünf Türme, die beiden uralten Kirchen und unser Blauer. Ringsum an den Wänden waren Schränke eingebaut mit einer Unmenge von Büchern darin. Koblenz wußte, weshalb Konz gekommen war, und er breitete sofort den Stadtplan über den Tisch und ging mit dem Zacken eines Rechenschiebers den eingezeichneten Straßen nach. Er nannte die Namen, Große Leipziger, Markt und Kühnritter, ich brauchte nicht einmal auf die Karte zu sehen, brauchte nur die Augen zu schließen und zuzuhören, um jede Einzelheit, jeden Winkel der Stadt genau zu erkennen. Konz hingegen unterbrach ihn oft, er forderte Beweise. Koblenz schrieb fortwährend Zahlen auf einen Stapel losen Papiers, rückte an Zunge und Läufer des Rechenschiebers, multiplizierte und dividierte und blieb keine Auskunft schuldig. „Außerdem, was den Tunnel angeht, so leuchtet doch ein, daß wir das Grundwasser um so weniger zu fürchten brauchen, je mehr wir ihn nach Osten verlegen, heraus aus dem Einströmgebiet* der Saale..." Sie kehrten das Unterste zuoberst. Sie verhandelten über die Stadt, sie verschacherten sie, als sei sie ein toter

Gegenstand, als lebten darin nicht zweihunderttausend Menschen. Ich wollte fragen: Wenn ihr die Stadt versenkt, tief in die Erde hinein, wenn ihr sie aufbaut oder zerstört, was auf dasselbe hinausläuft, wohin schüttet ihr dann ihren Inhalt? An den Häusern hängen Familien. Jeder Stein hat seine Geschichte. Doch meine Gedanken liefen darüber hinweg. Ich vernahm von der Straße her Motorradgeknatter. Ob der Junge wohl weiß, was mit Sigrid geschah? Große Leipziger ... Konz, du wirst mich nicht daran hindern. Wir müssen sie finden. Drei Tage sind schon vergangen.

Endlich sagte er: „Ich muß mich bei Ihnen bedanken, mit Ihren Worten muß ich es tun. Auch Sie haben mich beeindruckt, Doktor. Nur begreife ich eins noch nicht: Wieso rücken Sie erst jetzt mit Ihren Plänen heraus?"

Koblenz nahm einen tiefen Schluck aus dem Glas und prostete ihm zu: „Vorher war wohl die Zeit nicht danach. Oder es fehlte am Geld. Oder es fehlte am Material. Vielleicht aber fehlte nur einer, der in Dimensionen dachte wie Sie ..."

Mich schmerzte die Antwort. Ich hatte das Empfinden, daß sie gegen mich gezielt war, und ich kann nicht umhin, zu gestehen, daß sie mich schmerzte. Bedurfte es wirklich erst eines Mannes wie Konz? Der nimmt keine Rücksicht darauf, ob ihm einer im Wege ist oder nicht. Hatte sich Koblenz also von uns, von mir entmutigt gefühlt? Doch um Mut zu haben wie Konz, wenn man das gesamte Zentralkomitee hinter sich weiß—dazu gehört kein Mut. Natürlich nicht. Und dennoch: Die Frage so zu fragen, das wäre nicht klüger, das würde nichts anderes bedeuten als: Wollen Sie einen Fluß umleiten, wo lassen Sie dann das Wasser? Konz, mehr als du selber hat mich Koblenz von dir beeindruckt. Er, dem ich's am wenigsten zugetraut hatte ...

Ich hörte noch, wie ihm mit leiser Stimme, fast nebenhin, geantwortet wurde: „Es sind nicht meine Dimensionen, sondern die der Partei."

Auf der Straße trafen wir Gerhard. Er hatte den Schalldämpfer abgebaut und drehte nun lärmend mit seinem Motorrad Versuchsrunden. Ich rief seinen Namen. Er hörte mich nicht. Ich winkte ihm zu. Da schoß er heran, bremste scharf, so daß die Maschine bockte und unter den Rädern Staub aufwirbelte, und hielt eine Handbreit nur vor meinen Schuhspitzen.

Konz sagte: „Ihr Feuerstuhl nimmt's mit jeder lahmen Ente von Wolga* auf, was?"

Gerhard band sich den Helm vom Kopf.

Ich klopfte mir den Staub von der Hose und fragte: „Sag mal, kennst du nicht Sigrid Seidensticker, das Mädchen aus der Zwölf b? Seit Donnerstag ist sie verschwunden. Hast du keine Ahnung, wo sie sein könnte?"

Er starrte mich an. Ein schwer zu deutender Blick. Argwohn oder Betroffenheit.

„Sie soll einen Freund gehabt haben. Parallelklasse..."

„Wenn Sie mich damit meinen... Ja, das stimmt. Vor drei Wochen aber war Schluß. Hab eine andere jetzt, eine, die nicht gleich ans Heiraten denkt. Faxen sind das. Oder nicht?"

Er schwieg und trommelte, ob aus Verlegenheit oder aus Gleichgültigkeit, mit den Fingern auf seinem Helm.

Ich aber erschrak. Das hatte ich nicht vermutet, nicht, daß Gerhard das Söhnchen von einem Arzt oder einem Direktor oder was sonst aus einer verwöhnten Familie war. Ich erschrak und fand so schnell keine Entgegnung.

Plötzlich sprach Konz. „Sie vernaschen die Mädchen wie andre zum Tee den Würfelzucker, was?"

Gerhard grinste.

„Und fühlen sich stark dabei, kommen sich vor wie ein Held."

„Naja... Ich kann's mir doch nicht durch die Rippen schwitzen."*

Konz, bis dahin mit einer betont überlegten Ruhe, wurde wütend. Zum ersten Mal sah ich ihn wütend. Die Adern auf seiner Stirn schwollen an, seine Ohren röteten sich, und seine Augen schienen jetzt heller. Sie blitzten hellgrau wie das geschliffene Glas seiner Brille. „Sie sind zu bedauern. Sie sind zwar maßlos zynisch, aber Sie sind zu bedauern. Sie sind so primitiv und dumm wie..." Auch er suchte nach Worten. „... wie das Gedudel vom Deutschlandfunk." Dann spie er aus und schob mich in den Wagen.

Während der Fahrt saßen wir schweigend nebeneinander. Konz hatte noch immer den harten Ausdruck im Gesicht. Er versteckte sich hinter seiner Brille, und mir fiel es immer schwerer, einen Gedanken zu Ende zu denken. Fast vergaß ich, weshalb wir unterwegs waren. Der Variante nachzugehen. Ich dachte an Sigrid, an Paul, ihren Vater, an Koblenz und seinen Sohn, ich dachte an Konz, an alle zusammen. Sobald ich mich um den einen bemühte, schlich sich der andre schon in meine Sinne. Er ist älter als ein alter Mann. Der Chefarchitekt, der mit revolutionären Methoden eine Stadt verändern wollte, der uns soeben noch Konstruktionen und Pläne, ich möchte fast sagen: von kybernetischer Eleganz* vorgelegt hatte, fand nicht die einfache Formel, seinen Sohn zu erziehen. Ich bin sicher, er kannte nicht einmal einen Hauch von dem, was wir inzwischen erfahren hatten. Für ihn blieb er ewig Einstein. Konz jedoch hatte vor ihm ausgespuckt. Der ist vierzig, vielleicht auch erst fünfunddreißig, und das genügt ihm... So hatte ich ihn vor kurzem noch, vorgestern, eingeschätzt. Es muß ein Irrtum gewesen sein. Gleich, ob er auf meine Ablösung sann oder nicht, mir war, als sei ich ihm hier, im Hause von Koblenz und auf der Straße vor diesem Hause, zum ersten Mal begegnet. Konz, wir haben dieselben

Ansichten. Wir haben dieselben Gefühle. Er fragte mich: „Weißt du Genaueres? Kriegt sie ein Kind?" Ich seufzte. „Hoffentlich nicht."

Auf dem Marktplatz stiegen wir aus. Konz stellte sich vor den Blauen Turm, betrachtete ihn von oben bis unten, sah auf den Roland,* prüfte besonders dessen steinernes Schwert und ging dann um das alte Gemäuer herum. Auf den Zinnen und in den ausgebrannten Fensterhöhlen hockten schon wieder die Tauben. Der Vorsommer hatte sie hergetrieben. Sie gurrten und schlugen mit den Flügeln. Manche schwangen sich auf, stiegen auf die Kirchturmspitzen und segelten von dort wieder zurück. Konz beobachtete auch sie. Dann klappte er plötzlich den Kragen seiner Jacke hoch und sagte: „An welcher Ecke des Turmes du auch stehst, überall weht der Wind von woanders her. Hast du bemerkt, daß wir Wind haben heute?" Ich schaute in den Himmel. Der war wolkenlos blau. Die Luft stand still. „Ein erstaunlicher Turm. Frühgotisch, wenn ich nicht irre. Wir sollten ihn restaurieren … Doch komm jetzt. Gehen wir durch die Straßen. Große Leipziger, Kühnritter und dann zu den Eisenbahnlinien. Vorher aber führe mich mal zu deinem Straßenbahnfahrer …" Mich wunderte nichts mehr an diesem Vormittag. Konz, das hatte ich längst erfahren, konnte von einer Minute zur anderen mit neuen Ideen überraschen.

Als wir das mächtige Flurgewölbe betraten, schlugen uns Kälte und Dunkelheit entgegen. Wir mußten das Licht anschalten, obwohl draußen heller Sonnenschein war. Kein Fenster, nicht einmal eine Belüftung. Die Stufen der steilen Treppe knarrten. Es roch nach Moder. Konz sagte, und seine Stimme verlief sich in den Winkeln des Ganges und klang daher fremd: „Und gäb es noch hundert andere Varianten … Dieses Haus hier wird abgerissen." Im dritten Stock, an einer zerbröckelten Wand, entdeckten wir das Namenschild. Ich drückte auf den Klingelknopf. Wir hörten Schritte, die Tür wurde geöffnet.

Vor uns stand Paul, und ich spürte sofort, daß ihn irgend etwas bedrückte. Die Tochter, natürlich, die Tochter. Leise, viel zu leise für seine offenherzige Art sagte er: „Ach, du bist es, Bürgermeister, ach, du …"

Konz stellte sich vor. Wir seien gekommen, erklärte er, uns einen Rat zu holen. Und während Paul daraufhin sichtlich in Erstaunen geriet, sich verlegen die Nase wischte, nahm ich seine Worte nur für eine der üblichen Floskeln. Man sagt's, weil einem nichts Besseres einfällt. Bei Konz jedoch, das hätte ich wissen müssen, muß man auf jedes Wort achten. Er dreht es zehnmal im Kopf herum, bevor er es mündig macht.

Ich betrat die Wohnung zum ersten Mal. Ich empfand daher Neugier. An seiner Häuslichkeit erkennt man den Menschen. Und obwohl ich fest entschlossen war, mich gründlich hier umzusehen, fand ich dazu kaum Muße. Im dunklen Korridor ein Spiegel und eine Kommode aus

Urgroßvaters Zeiten. Im Wohnzimmer ein Büfett mit bestickten Deckchen, Glas hinter Glas, eine Couch oder wohl mehr ein Sofa unter einem Berg von Kissen und ein Fenster, durch das man auf die gräßliche Ziegelwand eines Hinterhofs blickte. Bisher hatte ich noch immer nicht gewagt, mich nach Pauls Tochter zu erkundigen. Ihr Name lag mir wie ein Stein auf der Zunge. Er wollte sich nicht bewegen. Doch noch ehe ich die Tür hinter mir geschlossen hatte, sah ich am Tisch die beiden Frauen. Die Mutter. Daneben mit verstörten Augen, wie mir schien, saß Sigrid.

Auch Konz mochte ahnen, daß sie das Mädchen war, dessentwegen ich mir soviel Sorgen gemacht hatte. Er schaute mich fragend an. Ich verstand ihn und gab ihm unauffällig ein Zeichen. Ich nickte nur mit den Lidern. Also, da war sie wieder zu Hause. Saß am Tisch und hielt sich an ihrer Mutter fest. Hatte einen roten Mund, ein paar Tränen unter den Wimpern, doch sonst, nein, sonst war nichts weiter geschehen . . . Sonderbar, sobald man einen Menschen wiedersieht, von dem man das Schlimmste befürchtet hatte, glaubt man, es müsse alles in Ordnung sein. Er lebt noch. Die Angst war umsonst. Man kommt sich lächerlich vor, weil man einmal sogar an den Mörder vom Saalefelsen gedacht hat. Alle Fragen von vorher klingen, als seien sie nie gefragt worden. Ich spürte meine Zunge wieder. Und ich wagte sogar einen Scherz, als ich Sigrid die Hand reichte, sprach davon, daß ich mich ihrer noch gut erinnere, sie habe damals in der Schaffneruniform ausgesehen wie das tapfere Schneiderlein im Märchen.* Sie lächelte. Und dennoch wußte ich, daß nichts in Ordnung war, nichts. Zumindest lebte da noch immer ein unflätiger Bursche auf ihre Kosten.

Konz jedoch hatte auf dem Flur nicht nur eine Höflichkeitsfloskel gebraucht. Wir sind gekommen, um Ihren Rat einzuholen. Paul wollte die Frau und die Tochter aus dem Zimmer schicken, doch Konz verwehrte es ihm. „Was wir mit unserer Stadt vorhaben, das ist kein Geheimnis, im Gegenteil, das ist die Sache der Leute, die darin wohnen . . .‟ Er entwarf ein Bild von der Stadt nach ihrer Rekonstruktion, schilderte seine Pläne, schilderte auch die von Koblenz, wobei nur ich bemerkte, daß er den Namen des Chefarchitekten sorgsam verschwieg, und verwickelte Paul Seidensticker in ein erregtes Gespräch. Die Große Leipziger, ganz gleich, ob nach dieser Variante oder nach jener, wird abgerissen. „Das bißchen, was an Historischem da noch steht, in Richtung Markt, das bleibt, alles andere nicht . . .‟ Wieder wie schon in all den Tagen vorher, beobachtete ich Konz. Ich sah auch zu Sigrid hinüber. Sie hörte zu. Entgegen meiner Befürchtung schien unser Besuch sie gar nicht zu stören. Konz schlug wieder Brücken zum Mond. Sprach er von einem Tunnel, so meinte er Raumfahrt, und er zwang auch die Frauen zum Nachdenken. Sigrid stützte den Kopf in die Hände, und einmal begann sie sogar zu schwärmen:

„Nicht mehr den Blick auf die Mauer da draußen, nicht mehr leben wie eingemauert, das muß schön sein..." Die Mutter aber sagte: „Jetzt bezahlen wir dreißig Mark, Herr Konz, für eineinhalb Zimmer und Küche und eine Mansarde unter dem Dach." Er rechnete. Auch er schrieb nun Zahlen auf einen Zettel, verglich die Mieten. Im Neubau das Doppelte rund, na gut, dafür aber ein Zimmer mehr, Bad und Balkon, die Heizung im Preis, in der Nähe ein Kindergarten, bleibt ein kläglicher Rest, für den es sich lohnt, diese... Er scheute sich, das Wort auszusprechen, überlegte, sprach es dann doch aus: diese Höhle hier zu verlassen.

Von Pauls Forderung, mehr Kindergärten zu bauen, an mich seit zwei Jahren, hatte ich Konz niemals erzählt. Jetzt traf er damit ins Schwarze. Paul nickte. „Endlich", sagte er, „endlich... Sehen Sie jetzt. Wir mußten die Kleinen auf die Straße schicken, um uns mit unserer Großen... Drei Tage war sie verschwunden. Wir ließen sie suchen." Er verstummte. Sigrid hatte ganze leise geflüstert: „Vater..."

„Ich weiß", sagte ich. „Ich wußte davon. Und ich vermute, es war nicht ihre Schuld."

Paul sah mich aus weiten, von Überraschung geweiteten Augen an und drückte mir schließlich dankbar die Hand. Die Mutter begann zu schluchzen. Sigrid senkte den Kopf und biß in ein Taschentuch, das sie um ihre Finger geschlungen hatte. So fand jeder auf seine Art eine Abwehr auf das, was unausgesprochen blieb. Nur Konz... Ich beobachtete Konz. Von Konz ging zum ersten Mal eine große Hilflosigkeit aus.

Paul Seidensticker brachte das Gespräch wieder auf die Pläne. Danach begleitete er uns bis hinaus auf die Straße. Nichts, nein, nichts war geschehen. Nur die Akzeleration, wie Koblenz sich ausdrücken würde, nur die Akzeleration hatte gewirkt, die Biologie unserer Kinder. Sein Sohn war der erste Junge gewesen, oder soll ich sagen: der erste Mann, mit dem Sigrid sich eingelassen hatte. Aus Neigung, aus Liebe, jedenfalls ihm zuliebe. Für ihn aber war sie nur eine unter anderen, Stück Würfelzucker zum Tee. In jener Chemiestunde, als sie den Brief entdeckte, geschrieben an ihre Nachfolgerin, erhielt sie darüber Gewißheit, fühlte sich beschmutzt und beschämt. Vielleicht aus Reue, vielleicht aus Enttäuschung, wer wird es jemals erfahren, verließ sie den Unterricht, setzte sich in einen Zug und fuhr ohne Ziel davon. Nachts schlief sie in Scheunen. Vielleicht waren ihr auch Gedanken an Schlimmeres gekommen. Eine Polizeistreife fand sie und schickte sie zurück. Das war alles. Paul ballte die Fäuste. Und Konz, hörte ich deutlich, Konz räusperte sich und schluckte.

Wir liefen durch die Straßen. Die Fassaden, obwohl erst vor kurzem in Farbe getaucht, waren schon wieder grau. In den Schaufenstern blinkte die Sonne. Wir trafen nur wenige Spaziergänger. Übers Wochenende flüchten die Leute hier immer ins Grüne. Der blaue Streifen Himmel über den Häuserfluchten war auch sonntags nicht frei von Rauch. Irgendwo qualmten unsere Schlote. Es roch nach Schwefel. Kam der Wind nun doch vom Süden, dorther, wo die Chemiewerke stehn? Irgendwann wollten wir auch die Luft reinigen, das Wasser in den Flüssen, die Stadt. In Gedanken sah ich uns schon in Hochhäusern wohnen, zwischen blühenden Wäldern, unter einem weiten und staubfreien Horizont. Was war das? Wir liefen durch enge Straßen. Und wir entfernten uns immer mehr vom Markt, dort, wo unser Wagen stand, und stießen schließlich auf die Eisenbahnlinie. Konz schaute mehrmals auf den Stadtplan, sagte die Straßennamen laut vor sich her, so, als wollte er sie wie Vokabeln auswendig lernen. Er hatte einen weitausholenden Schritt, ich mußte mich anstrengen, ihm zu folgen. Manchmal blieb er stehen, betrachtete sich die Gebäude, verlangte eine Erklärung von mir und trug dann mit einem Bleistift Zeichen auf der Karte ein, Kreuze, Kreise und Zahlen.

Mittag begann, und als wir endlich die Schneise der Schienenstränge hinter uns hatten, freies Feld vor uns sahen, sagte er: „In der Tat, Koblenz' Variante ist gut. Neben der Bahn sind die Straßen nur auf einer Seite bebaut. Wir würden Kosten sparen. Wir brauchten weniger abzureißen. Und auch die Zeit wär unser Gehilfe ... Koblenz, Koblenz ..." Es schien, als horchte er diesem Namen nach. Dann wandte er sich an mich: „Weißt du, Karl, worum ich dich beneide?"

Nein. Ich schüttelte den Kopf. Er beneidete mich. Warum?

„Daß du die zehn oder zwanzig Jahre schon hinter dir hast, die vielleicht genügen, um die Menschen in dieser Stadt kennenzulernen, ihre Sorgen und ihre Probleme."

Ich schaute ihn an. Mir war, als sei soeben das letzte Rätsel, das Konz hieß, gelöst worden.

„Werner", sagte ich ganz unvermittelt, sagte: „Werner ... Was ich noch wissen möchte von dir, nie sprichst du darüber. Hast du keine Frau, keine Familie?"

„Vor einem Jahr", sagte er. „Da ist sie gestorben. Während der Entbindung. Und seitdem ... Ich kann meine Frau nicht vergessen. Verstehst du das?"

(aus: *Die anderen und ich*, Mitteldeutscher Verlag, Halle, 1970)

NOTES

N.B. These notes do not comment on words and phrases found in medium-sized dictionaries such as *The New Schöffler-Weis Compact German and English Dictionary*. The following abbreviations have been adopted: *abbrev.* = abbreviation; *coll.* = colloquial; *derog.* = derogatory; *pl.* = plural; *poet.* = poetic, or not generally found in common speech; *sl.* = slang; *us.* = usually.

DER TRAKTORIST

Anna Seghers (pseudonym for Netty Radvanyi, née Reiling): born 1900 in Mainz. One of the oldest writers now living in the GDR, she has been a member of the Communist Party since 1928. Travelled widely in exile during the Third Reich, finally settling in Mexico with other German Communist writers. Returned to the (then) Soviet Zone of Occupation in 1948 and has since held a number of leading cultural positions. Currently President of the Writers' Union. Numerous distinctions and prizes. Her earlier, anti-Nazi work (e.g. *Das siebte Kreuz*, 1942; *Die Toten bleiben jung*, 1949) is far superior to her more recent novels, which celebrate the victory of East German socialism: *Die Entscheidung* (1959); *Das Vertrauen* (1968). *Der Traktorist* was written in 1950 for a volume of *Friedensgeschichten*. These were first published (as far as can be ascertained) in 1953 in a volume entitled *Der Bienenstock*.

41 MAS: = *Maschinen-Ausleih-Station*. One of the depots created during the land reform programme in the early years of the GDR; they were used to store the vehicles and machinery taken from the wealthy farmers whose land had been expropriated. These machines, usually with a driver, were contracted out to assist the new farmers under an organized scheme (hence the "Kontrakt und Planung" later in the sentence). The depots later became *Maschinen-und-Traktoren-Stationen* and played an increasingly advisory and administrative role in agricultural developments.

Agricultural conditions are, of course, far different nowadays owing to the collectivization programme begun in 1952. For details, see the book by Childs recommended in the bibliography.

liefen welche heran, was der Knall zu bedeuten hätte: *coll.* Supply "*um zu sehen*, was der Knall zu bedeuten hätte."

wurde es Donnarth klar, daß zwischen dem Tod und dem Feldrain

der Abstand derselbe war, hüben wie drüben: *i.e.* disaster forces Donnarth to recognize all he has in common with the less fortunate farmers.

42 Die: = *sie*, *i.e.* the Donnarths.

Der auf alles, was MAS hieß, spinnefeind war: 'Who was utterly opposed to anything connected with the MAS'.

aus Bauernschulen, aus Kreisämtern und aus Parteilokalen: 'from schools in which the new farmers were educated in agricultural theory and practice, from district offices of the SED, and from meeting places for Party members'.

REKORD AN DER DRAHTSTRASSE

Günter Kähne: Little information is available on this figure, who is now dead. The following is quoted from the November 1960 volume of *Neue Deutsche Literatur*: "Die Erzählung *Rekord an der Drahtstraße* entnahmen wir dem Band *Arbeiter greifen zur Feder*, der im Verlag der Märkischen Volksstimme erschienen ist. Sie ist die erste Veröffentlichung Günter Kaehnes. Er ist 31 Jahre alt, Brigadier in einer Brigade des Stahl- und Walzwerkes Brandenburg und gehört einem Zirkel schreibender Arbeiter."

44 Bundübergabe: There is no simple translation of this word, which refers to the point at which the bundles of wire are transferred from one conveyor to the next.

45 zerruppen: = *zerrupfen*, North German dialect.

46 trieb ihn auf die „Barrikaden": 'drove him onto the barricades', *i.e.* into a stand against authority.

solchen Wind machen: 'kick up such a fuss'.

Parteisekretär: Each factory possesses a SED secretary, who has both a political and an administrative function. On the one hand he organises political activity among the workers, while on the other he cooperates with the management on all issues of current concern: implementation of the management's new production programmes, for example, as well as increased benefits for the workers. He also deals (as in this instance) with shop-floor complaints.

47 nicht von vorgestern: An emphatic variation of *nicht von gestern*, 'with it', 'not born yesterday'.

Von der Instandhaltung hatten Kollegen das gleiche Problem aufgegriffen: An ambiguous construction. Either 'Workmates on the maintenance staff had tackled the same problem', or 'Starting from the maintenance point of view, workmates ...'.

paßte mir gar nicht ins Konzept: *coll.* 'totally spoilt my plans'.

daß er wieder seine Augenbraue strapazieren würde: 'that he would again raise his eyebrow to its full extent', *i.e.* in order to express his scorn.

48 **die Genossen der „Roten Brigade":** A brigade is a group of workers under the leadership of a "Brigadier", who encourages them to increase their output per shift. Brigades often have either nicknames, or names of their own choice—as here, "Rote Brigade"—and usually compete against each other, the most productive winning financial reward as well as the sense of moral victory. The pay of each brigade depends on whether it reaches—or whether it exceeds—the 'norm' which has been established for the type of work in which it is engaged.

So hatten wir . . . unsere Spritze weg: 'That was a shot in the arm for us'. Although the connotations of this expression are normally positive in English, the sense in German is almost exclusively negative. A more appropriate translation would probably be: 'That was one in the eye for us'.

Kunststück: here 'a piece of cake'.

Wenn die Karre läuft, dann läuft sie alleene: (*alleene = allein,* North German dialect) Both here and in the following sentences *die Karre* is not being used in the specific, but in the idiomatic sense: 'When things function properly, then the factory runs itself'.

49 **Mittelstraße . . . Fertigstraße . . . Vorstraße:** The three main sections of the rolling line.

50 **zu allem Überfluß:** 'to crown matters'.

Diese Pfuscher verdammten: *coll. = diese verdammten Pfuscher.*

das zweite war angetrunken: 'the second had been started' (there is no direct English equivalent for the common German prefix *an*).
Er gluckst vor sich hin: 'He chuckles to himself'.

DIE AFFEN UND DER MENSCH

Peter Hacks: born 1928 in Breslau. A graduate of the University of Munich, where he took a doctorate on *Das Theaterstück des Biedermeier*. Emigration to the GDR in 1955, *Dramaturg* in East Berlin until his dismissal in 1963. Clear influence of Brecht in his plays, which have all been received with some displeasure in the East. Probably the most important dramatist of the GDR, Hacks has also written theoretical essays on drama, radio and television plays, and books for children. Main works: *Die Schlacht bei Lobositz* (1956); *Die Sorgen und die Macht* (final version 1962); Moritz Tassow (1965); *Omphale* (1970).

51 **Problemata:** The standard plural of *das Problem* is *die Probleme*. Hacks is presumably using the (Greek derived) suffix *ata* for reasons of rhythm and assonance. Also, perhaps, for its scholastic ring, and the incongruity it therefore creates between the form and the content of this peculiar 'song'.

52 **Morgiger:** 'One who was always thinking of the following day'. A neologism from the adjective *morgig*, 'of tomorrow'.

53 **Donner und Doria:** An unusual expression of extreme surprise. (Oath by Gianettino Doria in Schiller's *Die Verschwörung des Fiesko*.)

BÖHMEN AM MEER

Franz Fühmann: born 1922 in Rochlitz (now Rokytnice), a small village in the Sudetenland. National Socialist upbringing, a passionate admirer of Hitler. Transformation of attitudes in Russian POW camp, from which he was released in 1949. First publications mainly poetry, but he has increasingly devoted himself to prose, all of which is strongly autobiographical, to reportage, translations, and modern versions of the classics. Numerous East German literary prizes. Main works: *Die Nelke Nikos* (poems, 1953); *Die Richtung der Märchen* (poems, 1962); *Das Judenauto* (prose, 1962); *König Ödipus* (collected stories, 1966); *Der Jongleur im Kino oder die Insel der Träume* (stories, 1970). *Böhmen am Meer* was first published in 1962 by Hinstorff Verlag, Rostock.

54 **Z:** Presumably Ziesendorf.

Mark: = *Mark Brandenburg*, the Brandenburg Marches, north of Berlin.

55 **eine quälende Arbeit aus den Kriegstagen:** Since the date is given (indirectly) as 1955, Fühmann is most probably referring to his *Novelle Kameraden* (Berlin, 1955), which deals with the German attack on Russia in 1941.

Erlgründe: (*poet.*) 'alder trees'.

seine Hochwand immer mehr muldend: (*poet.*) 'its wall being hollowed out more and more'.

56 **gräbendurchzogen:** (*poet.*) 'interlaced with ditches'.

Industrieladen: A shop which is controlled by a state-owned factory and which sells only that factory's products.

58 **wo ich mich anmelden müsse:** The practice of registering one's presence with the local authorities was common to both Germanies after the war. It has persisted somewhat longer in the East, however, where security systems are on the whole far more elaborate.

Reclamheftchen: A small volume in the series published by Reclam, a printing and publishing firm established by A. Philipp Reclam of Leipzig in 1867. The firm became famous for its cheap, small format editions of the classics.

Two organizations now operate under this imprint. The original one in Leipzig (GDR) is state-owned, while the West German one (in Stuttgart) is controlled by Reclam's descendants.

das Wintermärchen: *i.e. The Winter's Tale.* This is the second direct allusion to Shakespeare's play (the first is the motto of the story), and it prepares the reader for the parallels between the two works which now follow. The major characters of the *Erzählung*, Hermine and Baron von L., have counterparts in Shakespeare's Hermione and Leontes. Fühmann's time scheme and main actions also parallel those of Shakespeare's drama.

62 Baron von L.: The use of the letter *L* is significant. Besides suggesting a counterpart to Shakespeare's Leontes, the Baron can also be seen as recalling a historical figure: Rudolf *Lodgman* von Auen (1877–1962), leader of the German National Party in the Czech Parliament 1920–25, and leader of the Sudeten *Landsmannschaft* 1951–59.

wie Steine auf dem Mühlbrett: = approx. 'like pieces on a draughtboard'. The allusion is to the game of *Mühle*, or *Mühlenspiel* ('nine men's morris').

63 Umsiedlerin: One of those who were expelled from territories acceded in 1945. *Umsiedler* ('resettler') is, of course, slightly euphemistic and is the East German word for those expellees who are now in the GDR. East Germans usually refer to expellees living in the West as *Revanchisten* and their gatherings as *Revanchistentreffen*, a *Revanchist* being anyone who wishes Germany to return to the boundaries of 1937, by force if necessary. West Germany, on the other hand, refers to the latter in somewhat different, though equally suggestive terms. Their meetings are *Heimattreffen*, and the refugees themselves *Heimatvertriebene*.

67 von Dampfstößen . . . in die Flut einschlug: The scene described is that of a steam-hammer driving metal piles into the sea bed.

69 scheckte den Boden des Meeres: 'cast a chequered pattern on the sea bed'.

Eger: Now Cheb; town in the north-west of Czechoslovakia.

71 das kleine Oval . . . verschlungenen Händen: Badge of the SED.

73 Bahnhof Reichsstraße: An interesting example of rhetorical commission. Although the story was first published in 1962, it is set in the year 1955 and the author may therefore expect his reader to believe that such a station existed at that time. It has never existed, however; Fühmann's aim may be to suggest to his readers that National Socialist memories (here that of the *Reich*) are still cultivated in the West. This is a common claim of Eastern propaganda against the Federal Republic.

Kanzleiobersekretär: A fairly senior civil servant.

Parteibuchpolitik: System in which promotion is granted only to those who are members of a particular political party.

74 abhängen: here colloquial for 'to put (s.o.) off'.

Wechselmanipulationen und Prokuren und Limit: 'Shady dealings

with bills of exchange and rights of signing *per pro* and limited liability',
i.e. typical jargon of the capitalist commercial world.

Egerländer Marsch: A favourite Sudeten march which was frequently
used by the Nazis to arouse nationalist feelings among the Sudetens. It also
occurs as a motif in Fühmann's *Das Judenauto*, of which the chapter 'Die
Berge herunter' portrays the scene described below in much greater detail.

in den Fängen des Adlers das schwarze Zeichen: *i.e.* a swastika
encircled by a wreath which is held by the claws of an eagle. One of the
most famous of Nazi badges.

75 **mit schwarzweißroter Binde und einer gewinkelten Rune:** The
colours are reminiscent of the National Socialist armband, while the
gewinkelte Rune is probably a runic *S* (⚡), which was incorporated in
certain Nazi badges. The boy's uniform and drum ("mit schwarzen
Feuerzungen") suggest those used by the Hitler Youth movement.

Fühmann's remarks to J.-H. Sauter again throw considerable light on the
Heimattreffen as a whole:

> dann mußte ich um dieser Erzählung willen zu einem dieser „Heimat-
> treffen" gehen, um einfach einmal zu sehen, wie so etwas ausschaut. Ich
> war da, und es war für mich ein so bestürzendes Erlebnis, daß ich
> wirklich fassungslos—oft gebraucht, dieses Wort, aber ich war wirklich
> fassungslos—dastand und dachte, die Zeit wäre stehengeblieben, und
> ich sei irgendwo im Sudetengau im Jahre 1938—es waren also dieselben
> Losungen, und es waren dieselben Märsche, es waren dieselben Uni-
> formen, und es waren dieselben Reden, und es waren dieselben Fahnen
> und Trommeln und Wimpel und Runen und weißen Strümpfe, und
> es waren dieselben Lieder, und es waren zum Teil sogar dieselben
> Personen, die da standen und, als sei nichts gewesen, als sei jetzt das
> Jahr 1938, wieder diesen ganzen fürchterlichen Mechanismus aufzogen.
>
> ('Interview mit Franz Fühmann', pp. 40–41.)

einen Totenschädel auf der schwarzen Mütze: *i.e.* he is a member of
the *SS*, the *Schutzstaffel* of the National Socialist Party. The *SS* was a form
of secret service and held control of many key positions in the Third Reich.
Its most infamous branch was the *Geheime Staatspolizei* (normally abbreviated to *Gestapo*).

die Panzer rollen zur Prager Burg, Lidice lodert auf und zerfällt:
German forces occupied Prague, capital of Czechoslovakia, in March
1939. Reinhard Heydrich, notorious for his cruelty, was appointed by
Hitler as governor of this new part of the Reich, but he was assassinated in
the summer of 1942. The inhabitants of the village of Lidice were accused of
complicity in this act; as a result, all adult males were shot and the village
itself was burnt to the ground.

76 **Insel Sachalin:** (normally *Sakhalin*) Island off the Eastern coast of the
USSR; used by the Russians as a penal colony during the late nineteenth
century.

das damals noch eins war und doch schon gespalten: This paradoxical sentence must be seen in the context of Eastern views on the division of Germany. For Fühmann, as for all East German writers, the roots of present division are evident as early as 1933 and in the decision for or against National Socialism.

The traditional argument is as follows: many of those who became Nazis either before or after 1933 fled to the security of the Western Zones in 1945. They knew the Western allies would turn a blind eye to their criminal past in return for the sort of services which they were prepared (and well equipped) to offer, *i.e.* those expected in any capitalist state. Those who opposed Hitler in 1933, *i.e.* the Communists, chose to live in the East after the war; their aim was to educate those of their countrymen who had been led astray by National Socialism but who now sincerely wished to reform themselves. So although Germany was theoretically "noch eins" after 1945 (in the sense that two new states had not yet been created), any sense of unity was only illusory. The nation was "doch schon gespalten" through different attitudes, which later political decisions only brought into sharper relief.

einer Hoffnung, die mörderisch war: *i.e.* the hope that they would return to their homeland; described as 'murderous' since its realization would necessitate the military invasion of Czechoslovakia.

77 **ins Wasser gegangen:** A phrase commonly used with the specific meaning of trying to commit suicide by drowning.

78 **das „Protektorat Böhmen und Mähren":** The new title for Czechoslovakia after it had been annexed by German forces.

S-Bahn: Overhead railway network running through both parts of Berlin.

DAS KENNWORT

Hermann Kant: born 1926 in Hamburg. War experience, released from Polish captivity in 1949. Attended the Greifswald *Arbeiter-und-Bauern-Fakultät* (one of a number of schools for those whose parents had been unable to maintain them until university entrance age during the Third Reich), then spent several years at the Humboldt University in East Berlin, first as a student, and then as a teacher of German literature. This was followed by journalistic activities, and finally freelance writing. Kant's experiences in Greifswald form the core of his best-selling novel *Die Aula* (1965), one of the most successful novels to emerge from the GDR. Other works include *Ein bißchen Südsee* (stories, 1962) (from which *Das Kennwort* is taken) and *Das Impressum* (novel, 1972). He has won several East German literary prizes.

81 **Ganghofer:** Ludwig (1855–1920). Prolific and highly popular writer of light drama and fiction.

82 ... der Bahn, die uns geführt Lassalle!: (The auxiliary *hat* is understood in this quotation.) Ferdinand Lassalle (1825–1864) was a left-wing lawyer, philosopher and political activist. He founded the *Allgemeiner Deutscher Arbeiterverein*, forerunner of the Social Democratic Party.

doch damit hatte es sich dann auch: 'but that was the limit of their capabilities'.

83 Schutzhundaristokratie: 'police dog élite'.

84 die Kommune: In this context a derogatory manner of referring to the Communist Party.

der ersten deutschen Republik: *i.e.* the Weimar Republic, 1919–33. The date must be 1932.

85 Soll er doch: = *soll er doch Hitler heißen, i.e.* an expression of complete indifference. 'Let him call himself Hitler if he wants to.'

86 SA-Uniform: *SA* was more commonly used than the word it abbreviated, *Sturmabteilung*, that is, the 'stormtroopers' of Hitler's National Socialist Party.

87 Sozi: derogatory for *Sozialist* or *Sozialdemokrat*.

Da halt ich meinen Kopf für hin!: North German colloquial for "dafür halte ich meinen Kopf hin!"—'I'll bet my life on that!'

METAMORPHOSEN

Rolf Schneider: born 1932 in Chemnitz (now Karl-Marx-Stadt). Studied German in Halle 1951–55, then worked on the editorial staff of the periodical *Aufbau* until it ceased publication in 1958. Schneider has since devoted himself fully to creative writing and completed a large number of radio plays and dramas, as well as a fair amount of fiction. His plays are not particularly original, but are none the less competently written (*Zwielicht*, for example, won the 1967 West German *Hörspielpreis der Kriegsblinden*). His fiction has been more favourably received, notably *Brücken und Gitter* (stories, 1965), from which *Metamorphosen* is taken; *Die Tage in W.* (novel, 1965); and *Der Tod des Nibelungen* (novel, 1970).

94 nach allgemeinem Rechtsempfinden: 'according to accepted ideas of justice'.

96 ließ meinen Schweif . . . aufs Zelluloid bannen: 'allowed my tail to be photographed'. Typical of the rather circumlocutory, stilted style of the scientist-academic.

Schwanztaumel: 'tail mania'.

aus der Schule C. G. Jungs: Carl Gustav Jung (1875–1961) was a Swiss psychologist and psychiatrist, the founder of analytic psychology. It is strange that Schneider should have chosen the school of Jung rather than that of Freud for this reference to the tail as a sexual symbol. Although Jung was for some years an active disciple of Freud, he moved away from the latter's position in formulating his own theories. One of his most important deviations from Freudian theory was in his rejection of the view that all neuroses are sexual in their aetiology.

Hans Mayer: (b. 1907) Distinguished German literary critic with a keen interest in Kafka, an interest which it was difficult for him to pursue in Leipzig, where he was Professor until 1963 (*cf.* the remarks in the Introduction on East German opposition to 'formalism'). During a visit to the West in that year he decided not to return to the GDR, and since 1965 he has been Professor of German Literature at the *Technische Universität* in Hanover.

aus der Schule Kerényis: Károly Kerényi (b. 1897 in Rumania) is a classical philologist and mythologist, a well-known name to the educated German reading public.

97 ich hatte ihrer genug: 'I had enough of them'. Again, a slightly archaic construction.

Cul de queue: A French neologism, which it is impossible to translate literally. *Cul* = 'bottom', 'behind', and *queue* = 'tail'. As the narrator goes on to explain, the idea is of a trouser seat with an opening for a tail.

Beckett, Samuel Barclay (b. 1906). Irish dramatist, novelist and poet who has lived in France since 1937 and who now writes mainly in French. His present fame rests mainly on his 'absurd' theatre. Schneider's *Endzeit-Gespräche* may be intended to recall Beckett's *Fin de Partie*, translated into German as *Endspiel*.

98 Schwanz-Designer: 'tail stylist' (as opposed to *Konstrukteur*, 'designer', who is concerned with the mechanical aspect).

Modell Schwanzlurch: Bullock (see bibliography) suggests 'Batrachian Model'. (Batrachia = frogs and toads).

DER HAI

Günter Kunert: born 1929 in Berlin. Considered unsuitable for Nazi military service on account of his mother's (Jewish) religion. Studied at the *Hochschule für angewandte Kunst* in Berlin and began serious writing around 1947. Encouragement from J. R. Becher, President of the new Cultural Union. Initially a poet, Kunert has increasingly diversified into prose, film and radio scripts, and libretti. Recognition in the West following the appearance of his collection of poems *Der ungebetene Gast* (1965) and his novel *Im Namen der Hüte* (1967). Numerous other publications, including *Die Beerdigung findet in aller Stille statt* (prose, 1968, which includes *Der Hai*) and *Warnung vor Spiegeln* (poems, 1970). *Der Hai* was first published in *Neue Texte 1967* (Aufbau-Verlag, 1967).

101 Die Zeichen sind gestellt: Kunert has derived this curious sentence from two standard expressions: "Die Zeichen deuten (auf etwas hin)"—'the signs indicate (something)'; and "Die Weichen sind gestellt"—'the points are set', also used figuratively to suggest that certain decisions have already determined someone's immediate future.

bewohnt von paläogenem Getier: 'inhabited by palaeogenic animals', *i.e.* fish. Note Kunert's preference for circumlocution.

in den Vorderen Orient: Archaic for *der Nahe Osten*. Kunert makes frequent use of slightly archaic and unusual vocabulary.

wenig Wasser verdrängt: 'is of small displacement'.

102 Altvorderen: (normally *die Altvordern*) 'Ancestors', *i.e.* fish. Both here and several times in section 12, Kunert is using the theory that man is descended from the fish.

seit dem vergessenen Exodus: *i.e.* since the departure of man from the sea.

zu kartographischer Bläue, . . . voranfährt: Literal translation provides little assistance here. The description moves suddenly from that of the sea to that of a nautical chart, on which the ship's course is plotted in advance by the calculations of a slide rule.

103 fern der termitären Ansiedlungen: 'far from the ant-like colonies', *i.e.* densely populated areas.

Geradenochstädtchen: A neologism formed by the compression of the main items of one clause into a single word: "ein Städtchen, das gerade noch eines ist".

die ihn gewählt, ohne daß er erwählt gewesen: 'who had elected him, although he was not one of the elect'.

Die dreifache Zweiung: 'The threefold repetition of "two"'.

104 Townhall: The word is not in common German use. It is obviously more useful than *Rathaus* in evoking the American scene.

Mementomori: Kunert makes a noun out of these two Latin words, *memento mori*, 'remember you must die'.

106 des dörrenden Gestirns: this and *die brennende Zentrale* (of the following sentence), and *das rundliche Wasserstoffeuer* (of the following paragraph) are all periphrastic references to the sun.

der bewucherten Kugel: periphrasis for the earth; *bewuchert* = 'covered in luxuriant vegetation'.

Walimitation mit echtem schlafendem Jonas: A biblical allusion: Jonah, an Old Testament prophet, was thrown overboard during a storm in the hope that through this sacrifice the Lord would calm the seas. Jonah did not drown, however; he was swallowed by a whale which later vomited him onto dry land.

107 Drugstore, Supermarket: Further examples of Kunert's preference for foreign words. Note that the usual German form is *Supermarkt*.

hierlands: an archaic form of *hierzulande*.

Der, wo er hinmachte, heute Gefühle kriegt: '[One of those] who is now moved by the sight of the places where he used to relieve himself'.

über den der Stab noch nicht gebrochen wurde: 'who has not yet been judged guilty'. (The expression derives from the medieval practice of the judge breaking his rod over the prisoner's head as the verdict was delivered.)

108 die Stürme, die der Heimgekehrte im Climaxwasserglas aufgerührt hat: 'the storms which the homecomer has stirred up in the Climax City teacup'.

die letzte Verborgenheit ihrer selbst: 'the innermost secrets of their hearts'.

109 Der Griff zur Tasse rückt die Seele grade: 'The act of reaching for one's cup straightens up the soul', *i.e.* mechanical, mundane actions help one to regain confidence.

Syntaktisches Gewebe: 'A web of language'.

Erinnye: The Erinyes or 'Furies' (of Greek mythology) were the deities of vengeance.

Herstellerin: *Gebärerin* would be the normal word in this context. *Herstellerin* is used for ironic effect, suggesting as it does a factory or manual process of creation.

110 Seelenschlamm: 'forgotten bad memories'.

Hochachtungsvoll wird gegrüßt: *Hochachtungsvoll* ('with great respect') is the normal ending of a business letter. Kunert forces his reader (through the following "trotz allem") to recall the literal sense of the word, and thus emphasizes its inappropriateness and hypocrisy.

111 Requisiten: 'props'. Kunert is suggesting how artificial the earth seems to one who has emerged from the sea.

Mit jedem Herzschlag . . . zu werden: The exact sense of this sentence is slightly obscure. Taken in conjunction with the previous one, it seems that the subject is again man's derivation from the fish. The *Wiege* is the sea, rising and falling with every heartbeat and abandoned by the being which was to become man.

Tintenrabenschwarz: A neologism. Kunert adds the prefix *tinten-* ('ink-') to the common *rabenschwarz* ('black as a raven', 'extremely dark').

112 unter dem mächtigen funkengespickten Baldachin: literally 'beneath the mighty canopy covered with sparks', *i.e.* 'under the vast star-studded sky'. Note the frequency with which Kunert plays with the language and imagery of his hero's profession.

das Gefühl des Immersichgekannthabens: 'the feeling of always having known one another'. It is common practice to form a new German noun by combining adverb with verb. *Cf.* below *des Niemalssichgekannthabens*.

der ungeteilten Amöbe: The amoeba reproduces by dividing itself, and Kunert playfully sees the lovers' sexual union in terms of its original, undivided state. The following description debunks the act of intercourse itself.

113 Léopoldville: (now Kinshasa) Capital of the Congo, an area of recurrent political and military strife after the Congo's independence in 1960. Why Kunert should have chosen this city for his list is not immediately clear. Like Saigon and Berlin, Léopoldville has been an area of East-West conflict, but on far less significant a scale than the two former.

Deus ex machina: literally, 'a God from a machine'. The phrase was originally applied to dramas in which unexpected divine intervention (in the shape of a God suspended by wires) saved a character from a critical situation. It now describes any sudden and artificially contrived solution.

mit mänadischen Haaren: 'with the hair of a Maenad'. The Maenads, or 'Bacchantes', were women inspired by Dionysus into a state of ecstatic frenzy.

Ich verstehe die Welt nicht mehr: A literary allusion: the final line of Hebbel's *Maria Magdalene*, which would be recognized by the majority of educated Germans. It is spoken by Meister Anton, as he realizes that his own family has transgressed the moral code which he has respected throughout his life.

In Erfolg seines . . .: An unusual phrase. Translate 'as a result of . . .'.

114 aus ihrem . . . leuchtenden . . . Kugelblick: 'from her shining . . . globular eyes'. *Cf.* the description of the fish in the first paragraph of Section 1: "mit kugligen leuchtenden Augen".

liest von der Skala die zuckenden Ströme ihres Bregens: Basically, this repeats the idea of the previous clause, but in pseudo-scientific terms. Read as "liest von der Skala *der Empfindungen*"—Mitch can read from the range of her emotions (as revealed in her "Kugelblick") the quivering impulses of her brain (*i.e.* her "Gedanken").

Medusa: Hideous female monster in Greek mythology.

Bimm und Bumm: Onomatopoeia. Kunert is suggesting the sound of a heavy bell.

unsere innige Polis: 'our intimate city'. *innig* is a strange adjective to use of a town, and particularly of a *Polis*, which refers only to a large city and is therefore used ironically at this point. The phrase suggests a friendly place in which everyone knows everyone else.

summa summarum: (Latin) 'all in all'.

115 nicht verjährtes Verbrechen: a crime for which one can still be tried.

die ganze Kugel: periphrasis for the earth.

116 Octopus vulgaris: (Latin) the common octopus.

Weib Weizenfeld: 'Woman of the cornfield'.

Unter dem Goldenen Tor der weitgespannten Brücke: *i.e.* under the Golden Gate suspension bridge in San Francisco harbour.

JUNINACHMITTAG

Christa Wolf: born 1929 in Landsberg (Warthe). Studied *Germanistik* in Jena and Leipzig 1949–53 and then undertook various editorial and critical duties, including a post on the board of *Neue Deutsche Literatur*, the official organ of the Writers' Union. Her *Moskauer Novelle* (1961) shows only limited ability, but a remarkable progress is evident between this and her next novel, *Der geteilte Himmel* (1963), which is based on her experiences in a factory (a response to the Bitterfeld Conference). *Nachdenken über Christa T.* (1968–69), her latest novel, has provoked considerable critical acclaim in both parts of Germany. *Juninachmittag* first appeared in *Neue Texte 1967* (Aufbau-Verlag, 1967).

117 Eine Geschichte?...zum Daraus-Trinken?: Probably intended as a humorous jibe at the cultural policy of the SED. See the introductory section on *Literature and Politics* in particular pp. 12–13 for comments on the Communist view of art.

Dem eenen sin Ul ist dem annern sin Nachtigall: *plattdeutsch*, normally *Wat den innen sin Uhl, is den annern sin Nachtigall.* 'One man's loss is another man's gain.'

etwas aus der Umgebung eines Regenschirms: 'something vaguely resembling an umbrella'.

an einem Moselhang: 'on a slope beside the River Moselle'. Moselle grapes are, of course, famous for the wine they produce.

118 in einer Stunde, die Regentonne, und überhaupt: An elliptical construction, which must be paraphrased to make sense in English: 'to reach the water butt in an hour, or anything at all of that nature'.

120 die wilden Reizker an Ihren Tomaten noch mehr kappen?: 'cut back the wild shoots on your tomatoes even further?'

122 das Seine dazuzugeben: 'to make its own contribution'.

123 froschgrün . . . „lindgrün": The first suggests an unattractive shade of green, the second a paler and more delicate one.

„Ihre Frisur" . . . „Innenarchitektur": Most probably satiric inventions.

124 Da beißt die Maus kein'n Faden ab: (alternatively: *Davon beißt keine Maus einen Faden ab*) 'there's nothing can be done about it'.

Mause-Loch: This and the following words are all written as one—without hyphen—in normal usage. Christa Wolf has split them to suggest the way in which they are pronounced for use in the following word game.

grub . . . sein Gehirn . . . um und um: 'turned it over and over in his mind', 'racked his brains'.

Aufbau-Stunde: An hour worked voluntarily for the *Aufbau des Sozialismus* in the GDR. This refers in particular to the voluntary shifts which citizens were obliged to undertake in the early days of the Republic in order to qualify for certain privileges (such as the right to a new house or flat). Work usually involved the clearing of bombed sites and general, unskilled labouring assistance.

125 Arbeits-Brigade: Normally just *Brigade*. See the notes to Kähne's *Rekord an der Drahtstraße*.

Sonder-Schicht: An extra shift, which is worked voluntarily in order to increase the level of production.

Gewerkschafts-Zeitung: 'Trade Union newspaper'.

Pionier-Leiter: 'Young Pioneer Leader'. The *Pionierorganisation Ernst Thälmann* is a youth organization for children between the ages of six and fourteen.

The word game that results from the above is clearly a failure. The recombination of such standard affixes as *Schicht, Brigade, Leiter*, etc. merely produces existing words which lack the humorous incongruity and slightly ridiculous associations of those in the previous game.

es mußte gesagt sein: colloquial use of *sein* for *werden*.

Frollein: *coll. = Fräulein.*

ihm einen kleinen Dämpfer geben: (normally *aufsetzen* rather than *geben*) 'cut him down to size', 'take him down a peg'.

126 Klebespucke: *coll.* = Spittle being used to hold an extra leaf in position.

127 Sicher ist sicher: 'It's best to be on the safe side'.

128 daß es ihnen nicht über wird: 'that they don't get fed up with it'.

129 die nächtlichen Scheinwerfer und die roten und gelben Leuchtku-geln: The border between East and West Germany is patrolled by both states, but far more rigorously by the East. On their side there is a forbidden area of five kilometres, a mined area, and then the barbed wire fence itself.

The fence is surveyed 24 hours a day, at night by floodlights from the many watchtowers. The red and yellow flares are used by different watchtowers signalling to each other.

Prost die Mahlzeit: (normally *prost Mahlzeit*) 'Oh, no!'

Dann werd ich man gehen: *man* occurs frequently in North German dialects. It is slipped in simply for emphasis and is without specific meaning.

DREI TAGE UNSERES LEBENS

Erik Neutsch: born 1931 in Schönebeck/Elbe. Study of *Journalistik* at the Karl-Marx-Universität in Leipzig 1950–53, followed by journalistic and editorial duties. Serious creative writing only after the Bitterfeld Conference in 1959, full-time since 1960. A firmly convinced socialist, Neutsch has taken part in a wide range of industrial and SED activities. These form the basis of his work, all of which concerns life in contemporary East Germany. Several literary prizes. Main works: *Bitterfelder Geschichten* (stories, 1961); *Spur der Steine* (novel, 1964); *Die anderen und ich* (stories, 1970) from which *Drei Tage unseres Lebens* has been taken.

133 Die Stadt: The geographical and population data make it clear that the city described has much in common with Halle, but Neutsch has nevertheless tried to suggest that this is *not* the city in question. Halle is later given as one of the places where people prefer to see football and opera, the street names (with the exception of the Große Leipziger) are different, and the famous Rote Turm becomes "der Blaue Turm".

Der hat klug reden: 'It's all very well for him to talk!'

Ich bin nicht der Mann, der sich seine Papiere in Raten auszahlen läßt: 'I'm not the sort of fellow who will take his marching orders in instalments'.

134 Allein ist der Tod: 'To work alone is fatal'.

Bürgermeister (or, as he is referred to later by his full title, *Oberbürgermeister*—the prefix *Ober-* being used when referring to mayors of large towns): In contrast to the British mayor, whose function is mainly ceremonial, the German *Bürgermeister* is normally responsible for the day to day administration of his city.

du: Note that Communists always use the *du* form when addressing each other, even if they are meeting for the first time.

alle anderen wollte er darauf trimmen: 'he wanted to induce everyone else to . . .'.

in der Großen Leipziger: supply *Straße*.

135 Tilly: Johann Tserclaes, Principal Commander of the Catholic League during the Thirty Years' War and one of the greatest generals in German history. Tilly never attacked Halle, however, and this allusion seems to be another of Neutsch's attempts to demonstrate that no particular city is being described. In this case the educated reader would be likely to think of Magdeburg, which went up in flames as it was stormed by Tilly in 1631.

Sie liegt uns nicht mehr auf der Tasche: 'We won't have to fork out for her any more'.

FDJ: = *Freie Deutsche Jugend*, the East German youth organization. Founded as early as 1946, the movement has always played an important role in GDR life. It has a number of aims, of which the most important are: (1) to prepare the young for membership of SED; (2) to consolidate members' acquaintance with Marxism-Leninism and to increase their social awareness; (3) to promote more profitable use of leisure time in such fields as 'socialist national culture' (*i.e.* the Arts), sport, hobbies, and general outdoor activities.

Most members join after leaving the junior organization, the *Junge Pioniere* (see the notes to Christa Wolf's *Juninachmittag*), and continue in the FDJ until they become members of the SED itself.

Prognosezeitraum: period within which developments can be forecast.

136 Dort kannst du wirtschaften aus dem vollen: A very unusual construction. Translate 'you can work away there to your heart's content'.

137 Trassen: here 'projected routes'.

die Brigaden: see the notes to Kähne's *Rekord an der Drahtstraße*.
niemand vermag, über den eigenen Schatten zu springen: *Cf.* 'a leopard cannot change its spots', *i.e.* one acts according to one's character.

138 Leunawerke: immense chemical works near Halle.

Sammelsurium von Einsen und Fünfen: 'hotch-potch of good and bad marks'. Assessment in German schools differs substantially from that in Britain. *Eins* is the highest mark in the German system, and *Fünf* the lowest of those generally awarded. (*Sechs* also exists, but is rarely used.) The *Zeugnis* is the report containing these marks, which represent the term's average mark achieved by the pupil in each subject, sometimes adjusted at the teacher's discretion. These marks determine whether the pupil moves up to a higher form at the end of the year and are therefore of vital importance.

139 Zahlbox: A mechanical device in use on certain trams. The passenger buys a ticket from a machine at the tram stop and inserts it in the *Zahlbox* as he enters the tram. The ticket is automatically punched and rings a bell to inform the driver that the correct ticket has been used.

Dederonstrümpfe: 'Dederon stockings'. *Dederon* is the trade mark of an East German artificial fibre; it is similar to *Perlon*.

140 Exquisit: abbrev. of *Exquisitverkaufsstelle*, for which the following is a definition: "Verkaufsstelle des sozialistischen Einzelhandels für auserlesene

Bekleidung und Zubehör" (*Fremdwörterbuch*, Bibliographisches Institut, Leipzig).

das Zweiminutenlicht: Automatically timed light in the corridors and staircases of flats, etc. When a button is depressed the light stays on for a fixed period (in this case two minutes) before switching itself off.

141 **Bezirksleitung:** The GDR is divided into 16 *Bezirke* (including East Berlin), each of which is further divided into smaller administrative units: the *Kreise* and the *Gemeinden*. The narrator is the *Oberbürgermeister* of a city which is large enough to constitute a *Stadt-Kreis*; the *Bezirksleitung* is therefore the body to which he is immediately responsible.

Ein Abwasch: abbrev. of *Das war ein Abwasch*, *coll.*, 'the whole lot together'.

Vollendung des Jahres achtzehn: That is, the fulfilment of the German 'socialist' revolution which began in November 1918, but which was brutally crushed early in 1919.

Unser Erster Sekretär: First Secretary of the city's SED Party office (see the note to p. 145 on *Stadtparteiorganisation* below).

142 **Azdak:** A shrewd and wily character in Brecht's *Der kaukasische Kreidekreis*.

die mich beim Abitur ins Verhör nahmen: The *Abitur* is the leaving examination in German grammar schools and approximates to English 'A' Level. It differs from the latter in that it is taken in many more subjects, is set by the pupils' own teachers, and usually includes an oral examination. Neutsch is here referring to this (much feared) oral section of the exam. Note his choice of "ins Verhör nahmen", normally used of the police interrogating a suspect. Both this and the above reference to the "Sammelsurium von Einsen und Fünfen" suggest a critique of the educational system.

143 **Aus der Spuk:** abbrev. of *Der Spuk wäre dann aus*, 'the whole dreadful business would be over and done with'.

Bodenreform. Enteignet die Großgrundbesitzer: The land reform programme involved mainly the expropriation of large landowners, whose territory was divided among the peasants and whose equipment was sent to the *Maschinen-Ausleih-Stationen* (*Cf.* the notes to Anna Seghers' *Der Traktorist*).

144 **Geistige Souveränität ... gewinnt an Gebrauchswert:** 'Intellectual sovereignty is gaining in value', *i.e.* its value is becoming increasingly recognized.

Er hatte einen Bauernschädel wie Michael Kohlhaas: 'He was as stubborn as Michael Kohlhaas' (*i.e.* the central figure of Heinrich von Kleist's *Novelle, Michael Kohlhaas*).

145 Aushängeschild: here 'star advertisement', 'show piece'.

Der Apfel fällt nicht weit vom Stamm: (proverb) 'Like father, like son'. The following sentence plays with the same idea.

Habakuk: A biblical reference. In an addition to the Book of Daniel the prophet Habakkuk is miraculously transferred to the lions' den into which Daniel has been cast. It is the sixth day of Daniel's imprisonment, and Habakkuk has come to bring him food.

To compare the sudden appearance of the prophet with that of Konz is obviously ridiculous; the allusion consequently serves as a means of indirectly characterizing the rather hostile speaker. So too does his later reference to the Styx.

Stadtparteiorganisation: The city's SED group, whose duty is to carry out the plans of the Central Committee (see following note).

Zentralkomitee: *i.e.* the Central Committee of the SED (normally referred to as the *ZK der SED*). The duties of the ZK are, among others, to solve particular problems in such general fields as agriculture, industry and town planning. For further details of their work, see Childs' *East Germany*, pp. 54–55.

146 wie die Götter den Styx: Another inappropriate allusion, this time to Greek mythology. The Styx, one of the rivers of the Underworld, was never diverted by the Gods.

147 Wir schreiben das Jahr zweitausend: If interpreted literally, this makes the time of the present actions 1950, which is obviously not the case. Since reference is later made to Brüdering's birth (1917) and to the fact that he has been battling with eggs for 50 years, 1967 seems far more likely a date.

148 Die Dialektik: *i.e.* the Marxist-Leninist theory of dialectical historical development.

Über meiner Wiege leuchtete der rote Stern: 1917 was the date of the Russian Revolution, whose emblem was the Red Star.

Klasse: *abbrev.* of *Arbeiterklasse.*

Knobelsdorff: Georg Wenzeslaus von (1699–1753), famous German master builder, architect and painter.

149 Bauhaus . . . Gropius . . . Feininger: The *Bauhaus*, or, to give it its full title, *Das Staatliche Bauhaus Weimar*, was a school of design founded by Walter *Gropius* in 1919. The teaching staff consisted of a number of outstanding specialists (including the American painter Lyonel *Feininger*), who together revolutionized the teaching of painting, sculpture and architecture.

als es mit dem Bau im Lande wieder bergauf ging: 'when our building industry was getting on its feet again'.

Republikflucht: The official term for illegal emigration from the GDR.

It is a punishable offence, as is any assistance offered to escapers. Nearly three million left the GDR before the erection of the Berlin Wall.

der Multiplikator beim Multiplizieren: *i.e.* the key factor.

man brauche dem Jungen nur wie vorher dem Alten zu kommen: 'you had to treat the boy just as his father had been treated'.

aus Dürrenmatts „Physikern": Dürrenmatt's play, famous for its discussion of the scientist's role in modern society, is not generally available in the GDR—presumably on account of its negative attitudes, as well as its lacking all socialist realist qualities. Gerhard's father must therefore have acquired his copy by underhand means.

von wegen Herz und so: *coll.* 'about the heart and all that nonsense'.

150 **stünd es dort pari pari:** *coll.* 'all things were equal in that field'.

eine mehr flach- als tiefsinnige Bedeutung: 'a superficial rather than a profound interpretation'.

Majakowski und Gorki: Wladimir Wladimirowitsch Majakowski (1893–1930) and Maksim Gorki, pen name of Aleksei Peshkov (1868–1936). Both are famous Russian left-wing writers, some of whose work now not only belongs to the classics of socialist literature, but is also compulsory reading in East German schools.

die Nackedeis an den Wänden müssen nicht sein: 'we can do without these nude pictures on the walls'.

Die Jungs: *coll. pl.* for *die Jungen.*

Akzeleration: In this context 'speeding up of life, of the maturation process'.

151 **was es mit . . . wirklich auf sich hatte:** 'what was the truth about . . .'.

Komplementäre: Owners of firms which are in partnership with the state. It is little realized that not all businesses in the GDR are state controlled. Some (mainly small ones) are wholly privately owned; a larger number are semi-private, that is, the state has a fixed share in the undertaking—both in the investment and in the profits. Private and semi-private firms account for a little less than 15% of national production.

152 **Le grand coup:** 'A fine exploit'.

die Klausurthemen: Essay subjects for the written part of the *Abitur.*

153 **Nicht müß'ger Rat ziemt meiner Stellung, nein, entschloßne Tat:** Despite protracted enquiry I have been unable to locate this quote, which has obvious overtones of German classicism. It may be a misquotation, or Neutsch may have quite simply invented it himself.

154 **Gib etwas Bisam, guter Apotheker, meine Phantasie zu würzen:** 'Give me an ounce of civet, good apothecary, to sweeten my imagination' (*King Lear*, Act IV, Sc. 6).

184 DIE DDR ERZÄHLT

155 **die meisten Tore kassiert:** 'given away the most goals'.

quittierten's die Leute mit leeren Plätzen: 'the public responded to it by staying away'.

156 **Sperrstraßen:** umbrella term for roads which traffic is forbidden to enter (*e.g.* one-way street, pedestrian precinct, etc.).

Deutschlandfunk: West German radio station broadcasting to foreign audiences, in particular the GDR. Whereas they were previously 'forbidden' to listen to Western radio (and TV)—and were assisted in this by a large number of jamming stations—East Germans are now only 'discouraged' from doing so.

157 **Einströmgebiet:** Area from which water drains into the River Saale.

158 **Wolga:** (*masc.*) A de luxe Russian car, which is a much coveted status symbol in the GDR.

159 **Ich kann's mir . . . schwitzen:** Normally 'I don't know where on earth I can get it [usually money] from'. Also used, as here, to suggest or 'justify' one's need of sexual intercourse.

von kybernetischer Eleganz: 'of cybernetic elegance', *i.e.* as elegant as, say, scientific formulae.

160 **den Roland:** A statue of Roland, the nephew of Charlemagne and hero of many European romances. According to tradition he fell in 778, after vainly attempting to break his sword before it was lost to enemy hands. Statues of Roland were erected in many German towns as a symbol of freedom and protection.

161 **wie das tapfere Schneiderlein im Märchen:** An allusion to *Das tapfere Schneiderlein*, one of the folk tales collected by the Grimm brothers. It is not immediately obvious what Sigrid and the tailor had in common. Possibly the large belt which both wore, as well as their small stature.

SKELETON VOCABULARY

Only words not to be found in medium-sized dictionaries are included below, and compound nouns in which the components are easily recognizable have in general been omitted. The abbreviations are the same as those adopted for the *Notes*.

die *Abfolge* sequence, succession

das *Abhörgerät* listening apparatus

abgehärmt severely troubled; careworn

abplatzen (+ *sein*) to fly off

der *Abstreifer* stripper; stripping fork

das *Anbeißen* biting, gripping

der *Anthropophage* cannibal

sich *aufrappeln* to rise to one's feet (*us*. with difficulty); to pull oneself together

die *Ausführungsarmaturen* mountings, fittings

ausgeklügelt well thought-out

ausgelotet measured with a plumb-line

der *Ausguck* look-out post

barmen to wail, lament

der *Beat* beat music

beschwänzt endowed with a tail

deftig (*coll*.) solid, considerable

die *Denkschablone* standard pattern of thinking

die *Drahtstraße* wire production section of steelworks; wire-rolling mill

das *Drumherum* (*coll*.) beating about the bush

dutzendhaft commonplace, ordinary

die *Effekthascherei* striving for effect

einklappen to retract; to turn, swing in

das *Exponentialgesetz* exponential law

fernglasbewehrt armed with binoculars

der *Feuerstuhl* (*sl*.) 'ton-up machine'

das *Florband* black band (to denote mourning)

die *Führungen* (*pl*.) piloting bars, guideways

der *Ganovenbeißer* thief-biter (*der Ganove coll*. for 'thief', 'crook')

der *Garaus* finishing stroke

gebuckelt hump-backed

das *Gehirnschmalz* (*coll*.) insight; receptivity of mind

gekuppt with the top cut off

der *Genosse* colleague; 'comrade' (*i.e.* member of Communist Party)

geschwänzt wearing a tail

gestupst (of a nose) snub

sich *hochwinden* to wind (itself) up

kreieren to create

das Kreisamt district office of the local authorities

das Kropp̧eug (*coll.*) useless creatures, riff-raff

kuhfladengroß as big as a cowpat

kuŗschirmig short-peaked

die Macchiastauden (*pl.*) macchia shrubs

märkisch of Mark Brandenburg

mannscharf able to attack humans

die Marinemontur sailor's uniform

der Nachhauseweg the way home

die Ordination consulting room

passé (French) *coll.* for 'past', 'over'

das Plattenband plate conveyor

der Po (*abbrev.* of *der Popo, coll.*) backside, behind

der Primus top of the form

die Pusteblume dandelion

die Pute (*derog.*) girl, woman; slut

ran coll. for *heran*

der Rei̧ker mushroom

die Relegation expulsion

die Sammeltassen (*pl.*) collection of cups and saucers

das Schaffnergehänge harness worn by bus/tram conductors

die Schneegans snow goose; silly girl

schnuļig (*coll.*) sentimental, sloppy

schußfest without fear of pistol shots

schwaņbehaftet afflicted with a tail

die Schwaţtante chatterbox

semmelblond flaxen-haired

der Staatsparteiler (*derog.*) supporter of the government in power

das Stabelement battery

der Stachelwürger spiked collar

stockfest obedient to the stick

der Stoßofen tunnel furnace

die Störungstafel board for noting faults, etc.

der Sumpfgrashöcker hummock of marsh grass

der Tiefstrahler floodlight

die Töle (*North German*) cur (*derog.*)

die Umführungen (*pl.*) loop troughs, loop channels

ummontieren to adapt, modify

die Verbergnis (*poet.*) concealment

vererbbar bequeathable

sich verklemmen to become locked, jammed

vermurksen (*coll.*) to ruin, spoil

von wegen (*coll.*) because of

weitausholend (of stride) long

windtränend (of eyes) watering through exposure to the wind

der Zahlabend meeting at which subscriptions are paid

̧erklafft (*archaic*) full of chasms; rugged

der Zunder oxide scale; cinder